빈출표현 N5~N1

김성곤 지음 · 오자키 다쓰지 감수

다락원

JLPT 일본어능력시험

한권으로 끝내기 빈출표현 N5~N1

지은이 김성곤
감수 오자키 다쓰지
펴낸이 정규도
펴낸곳 (주)다락원

초판 1쇄 인쇄 2023년 3월 15일
초판 1쇄 발행 2023년 3월 30일

편집총괄 송화록
책임편집 정은영, 김은경
디자인 장미연, 김희정

다락원 경기도 파주시 문발로 211
내용문의: (02)736-2031 내선 460~465
구입문의: (02)736-2031 내선 250~252
Fax: (02)732-2037
출판등록 1977년 9월 16일 제406-2008-000007호

값 18,000원

ISBN 978-89-277-1271-8 13730

http://www.darakwon.co.kr

- 다락원 홈페이지를 방문하시면 상세한 출판 정보와 함께 동영상강좌, MP3 자료 등 다양한 어학 정보를 얻으실 수 있습니다.
- 다락원 홈페이지 또는 표지 날개의 QR코드를 스캔하시면 MP3 파일 및 관련자료를 다운로드 하실 수 있습니다.

머리말

'JLPT 한권으로 끝내기 보카'가 N5에서 N1에 이르기까지 합격에 필요한 어휘들을 망라하여 학습자들에게 많은 호응을 받아 왔다. 본서는 'JLPT 보카'를 단어 중심에서 문장 중심으로 영역을 확장하여 실전 상황에서 자신감을 갖고 활용할 수 있도록 기획되었다. 기존의 단어장이 어휘 중심의 학습 교재였다면, 본서는 문장 중심의 학습을 염두에 두고, 시험에 자주 등장하는 필수 문장은 물론이고 관용구나 사자성어 등을 보완하였다.

본서는 주제별로 8개의 챕터로 구성되어 있으며, 후반부 쪽이 학습 난이도가 높다. 본서를 활용할 때는, 자신이 희망하는 JLPT 급수별로 본서에서 제시된 학습 일정에 맞춰 규칙적으로 학습하기를 권한다. 학습 범위에 대해서는, 합격을 최우선의 목표로 하는 수험자는 챕터1에서 챕터4의 내용을 자신의 레벨에 맞추어 학습해 간다면 충분한 성과를 내리라고 생각한다. 또한, 고득점을 목표로 하는 수험자는 챕터5에서 챕터8의 관용구와 사자성어 등을 숙지하기 바란다.

지금까지 일본어를 공부하면서 접했던 다양한 숙어적 표현들 또한 본서를 통해 상당 부분 정리되리라 생각한다. 또한, 일본어능력시험(JLPT), 일본유학시험(EJU), JPT 등의 기초에서 고급 표현에 이르기까지 폭넓은 이해가 필요한 시험에도 크게 도움이 될 것이다.

마지막으로 이 책이 발간되기까지 수고를 아끼지 않고 많은 도움을 주신 정은영 님과 이 책이 발간되기까지 많은 격려와 도움을 주신 다락원 정규도 사장님과 일본어 출판부 관계자 분들께 이 자리를 빌려 깊은 감사를 드린다.

저자 김성곤

일러두기

1. 일본어능력시험에 자주 등장하는 표현들을 정리하였습니다. 파트별로 쉬운 레벨부터 정리되어 있으니 자신에게 맞는 레벨을 찾아 학습하시기 바랍니다.

2. 단어만 따로 학습하는 것보다 짧은 문장이나 숙어 형태로 학습할 때 더 잘 기억할 수 있고, 의미를 분명히 파악할 수 있습니다. 특히 관용구 파트에 정리되어 있는 표현들은 각각의 단어를 알아도 해석되지 않는 표현들이 많으므로 꼼꼼히 학습하여 시험에 대비하시기 바랍니다.

3. 상위 레벨의 학습자라도 알기 어려운 단어가 섞여 있거나, 직역했을 때 무슨 말인지 이해하기 어려운 표현에는 간단한 설명을 추가했습니다.

4. 동사로 끝나는 표제어는 주로 기본형으로 제시하였지만, 특별히 자주 쓰이는 형태가 있는 경우 그 형태로 제시하였습니다. 어려운 표현일수록 표제어가 예문 속에서 어떤 문법 형태로 사용되었는지 보고, 어떤 뉘앙스로 사용되는지 꼭 확인하세요.

5. 일본어는 히라가나, 가타카나, 한자 등 세 가지 표기법이 있으며 그 표기법이 절대적이지 않기 때문에 비교적 많이 사용하는 쪽으로 표기하였습니다. 다만, 상위 레벨로 갈수록 한자를 알아 두는 것이 좋기 때문에 한자 표기를 위주로 하였습니다. 어려운 한자의 경우, 외워서 쓸 수 있는 정도는 아니더라도 눈으로 봤을 때 독음을 알 수 있는 정도로는 학습하시기 바랍니다.

6. 색인 부분의 히라가나 표기는 학습을 마친 후 뜻을 알고 있는지 확인하는 도구로 사용하시면 좋습니다. 한자 표기를 보고 읽을 때는 한자에서 힌트를 얻어 뜻을 파악하는 경우도 있으므로, 히라가나 표기를 이용하여 듣고 이해할 수 있는지 점검하는 데 사용하시면 도움이 될 것입니다.

학습 스케줄

매일 스케줄에 맞추어 하루 분량을 학습한 후 쪽지시험을 다운로드(홈페이지 학습자료실) 하여 확실히 단어를 암기했는지 꼭 체크해 보세요.

※ 숫자는 해당 페이지입니다.

N5·N4

1일째	2일째	3일째	4일째	5일째	6일째
일상생활 10-11	일상생활 12-13	일상생활 14-15	일상생활 16	일상생활 17	일상생활 18
7일째	**8일째**	**9일째**	**10일째**	**11일째**	**12일째**
일상생활 19-20	일상생활 21-22	일상생활 23-24	일상생활 25-26	일상생활 27-28	일상생활 29-30
13일째	**14일째**	**15일째**	**16일째**	**17일째**	**18일째**
일상생활 31-32	일상생활 33-34	일상생활 35-36	일상생활 37-38	일상생활 39-40	일상생활 41-42
19일째	**20일째**	**21일째**	**22일째**	**23일째**	**24일째**
일상생활 43-44	일상생활 45-46	감정/성격 90-91	상태/정도 120	상태/정도 121-122	상태/정도 123-124
25일째	**26일째**	**27일째**	**28일째**	**29일째**	**30일째**
상태/정도 125-126	사회/경제활동 164	관용구(신체관련) 210	인사말/경어 368	인사말/경어 369-370	인사말/경어 371-372

학습 스케줄

N3

1일째	2일째	3일째	4일째	5일째	6일째
일상생활 47-48	일상생활 49-50	일상생활 51-52	일상생활 53	일상생활 54	일상생활 55
7일째	**8일째**	**9일째**	**10일째**	**11일째**	**12일째**
일상생활 56-57	일상생활 58	일상생활 59	일상생활 60	일상생활 61	일상생활 62
13일째	**14일째**	**15일째**	**16일째**	**17일째**	**18일째**
일상생활 63-64	감정/성격 91	감정/성격 92	감정/성격 93-94	상태/정도 126	상태/정도 127
19일째	**20일째**	**21일째**	**22일째**	**23일째**	**24일째**
상태/정도 128	상태/정도 129	상태/정도 130	상태/정도 131	상태/정도 132	사회/경제활동 164-165
25일째	**26일째**	**27일째**	**28일째**	**29일째**	**30일째**
사회/경제활동 166	사회/경제활동 167	사회/경제활동 168	사회/경제활동 169	관용구(신체관련) 210-211	인사말/경어 372-373

N2

1일째	2일째	3일째	4일째	5일째	6일째
일상생활 64-65	일상생활 66-67	일상생활 68-69	일상생활 70-71	일상생활 72-73	일상생활 74-75
7일째	**8일째**	**9일째**	**10일째**	**11일째**	**12일째**
일상생활 76-77	일상생활 78-79	일상생활 80-81	일상생활 82-83	감정/성격 94-95	감정/성격 96-97
13일째	**14일째**	**15일째**	**16일째**	**17일째**	**18일째**
감정/성격 98-99	감정/성격 100-101	감정/성격 102-104	상태/정도 132-134	상태/정도 135-136	상태/정도 137-138
19일째	**20일째**	**21일째**	**22일째**	**23일째**	**24일째**
상태/정도 139-140	상태/정도 141-142	사회/경제활동 170-171	사회/경제활동 172-173	사회/경제활동 174-175	사회/경제활동 176-177
25일째	**26일째**	**27일째**	**28일째**	**29일째**	**30일째**
사회/경제활동 178-180	사회/경제활동 181-183	관용구(신체관련) 211-214	관용구(일반) 246-248	사자성어 338-339	인사말/경어 374-376

N1

1일째	2일째	3일째	4일째	5일째	6일째
일상생활 **83-87**	감정/성격 **104-106**	감정/성격 **107-110**	감정/성격 **111-114**	감정/성격 **115-117**	상태/정도 **143-145**
7일째	**8일째**	**9일째**	**10일째**	**11일째**	**12일째**
상태/정도 **146-149**	상태/정도 **150-153**	상태/정도 **154-157**	상태/정도 **158-161**	사회/경제활동 **184-187**	사회/경제활동 **188-191**
13일째	**14일째**	**15일째**	**16일째**	**17일째**	**18일째**
사회/경제활동 **192-195**	사회/경제활동 **196-199**	사회/경제활동 **200-203**	사회/경제활동 **204-207**	관용구(신체관련) **214-217**	관용구(신체관련) **218-221**
19일째	**20일째**	**21일째**	**22일째**	**23일째**	**24일째**
관용구(신체관련) **222-225**	관용구(신체관련) **226-229**	관용구(신체관련) **230-233**	관용구(신체관련) **234-237**	관용구(신체관련) **238-240**	관용구(신체관련) **241-243**
25일째	**26일째**	**27일째**	**28일째**	**29일째**	**30일째**
관용구(일반) **248-251**	관용구(일반) **252-254**	관용구(일반) **255-257**	관용구(일반) **258-260**	관용구(일반) **261-263**	관용구(일반) **264-266**
31일째	**32일째**	**33일째**	**34일째**	**35일째**	**36일째**
관용구(일반) **267-269**	관용구(일반) **270-272**	관용구(일반) **273-275**	관용구(일반) **276-278**	관용구(일반) **279-280**	관용구(일반) **281-283**
37일째	**38일째**	**39일째**	**40일째**	**41일째**	**42일째**
관용구(일반) **284-286**	관용구(일반) **287-289**	관용구(일반) **290-292**	관용구(일반) **293-295**	관용구(일반) **296-298**	관용구(일반) **299-301**
43일째	**44일째**	**45일째**	**46일째**	**47일째**	**48일째**
관용구(일반) **302-304**	관용구(일반) **305-307**	관용구(일반) **308-310**	관용구(일반) **311-313**	관용구(일반) **314-317**	관용구(일반) **318-321**
49일째	**50일째**	**51일째**	**52일째**	**53일째**	**54일째**
관용구(일반) **322-325**	관용구(일반) **326-328**	관용구(일반) **329-332**	관용구(일반) **333-335**	사자성어 **339-342**	사자성어 **343-345**
55일째	**56일째**	**57일째**	**58일째**	**59일째**	**60일째**
사자성어 **346-349**	사자성어 **350-353**	사자성어 **354-357**	사자성어 **358-361**	사자성어 **362-365**	인사말/경어 **376-377**

목차

머리말 003

일러두기 004

학습 스케줄 005

목차 008

Chapter 1 일상생활 009

Chapter 2 감정/성격 089

Chapter 3 상태/정도 119

Chapter 4 사회/경제활동 163

Chapter 5 관용구(신체관련) 209

Chapter 6 관용구(일반) 245

Chapter 7 사자성어 337

Chapter 8 인사말/경어 367

색인 378

Chapter ●●

일상생활

일상생활과 관련된 표현 546개를
급수별로 실었습니다.

N5 **家に帰る** 집으로 돌아오다(돌아가다), 귀가하다

今日は早く家に帰りたいです。

오늘은 일찍 집에 돌아가고 싶습니다.

N5 **家を出る** 집을 나오다, 집을 나서다

彼は８時に家を出て、学校に行きます。

그는 8시에 집을 나와 학교에 갑니다.

N5 **医者になる** 의사가 되다

将来は医者になりたいです。

장래에 의사가 되고 싶습니다.

N5 **いすに座る** 의자에 앉다

こちらのいすに座ってください。

이쪽 의자에 앉아 주세요.

N5 **いっしょに行く** 함께 가다

公園に友だちといっしょに行きました。

공원에 친구와 함께 갔습니다.

N5 **歌を歌う** 노래를 부르다

カラオケに行って、日本のアニメの歌を歌った。

가라오케에 가서 일본 애니메이션 노래를 불렀다.

N5 **うちへ帰る** 집으로 돌아오다(돌아가다), 귀가하다

▶ 家に帰る와 같은 뜻이에요. うち에는 '우리 집'이라는 뜻도 있어요.

私は授業が終わって、すぐにうちへ帰りました。

나는 수업이 끝나고 바로 집으로 돌아왔습니다.

N5 **運動をする** 운동을 하다

近くの公園で運動をします。

근처 공원에서 운동을 합니다.

N5 **映画を見る** 영화를 보다

お菓子を食べながら映画を見ました。

과자를 먹으면서 영화를 보았습니다.

N5 **お医者さんに行く** 병원에 가다

お医者さんに行って診察を受けた。

병원에 가서 진찰을 받았다.

N5 **お菓子を作る** 과자를 만들다

母はキッチンでお菓子を作っています。

어머니는 주방에서 과자를 만들고 있습니다.

N5 **お金が要る** 돈이 필요하다

家を買うには、たくさんのお金が要ります。

집을 사는 데는 많은 돈이 필요합니다.

N5 **お酒を飲む** 술을 마시다

昨日は友だちに会って、お酒を飲んだ。

어제는 친구를 만나서 술을 마셨다.

N5 **お腹が痛い** 배가 아프다

お腹が痛くて病院に行った。

배가 아파서 병원에 갔다.

N5 **お風呂に入る** 목욕하다

寝る前にお風呂に入った。

자기 전에 목욕을 했다.

N5 **音楽を聞く** 음악을 듣다

音楽を聞きながら窓の外を見る。

음악을 들으면서 창밖을 본다.

N5 **会議が終わる** 회의가 끝나다

会議が終わったら、すぐ電話します。

회의가 끝나면 바로 전화하겠습니다.

N5 **会議をする** 회의를 하다

来週の火曜日に会議をします。

다음 주 화요일에 회의를 합니다.

N5 **外国で働く** 외국에서 일하다

私は将来、外国で働きたいと思っています。

나는 장래에 외국에서 일하고 싶다고 생각합니다.

N5 **会社に来る** 회사에 오다

彼はまだ会社に来ていません。

그는 아직 회사에 오지 않았습니다.

N5 **会社を出る** 회사를 나오다, 회사에서 출발하다

今日は６時に会社を出ました。

오늘은 6시에 회사를 나왔습니다.

N5 **階段(かいだん)を上(あ)がる** 계단을 오르다

彼女(かのじょ)は急(いそ)いで階段(かいだん)を上(あ)がって行(い)った。

그녀는 서둘러 계단을 올라갔다.

N5 **買(か)い物(もの)をする** 물건을 사다, 쇼핑하다, 장을 보다

デパートへ行(い)って、買(か)い物(もの)をしました。

백화점에 가서 쇼핑을 했습니다.

N5 **傘(かさ)を持(も)っていく** 우산을 가지고 가다

雨(あめ)が降(ふ)っているから、傘(かさ)を持(も)っていってください。

비가 내리고 있으니까 우산을 가져가세요.

N5 **風(かぜ)が強(つよ)い** 바람이 세다

明日(あした)は、風(かぜ)が強(つよ)く、雨(あめ)も降(ふ)るでしょう。

내일은 바람이 많이 불고 비도 내릴 것입니다. (일기예보)

N5 **風邪(かぜ)を引(ひ)く** 감기에 걸리다

風邪(かぜ)を引(ひ)いてしまい、病院(びょういん)に行(い)った。

감기에 걸려서 병원에 갔다.

N5 **学校(がっこう)を休(やす)む** 학교를 쉬다, 학교를 결석하다

水野(みずの)さんは風邪(かぜ)で学校(がっこう)を休(やす)んだ。

미즈노 씨는 감기로 학교를 쉬었다.

N5 **カフェに入(はい)る** 카페에 들어가다

カフェに入(はい)ってコーヒーを飲(の)んだ。

카페에 들어가 커피를 마셨다.

N5 **漢字(かんじ)を覚(おぼ)える** 한자를 외우다, 한자를 익히다

漢字(かんじ)を覚(おぼ)えるのは大変(たいへん)なことです。

한자를 외우는 것은 힘든 일입니다.

N5 **切手(きって)をはる** 우표를 붙이다

ふうとうに８０円(はちじゅうえん)切手(きって)をはって、送(おく)ってください。

봉투에 80엔짜리 우표를 붙여서 보내 주세요.

N5 **きれいにする** 깨끗하게 하다

彼女(かのじょ)はいつも部屋(へや)をきれいにしている。

그녀는 항상 방을 깨끗하게 하고 있다.

N5 **薬(くすり)を飲(の)む** 약을 먹다

夜(よる)寝(ね)る前(まえ)に、この薬(くすり)を飲(の)んでください。

밤에 자기 전에 이 약을 드세요.

N5 **国(くに)へ帰(かえ)る** 고향에 돌아가다, 귀국하다

夏休(なつやす)みに国(くに)へ帰(かえ)ったら、何(なに)をしますか。

여름 방학에 고향에 돌아가면 무엇을 합니까?

N5 **車(くるま)が止(と)まる** 차가 멈추다, 차가 서다

前(まえ)を走(はし)っていた車(くるま)が止(と)まった。

앞서가던 차가 멈췄다.

N5 **ケーキを切(き)る** 케이크를 자르다

このナイフでそのケーキを切(き)ってください。

이 칼로 그 케이크를 잘라 주세요.

N5 **公園を散歩する** 공원을 산책하다

祖父は毎朝公園を散歩します。

할아버지는 매일 아침 공원을 산책합니다.

N5 **コートをかける** 코트를 걸다

玄関の壁にコートをかけました。

현관 벽에 코트를 걸었습니다.

N5 **コーヒーを飲む** 커피를 마시다

とても眠かったので、コーヒーを飲みました。

너무 졸렸기 때문에 커피를 마셨습니다.

N5 **子どもがいる** 아이가 있다

うちには幼い子どもがいます。

우리 집에는 어린아이가 있습니다.

N5 **ご飯を食べる** 밥을 먹다

ご飯を食べないで会社に行った。

밥을 먹지 않고 회사에 갔다.

N5 **財布を忘れる** 지갑을 두고 오다

家に財布を忘れて買い物に行ってしまった。

(깜빡 잊고) 집에 지갑을 놔 두고 쇼핑하러 가 버렸다.

N5 **魚が好きだ** 생선을 좋아하다

私は魚が好きで、よく食べる。

나는 생선을 좋아해서 자주 먹는다.

N5 散歩に出かける

산책하러 나가다

天気がよかったので、散歩に出かけた。

날씨가 좋아서 산책하러 나갔다.

N5 時間がある

시간이 있다

まだ時間がありますので、ゆっくり考えましょう。

아직 시간이 있으니 천천히 생각합시다.

N5 時間がかかる

시간이 걸리다

通勤にとても時間がかかります。

출퇴근에 너무 시간이 걸립니다.

N5 自己紹介をする

자기소개를 하다

まず私が自己紹介をします。

먼저 제가 자기소개를 하겠습니다.

N5 仕事が大変だ

일이 힘들다

そのアルバイトは、仕事が大変できつい。

그 아르바이트는 일이 힘들고 고되다.

N5 仕事で疲れる

업무로 지치다

仕事で疲れてしまって、家に帰ると何もできない。

일로 피곤해서 집에 돌아오면 아무것도 할 수 없다.

N5 辞書を使う

사전을 사용하다

試験中には辞書を使ってもいいです。

시험 중에는 사전을 사용해도 좋습니다.

N5 **静かにする** 조용히 하다

夜はもう少し静かにしてくれませんか。

밤에는 좀 더 조용히 해 주시지 않겠습니까?

N5 **自転車を借りる** 자전거를 빌리다

ここで自転車を借りることができます。

여기에서 자전거를 빌릴 수 있습니다.

N5 **シャワーを浴びる** 샤워를 하다

家に帰ってシャワーを浴びました。

집에 돌아와 샤워를 했습니다.

N5 **ジュースを作る** 주스를 만들다

果物のジュースを作りました。どうぞ飲んでください。

과일 주스를 만들었습니다. 자, 드세요.

N5 **授業が始まる** 수업이 시작되다

もうすぐ午後の授業が始まります。

이제 곧 오후 수업이 시작됩니다.

N5 **宿題が多い** 숙제가 많다

今日は宿題が多いからたいへんだ。

오늘은 숙제가 많아서 큰일이다.

N5 **新聞を読む** 신문을 읽다

あなたは日本語の新聞を読むことができますか。

당신은 일본어 신문을 읽을 수 있습니까?

N5 スポーツをする
스포츠를 하다

中山(なかやま)さんはどんなスポーツをしていますか。

나카야마 씨는 어떤 스포츠를 하고 있습니까?

N5 ズボンをはく
바지를 입다

子(こ)どもは長(なが)いズボンをはいていた。

아이는 긴 바지를 입고 있었다.

N5 セーターを着(き)る
스웨터를 입다

今日(きょう)は寒(さむ)いから、セーターを着(き)ている人(ひと)が多(おお)い。

오늘은 추워서 스웨터를 입고 있는 사람이 많다.

N5 外(そと)が暗(くら)くなる
밖이 어두워지다

日(ひ)が暮(く)れて、外(そと)が暗(くら)くなってきました。

해가 지고 밖이 어두워졌습니다.

N5 たくさんある
많이 있다

先生(せんせい)、荷物(にもつ)がたくさんありますね。何(なに)か持(も)っていきます。

선생님, 짐이 많네요. 뭔가 들고 가겠습니다.

N5 タバコを吸(す)う
담배를 피우다

ここでタバコを吸(す)ってはいけません。

여기서 담배를 피우면 안 됩니다.

N5 ダンスをする
춤을 추다

ダンスをするときは、みんな同(おな)じ服(ふく)を着(き)ます。

춤을 출 때는 모두 같은 옷을 입습니다.

N5 **小(ちい)さく切(き)る** 작게 자르다

食(た)べ物(もの)を小(ちい)さく切(き)って食(た)べる。

음식을 작게 잘라서 먹는다.

N5 **手紙(てがみ)を出(だ)す** 편지를 부치다

外国(がいこく)に住(す)む友(とも)だちに手紙(てがみ)を出(だ)しました。

외국에 사는 친구에게 편지를 부쳤습니다.

N5 **テストをする** 테스트를 하다, 시험을 보다

来週(らいしゅう)テストをしますから、家(いえ)でたくさん勉強(べんきょう)してくださいね。

다음 주에 시험을 볼 거니까 집에서 공부 많이 하세요.

N5 **テニスをする** 테니스를 치다

ときどき友(とも)だちとテニスをします。

가끔 친구들과 테니스를 칩니다.

N5 **デパートに行(い)く** 백화점에 가다

コートを買(か)いにデパートに行(い)きました。

코트를 사러 백화점에 갔습니다.

N5 **手袋(てぶくろ)をする** 장갑을 끼다

寒(さむ)いときは手袋(てぶくろ)をして出(で)かけます。

추울 때는 장갑을 끼고 외출합니다.

N5 **テレビを消(け)す** TV를 끄다

寝(ね)る前(まえ)にテレビを消(け)してください。

자기 전에 TV를 끄세요.

N5 **天気がいい** 날씨가 좋다

天気がよかったので、近くの山に登山に行ってきた。

날씨가 좋아서 가까운 산에 등산을 다녀왔다.

N5 **電気を消す** 전기를 끄다, 불을 끄다

部屋を出るときは電気を消してください。

방을 나갈 때는 불을 꺼 주세요.

N5 **電気をつける** 전기를 켜다, 불을 켜다

今日から電気をつけたまま寝るのをやめます。

오늘부터 불을 켜둔 채 자는 것을 그만두겠습니다.

N5 **電車が来る** 전철이 오다

いつまで待っても電車が来ない。

언제까지 기다려도 전철이 오지 않는다.

N5 **電車に乗る** 전철을 타다

この駅から電車に乗って、３つ目の駅でおります。

이번 역에서 전철을 타서, 세 번째 역에서 내립니다.

N5 **天ぷらがおいしい** 튀김이 맛있다

この店は天ぷらがおいしい。

이 가게는 튀김이 맛있다.

N5 **電話をかける** 전화를 걸다

友だちに電話をかけた。

친구에게 전화를 걸었다.

N5 **野菜(やさい)が嫌(きら)いだ** 야채를 싫어하다

私(わたし)は野菜(やさい)が嫌(きら)いであまり食(た)べない。

나는 야채를 싫어해서 별로 먹지 않는다.

N5 **郵便局(ゆうびんきょく)で働(はたら)く** 우체국에서 일하다

父(ちち)は郵便局(ゆうびんきょく)で働(はたら)いています。

아버지는 우체국에서 일하고 있습니다.

N5 **雪(ゆき)が降(ふ)る** 눈이 오다

今(いま)、外(そと)は雪(ゆき)が降(ふ)っている。

지금 밖에는 눈이 내리고 있다.

N5 **料理(りょうり)が下手(へた)だ** 요리가 서툴다, 요리를 잘 못하다

料理(りょうり)が下手(へた)で悩(なや)んでいます。

요리를 못해서 고민하고 있습니다.

N5 **料理(りょうり)を作(つく)る** 요리를 만들다

親(おや)が子(こ)どものために料理(りょうり)を作(つく)る。

부모가 아이를 위해 요리를 만든다.

N4 **アイロンをかける** 다림질하다

学校(がっこう)に着(き)て行(い)くシャツにアイロンをかけておいた。

학교에 입고 갈 셔츠를 다려 놓았다.

N4 **赤(あか)ちゃんが泣(な)く** 아기가 울다

電車(でんしゃ)の中(なか)で赤(あか)ちゃんが泣(な)いて困(こま)ってしまった。

전철 안에서 아기가 울어서 난처했다.

N4 **甘いものが好きだ** 단것을 좋아하다

チョコレートのような甘いものが好きです。

초콜릿 같은 단것을 좋아합니다.

N4 **雨が降り出す** 비가 오기 시작하다

空が暗くて、今にも雨が降り出しそうだ。

하늘이 어두워서 금방 비가 오기 시작할 것 같다.

N4 **生け花を習う** 꽃꽂이를 배우다

生け花を習い始めて１０年目になります。

꽃꽂이를 배우기 시작한 지 10년째가 됩니다.

N4 **いすを運ぶ** 의자를 나르다, 의자를 운반하다

すみません。明日の会議のためにいすを運んでください。

죄송합니다. 내일 회의를 위해 의자를 옮겨 주시기 바랍니다.

N4 **急いで連絡する** 급히 연락하다

実は、山田部長に急いで連絡したいことがあるんですけど。

실은 야마다 부장님께 급히 연락드리고 싶은 일이 있습니다만.

N4 **いっしょうけんめい勉強する** 열심히 공부하다

大学に入るために、いっしょうけんめい勉強しています。

대학에 들어가기 위해서 열심히 공부하고 있습니다.

N4 **犬にかまれる** 개한테 물리다

田中さんは、散歩中に犬にかまれてけがをしました。

다나카 씨는 산책 중에 개한테 물려 다쳤습니다.

N4 **受付を通る** 접수처를 지나다

1階の受付を通ってから、会場に入った。

1층의 접수처를 지나 행사장으로 들어갔다.

N4 **うそをつく** 거짓말을 하다

うそをつくことは、どんな理由でも許されない。

거짓말을 하는 것은 어떤 이유로도 허용되지 않는다.

N4 **海が見える** 바다가 보이다

山の上から海が見えます。

산 위에서 바다가 보입니다.

N4 **英語を教える** 영어를 가르치다

母は高校で英語を教えています。

어머니는 고등학교에서 영어를 가르치고 있습니다.

N4 **駅で乗り換える** 역에서 갈아타다

中山へいらっしゃる方は次の駅で乗り換えてください。

나카야마에 가시는 분은 다음 역에서 갈아타세요.

N4 **駅に着く** 역에 도착하다

駅に着いたら電話してください。

역에 도착하면 전화해 주세요.

N4 **駅を出発する** 역을 출발하다

特急電車は5分前に駅を出発した。

특급 전철은 5분 전에 역을 출발했다.

N4 **絵に触る** 그림에 손대다, 그림을 만지다

汚れるといけないから、絵に触らないでください。

더러워지면 안 되니까 그림을 만지지 마세요.

N4 **お金がかかる** 돈이 들다

外食するとけっこうお金がかかります。

외식하면 꽤 돈이 듭니다.

N4 **お金を使う** 돈을 쓰다

買い物にたくさんお金を使ってしまった。

쇼핑에 돈을 많이 써 버렸다.

N4 **お金を払う** 돈을 지불하다

このバスは乗るときにお金を払います。

이 버스는 탈 때 돈을 냅니다.

N4 **遅れて始まる** 늦게 시작되다

会議は予定より 2 時間も遅れて始まるそうです。

회의는 예정보다 2시간이나 늦게 시작된다고 합니다.

N4 **お皿を並べる** 접시를 놓다, 접시를 늘어놓다

▶ 여러 개의 접시를 줄 맞추어 놓는다는 뜻이에요.

テーブルの上にお皿を並べてください。

테이블 위에 접시를 세팅해 주세요.

N4 **遅くまで起きている** 늦게까지 깨어 있다

昨日遅くまで起きていたので、今日は一日中眠い。

어제 늦게까지 깨어 있었기 때문에 오늘은 하루 종일 졸리다.

N4 音(おと)が出(で)る
소리가 나다

この絵本(えほん)はタッチすると**音(おと)が出(で)る**。

이 그림책은 터치하면 소리가 난다.

N4 お腹(なか)がいっぱいになる
배가 부르다

ご飯(はん)をたくさん食(た)べて**お腹(なか)がいっぱいになりました**。

밥을 많이 먹어서 배가 부릅니다.

N4 お見舞(みま)いに行(い)く
병문안을 가다

友(とも)だちが入院(にゅういん)しているので、**お見舞(みま)いに行(い)った**。

친구가 입원하고 있어서 병문안을 갔다.

N4 お土産(みやげ)をくれる
(기념) 선물을 주다

中山(なかやま)さんは私(わたし)に旅行(りょこう)の**お土産(みやげ)をくれました**。

나카야마 씨는 나에게 여행 기념 선물을 주었습니다.

N4 お礼(れい)を言(い)う
감사의 말을 하다

お世話(せわ)になった田中先生(たなかせんせい)に**お礼(れい)を言(い)った**。

신세를 진 다나카 선생님에게 감사 인사를 했다.

N4 係(かかり)をする
담당을 하다

先輩(せんぱい)、私(わたし)、発表会(はっぴょうかい)で受付(うけつけ)の**係(かかり)をする**んですが、服(ふく)はスーツがいいですか。

선배님, 저 발표회에서 접수 담당을 하는데 옷은 정장이 좋은가요?

N4 書(か)き方(かた)を教(おし)える
쓰는 법을 가르치다

子(こ)どもに漢字(かんじ)の**書(か)き方(かた)を教(おし)え**ている。

아이에게 한자 쓰는 법을 가르치고 있다.

N4 **傘(かさ)をさす** 우산을 쓰다

あの人(ひと)は雨(あめ)が降(ふ)っているのに、傘(かさ)をささずに歩(ある)いている。

저 사람은 비가 오는데 우산을 쓰지 않고 걷고 있다.

N4 **ガス料金(りょうきん)を支払(しはら)う** 가스 요금을 지불하다

毎月(まいつき)、ガス料金(りょうきん)を支払(しはら)います。

매달 가스 요금을 지불합니다.

N4 **形(かたち)をしている** 모양을 하고 있다

あの鉛筆(えんぴつ)のような形(かたち)をしている建物(たてもの)は図書館(としょかん)です。

저 연필 같은 모양을 하고 있는 건물은 도서관입니다.

N4 **学校(がっこう)に通(かよ)う** 학교에 다니다

弟(おとうと)は近(ちか)くの学校(がっこう)に通(かよ)っています。

남동생은 근처에 있는 학교에 다니고 있습니다.

N4 **角(かど)を曲(ま)がる** 모퉁이를 돌다

あそこの角(かど)を曲(ま)がると、市役所(しやくしょ)が見(み)えます。

저기 모퉁이를 돌면 시청이 보입니다.

N4 **壁(かべ)を塗(ぬ)る** 벽을 칠하다

ペンキで部屋(へや)の壁(かべ)を塗(ぬ)ってみた。

페인트로 방의 벽을 칠해 보았다.

N4 **ギターを弾(ひ)く** 기타를 치다

田中(たなか)さんがギターを弾(ひ)きながら歌(うた)っている。

다나카 씨가 기타를 치면서 노래하고 있다.

N4 銀行(ぎんこう)に勤(つと)める
은행에 근무하다

この銀行(ぎんこう)に勤(つと)めて5年(ごねん)になります。
이 은행에 근무한 지 5년이 됩니다.

N4 クーラーがつく
에어컨이 켜지다

クーラーがついていないので、とても暑(あつ)いです。
에어컨이 켜져 있지 않아서 너무 덥습니다.

N4 くつをはく
신발을 신다

▶ はく는 한자를 써서 履(は)く로 표기하기도 해요.

弟(おとうと)は、新(あたら)しいくつをはいて出(で)かけた。
남동생은 새 신발을 신고 외출했다.

N4 曇(くも)っている
(날씨가) 흐리다

今日(きょう)は曇(くも)っていて少(すこ)し寒(さむ)いです。
오늘은 흐리고 조금 춥습니다.

N4 車(くるま)が通(とお)る
차가 지나가다

この家(いえ)は大(おお)きな車(くるま)が通(とお)るたびに揺(ゆ)れる。
이 집은 큰 차가 지나갈 때마다 흔들린다.

N4 車(くるま)がほしい
자동차를 갖고 싶다

新(あたら)しい車(くるま)がほしいけど、お金(かね)が心配(しんぱい)だ。
새 차를 갖고 싶은데 돈이 걱정이다.

N4 車(くるま)を止(と)める
차를 세우다, 차를 멈추다

駐車場(ちゅうしゃじょう)に車(くるま)を止(と)めて店(みせ)に入(はい)った。
주차장에 차를 세우고 가게로 들어갔다.

N4 けがが治(なお)る
상처가 낫다, 다친 곳이 낫다

けがが治(なお)って退院(たいいん)することになりました。

다친 곳이 나아서 퇴원하게 되었습니다.

N4 けがをする
부상을 당하다, 다치다

道(みち)で転(ころ)んで軽(かる)いけがをした。

길에서 넘어져서 가벼운 부상을 당했다.

N4 けんかをする
싸움을 하다

二人(ふたり)は大(おお)きな声(こえ)でけんかをしている。

두 사람은 큰 소리로 싸우고 있다.

N4 工場(こうじょう)を見学(けんがく)する
공장을 견학하다

明日(あした)の午前中(ごぜんちゅう)に自動車工場(じどうしゃこうじょう)を見学(けんがく)します。

내일 오전 중에 자동차 공장을 견학합니다.

N4 黒板(こくばん)を消(け)す
칠판을 지우다

田中(たなか)さん、黒板(こくばん)を消(け)してくれますか。

다나카 씨, 칠판을 지워 주시겠습니까?

N4 ごちそうを食(た)べる
맛있는 음식을 먹다

ごちそうを食(た)べすぎて、お腹(なか)が痛(いた)くなりました。

음식을 너무 많이 먹어서 배가 아파졌어요.

N4 コップが割(わ)れる
컵이 깨지다

ガラスのコップが割(わ)れてしまった。

유리컵이 깨져 버렸다.

N4 バイトを探す

아르바이트를 찾다

旅行に行きたいので、高収入のバイトを探している。

여행을 가고 싶어서 고수입 아르바이트를 찾고 있다.

N4 バスを降りる

버스를 내리다, 버스에서 내리다

学校の前でバスを降りました。

학교 앞에서 버스를 내렸습니다.

N4 花見をする

꽃구경을 하다

友だちといっしょに近くの公園で花見をしました。

친구와 함께 근처 공원에서 꽃구경을 했습니다.

N4 番号を呼ぶ

번호를 부르다

スタッフが番号を呼びますので、少々お待ち下さい。

직원이 번호를 부를 테니 잠시만 기다려 주십시오.

N4 ピアノを弾く

피아노를 치다

私はピアノを弾くのが、とても好きです。

나는 피아노 치는 것을 아주 좋아합니다.

N4 一晩泊まる

하룻밤 묵다, 일박하다

出張で大阪へ行って、一晩泊まって、東京に帰ります。

출장으로 오사카에 가서 하룻밤 자고 도쿄로 돌아갑니다.

N4 太ってくる

살이 찌다

最近太ってきたので、毎朝ジョギングをしています。

요즘 살이 쪄서 매일 아침 조깅을 하고 있습니다.

N4 **プレゼントを包む**(つつ) 선물을 포장하다

きれいな紙(かみ)でプレゼントを包(つつ)みました。

예쁜 종이로 선물을 포장했습니다.

N4 **部屋(へや)を片付(かたづ)ける** 방을 치우다

会議(かいぎ)が終(お)わったら、部屋(へや)を片付(かたづ)けてください。

회의가 끝나면 방을 치워 주세요.

N4 **ボタンを押(お)す** 버튼을 누르다

このボタンを押(お)すと、切符(きっぷ)が出(で)ます。

이 버튼을 누르면 표가 나옵니다.

N4 **本屋(ほんや)に寄(よ)る** 서점에 들르다

学校(がっこう)が終(お)わったら、本屋(ほんや)に寄(よ)って家(いえ)に帰(かえ)るつもりだ。

학교가 끝나면 서점에 들러 귀가할 생각이다.

N4 **真(ま)ん中(なか)に置(お)く** 한가운데에 놓다

テーブルは部屋(へや)の真(ま)ん中(なか)に置(お)いてください。

테이블은 방 한가운데에 놓아 주세요.

N4 **水(みず)をやる** (식물에) 물을 주다

この花(はな)は、水(みず)をやりすぎると根(ね)が腐(くさ)ってしまうので、注意(ちゅうい)してください。

이 꽃은 물을 너무 많이 주면 뿌리가 썩어 버리니까 주의해 주세요.

N4 **店(みせ)ができる** 가게가 생기다

駅前(えきまえ)にカレーの店(みせ)ができました。

역 앞에 카레 가게가 생겼습니다.

N4 道が滑る
길이 미끄럽다

昨日降った雪で道が滑りやすくなっている。

어제 내린 눈으로 길이 미끄러워져 있다.

N4 迎えに行く
마중 나가다

迎えに行きますから、駅に着いたら、電話してください。

마중 나갈 테니 역에 도착하면 전화해 주세요.

N4 メールをする
메일을 보내다

レポートについて、おとといメールをしたんですが、届いたでしょうか。

리포트에 대해서 그저께 메일을 보냈는데 도착했나요?

N4 ものを捨てる
물건을 버리다

引っ越しのとき、要らないものを捨てました。

이사할 때 필요 없는 물건을 버렸습니다.

N4 山に登る
산에 오르다

来週の金曜日は山に登ります。

다음 주 금요일은 산에 오릅니다.

N4 ゆっくり休む
푹 쉬다

疲れたでしょう。ゆっくり休んでくださいね。

피곤하시죠? 푹 쉬세요.

N4 用事がある
용무가 있다, 볼일이 있다

明日は大切な用事があって遅刻してはいけない。

내일은 중요한 용무가 있어서 지각해서는 안 된다.

`N4` **予約をキャンセルする**　　　　　　　　　　　　　　예약을 취소하다
きゅう ようじ はい きょう よやく
急に用事が入ったので、今日の予約をキャンセルしたいんですが。

갑자기 일이 생겨서 오늘 예약을 취소하고 싶습니다만.

`N4` **料理が得意だ**　　　　　　　　　　　　　　　　　요리를 잘하다
あね にほんりょうり とくい
姉は日本料理が得意です。

언니(누나)는 일본 요리를 잘합니다.

`N4` **留守にする**　　　　　　　　　　　　　　　　　　집을 비우다
あした きゅう しゅっちょう いっしゅうかん るす
明日から急な出張で、一週間ほど留守にするんです。

내일부터 갑작스런 출장으로 일주일 정도 집을 비울 겁니다.

`N4` **冷蔵庫に入れる**　　　　　　　　　　　　　　　　냉장고에 넣다
のこ れいぞうこ い
残ったケーキを冷蔵庫に入れておいた。

남은 케이크를 냉장고에 넣어 두었다.

`N4` **レポートを出す**　　　　　　　　　　　　　　　　리포트를 내다
せんせい しゅくだい だ
先生に宿題のレポートを出した。

선생님께 숙제 리포트를 냈다.

`N4` **練習をする**　　　　　　　　　　　　　　　　　　연습을 하다
しゅう さんかい れんしゅう
週に3回テニスの練習をします。

일주일에 세 번 테니스 연습을 합니다.

`N4` **忘れ物をする**　　　　　　物건을 두고 가다, 물건을 깜빡하다
むすこ あさがっこう い わす もの
息子は、朝学校に行くときに、よく忘れ物をしている。

아들은 아침에 학교에 갈 때, 자주 물건을 두고 간다.

N3 味(あじ)がする
맛이 나다

このジュースはレモンの味(あじ)がします。

이 주스는 레몬 맛이 납니다.

N3 味(あじ)をつける
맛을 내다, 간을 하다

魚(さかな)に塩(しお)とこしょうで味(あじ)をつけた。

생선에 소금과 후추로 간을 했다.

N3 汗(あせ)をかく
땀을 흘리다

スポーツで汗(あせ)をかいたので、シャワーを浴(あ)びた。

스포츠로 땀을 흘렸기 때문에 샤워를 했다.

N3 汗(あせ)を流(なが)す
땀을 흘리다

目立(めだ)たないところで汗(あせ)を流(なが)して働(はたら)いている人々(ひとびと)がいる。

눈에 띄지 않는 곳에서 땀을 흘리며 일하는 사람들이 있다.

N3 息(いき)をする
숨을 쉬다, 호흡하다

風邪(かぜ)なのか息(いき)をするのが苦(くる)しい。

감기인지 숨을 쉬는 것이 힘들다.

N3 息(いき)を吐(は)く
숨을 내쉬다

深(ふか)く息(いき)を吸(す)ったり吐(は)いたりすると、気持(きも)ちが落(お)ち着(つ)いてくる。

숨을 깊이 들이쉬고 내쉬면 마음이 차분해진다.

N3 一方通行(いっぽうつうこう)になっている
일방통행으로 되어 있다

本日(ほんじつ)は大変混雑(たいへんこんざつ)しているため、見学通路(けんがくつうろ)は一方通行(いっぽうつうこう)になっています。

오늘은 매우 혼잡하기 때문에, 견학 통로는 일방통행으로 되어 있습니다.

N3 **犬を飼う** 개를 기르다

うちでは犬を飼っているけれど、ほとんど私が面倒を見ている。

우리 집에서는 개를 키우고 있는데, 거의 내가 돌보고 있다.

N3 **うろうろする** 어정버정하다, (하는 일 없이) 이리저리 천천히 걷다

怪しい人が家の前をうろうろしている。

수상한 사람이 집 앞을 왔다 갔다 하고 있다.

N3 **影響を与える** 영향을 미치다

地球温暖化は、私たちにさまざまな影響を与えている。

지구온난화는 우리에게 다양한 영향을 미치고 있다.

N3 **餌をやる** 먹이를 주다, 모이를 주다

この動物園では、動物に直接餌をやる体験ができる。

이 동물원에서는 동물에게 직접 먹이를 주는 체험을 할 수 있다.

N3 **おかしいと思う** 이상하다고 생각하다

まったく非がないのにあやまり続けるのはおかしいと思う。

전혀 잘못이 없는데도 계속 사과하는 것은 이상하다고 생각한다.

N3 **お金を預ける** 돈을 맡기다, 예금하다

近くの銀行にお金を預けた。

가까운 은행에 돈을 맡겼다(예금을 했다).

N3 **お金を出す** 돈을 내다

クラス全員でお金を出して、担任の先生に花束を贈ることにした。

학급 전원이 돈을 내서, 담임 선생님께 꽃다발을 선물하기로 했다.

N3 お金を引き出す

돈을 인출하다

このカードでお金を引き出すことができます。

이 카드로 돈을 인출할 수 있습니다.

N3 おしゃべりをする

잡담하다, 이야기하다

私は友だちとおしゃべりをするのが好きです。

나는 친구와 이야기하는 것을 좋아합니다.

N3 お茶を出す

차를 내다, 차를 대접하다

会社を訪問したお客さんにお茶を出した。

회사를 방문한 손님에게 차를 냈다.

N3 お腹が空く

배가 고프다

我慢できないほどお腹が空いたときには、何を食べればいいのでしょう？

참을 수 없을 정도로 배가 고플 때는 무엇을 먹으면 좋을까요?

N3 お弁当を準備する

도시락을 준비하다

母は、早起きしてお弁当を準備しています。

어머니는 일찍 일어나서 도시락을 준비하고 있습니다.

N3 お湯が沸く

물이 끓다

お湯が沸いたら、材料を入れて火を少し弱くしてください。

물이 끓으면 재료를 넣고 불을 좀 약하게 해 주세요.

N3 お湯を沸かす

물을 끓이다

毎朝、お湯を沸かしてお茶を飲みます。

매일 아침 물을 끓여 차를 마십니다.

N3 **温泉に入る** 온천에 들어가다, 온천욕을 하다

長旅で疲れていたのですが、温泉に入ったら疲れもとれました。

긴 여행으로 지쳐 있었지만, 온천욕을 했더니 피로도 풀렸습니다.

N3 **カードを作る** 카드를 만들다

図書館の利用カードを作るときは、申込書を書いてください。

도서관 이용 카드를 만들 때는 신청서를 써 주시기 바랍니다.

N3 **会社に戻る** 회사로 되돌아가다, 회사로 복귀하다

調査が終わったら、３時までに会社に戻ります。

조사가 끝나면 3시까지 회사로 돌아갑니다.

N3 **回数を増やす** 횟수를 늘리다

歯を守るには、歯磨きはもちろん、かむ回数を増やす努力も重要だ。

치아를 지키려면 칫솔질은 물론이고, 씹는 횟수를 늘리는 노력도 중요하다.

N3 **鍵をかける** 문을 잠그다, 자물쇠를 채우다

出かけるときは、忘れずにドアに鍵をかけてください。

외출할 때는 잊지 말고 문을 잠그세요.

N3 **鍵を閉める** 문을 잠그다, 자물쇠를 채우다

玄関の鍵を閉めてから会社に行った。

현관을 잠그고 회사에 갔다.

N3 **鍵を無くす** 열쇠를 잃어버리다

鍵を無くしてしまって、家に入ることができなかった。

열쇠를 잃어버려 집에 들어갈 수 없었다.

N3 **順番を待つ** 차례를 기다리다

店が混んでいたので、並んで順番を待つことにした。

가게가 붐벼서 줄을 서서 차례를 기다리기로 했다.

N3 **食事が済む** 식사가 끝나다

食事が済んだら、食器はここに戻してください。

식사가 끝나면 식기는 이곳으로 갖다주세요.

N3 **食事に誘う** 식사하자고 권하다

せっかく食事に誘ってくれたのに、行けなくてごめんね。

모처럼 식사하자고 해 줬는데 못 가서 미안해.

N3 **食欲がない** 식욕이 없다

朝は食欲がなくて、朝食を食べる気になりません。

아침에는 식욕이 없어서 아침을 먹을 생각이 안 듭니다.

N3 **神経を使う** 신경을 쓰다

工事のときは、正確さや安全に対して神経を使わなければならない。

공사를 할 때는 정확성과 안전에 대하여 신경을 써야 한다.

N3 **酢をかける** 식초를 뿌리다

料理のときに材料のにおいを防ぐために、酢をかける方法もある。

요리할 때 재료의 냄새를 막기 위해 식초를 뿌리는 방법도 있다.

N3 **生活を送る** 생활을 하다, 생활을 보내다

健康のために規則正しい生活を送りましょう。

건강을 위해 규칙적인 생활을 합시다.

N3 成績を取る
せいせきをとる

성적을 받다

いい成績を取って、希望の学校に入りたい。
せいせき　と　　　　きぼう　がっこう　はい

좋은 성적을 받아서 원하는 학교에 들어가고 싶다.

N3 晴天が続く
せいてんがつづく

맑은 날씨가 계속되다

梅雨も明けて最近は晴天が続いている。
つゆ　あ　　さいきん　せいてん　つづ

장마도 그치고 최근에는 맑은 날씨가 이어지고 있다.

N3 席を空ける
せきをあける

자리를 (한 칸) 비우다

病院内では、できるだけ席を空けてお座りください。
びょういんない　　　　　　　　せき　あ　　　　すわ

병원 내에서는 가능한 한 자리를 한 칸 비우고 앉아 주시기 바랍니다.

N3 席を取る
せきをとる

자리를 잡다

先に店に行って、席を取っておくね。
さき　みせ　い　　　　せき　と

먼저 가게에 가서 자리를 잡아 둘게.

N3 席を譲る
せきをゆずる

자리를 양보하다

電車で若者はお年寄りに席を譲った。
でんしゃ　わかもの　　としよ　　せき　ゆず

전철에서 젊은이는 어르신께 자리를 양보했다.

N3 世話になる
せわになる

신세를 지다

鈴木先生にはいつも世話になっている。
すずきせんせい　　　　　　せわ

스즈키 선생님에게는 언제나 신세를 지고 있다.

N3 世話をする
せわをする

돌보다, 보살피다

風邪をひいた子どもの世話をしました。
かぜ　　　　こ　　　　せわ

감기에 걸린 아이를 돌보았습니다.

N3 相談に乗る
상담에 응하다

この大学では、専門のカウンセラーがいつでも相談に乗ります。

이 대학에서는 전문 상담사가 언제든지 상담에 응해 줍니다.

N3 大会に出る
대회에 나가다

来月、大学のスピーチ大会に出るつもりだ。

다음 달에 대학 스피치 대회에 나갈 생각이다.

N3 大量に使う
대량으로 사용하다

このパンは砂糖とバターを大量に使って作ったものです。

이 빵은 설탕과 버터를 대량으로 사용하여 만든 것입니다.

N3 タクシーを呼ぶ
택시를 부르다

タクシーを呼びたい場合、どうしたらいいですか。

택시를 부르고 싶은 경우 어떻게 하면 돼요?

N3 食べ物が腐る
음식이 상하다

夏は、気温が高く食べ物が腐りやすい。

여름에는 기온이 높아 음식이 상하기 쉽다.

N3 連れていく
데리고 가다

子どもが熱を出し、病院に連れていった。

아이가 열이 나서 병원에 데려갔다.

N3 連れてくる
데리고 오다

子どもが友だちを連れてきたので、お菓子を出した。

아이가 친구를 데려와서 과자를 내놓았다.

N3 テーマが決まる
주제가 정해지다

論文のテーマが決まったら、そのテーマに関する資料を集める必要がある。

논문의 주제가 정해지면 그 주제에 관한 자료를 모을 필요가 있다.

N3 デザインを変える
디자인을 바꾸다

ブログのデザインを変えて、明るい雰囲気にしてみた。

블로그의 디자인을 바꿔 밝은 분위기로 만들어 보았다.

N3 店員を呼ぶ
점원을 부르다

メニューから食べたい料理を決め、店員を呼んで注文した。

메뉴에서 먹고 싶은 음식을 정하고 점원을 불러 주문했다.

N3 天気予報を見る
일기예보를 보다

天気予報を見たら、明日は晴れるって言ってたよ。

일기예보를 보니 내일은 맑다고 하던데.

N3 伝言を頼む
전언을 부탁하다, 메시지 전달을 부탁하다

伝言を頼まれたときは、必ずメモをとりましょう。

전언을 부탁받았을 때는 반드시 메모를 합시다.

N3 電池が切れる
건전지가 다 되다

時計の電池が切れたので新しいものに交換した。

시계의 건전지가 다 되어 새것으로 바꿨다.

N3 テンポが速い
템포가 빠르다

この曲はテンポが速くて歌うのが難しい。

이 곡은 템포가 빨라 부르기가 어렵다.

N3 # メガネをかける

안경을 쓰다

昨日（きのう）はメガネをかけたまま寝（ね）てしまいました。

어제는 안경을 쓴 채로 자 버렸습니다.

N3 # メガネを外（はず）す

안경을 벗다

私（わたし）は目（め）が悪（わる）いので、メガネを外（はず）すと何（なに）も見（み）えません。

나는 눈이 나빠서 안경을 벗으면 아무것도 안 보입니다.

N3 # 面倒（めんどう）を見（み）る

보살피다, 돌보다

姉（あね）が入院（にゅういん）したので、私（わたし）が姉（あね）の子（こ）どもたちの面倒（めんどう）を見（み）ている。

언니가 입원했기 때문에, 내가 언니의 아이들을 돌보고 있다.

N3 # 元（もと）に戻（もど）す

원래대로 되돌리다

会議（かいぎ）が終（お）わったら、椅子（いす）を元（もと）に戻（もど）してください。

회의가 끝나면 의자를 원래대로 되돌려 두세요.

N3 # 約束（やくそく）を破（やぶ）る

약속을 어기다

彼（かれ）は絶対（ぜったい）に約束（やくそく）を破（やぶ）らない人（ひと）だ。

그는 절대로 약속을 어기지 않는 사람이다.

N3 # 休（やす）みを取（と）る

휴가를 얻다, 휴가를 내다

たまには長（なが）い休（やす）みを取（と）って、海外旅行（かいがいりょこう）に行（い）きたいです。

가끔은 긴 휴가를 내서 해외여행을 가고 싶습니다.

N3 # 家賃（やちん）が高（たか）い

집세가 비싸다, 임대료가 비싸다

この部屋（へや）は、部屋（へや）の中（なか）でも人気（にんき）があるので家賃（やちん）が高（たか）い。

이 방은 방 중에서도 인기가 있어서 임대료가 비싸다.

N3 夢を見る （ゆめをみる） 꿈을 꾸다

怖い夢を見て目が覚めてしまった。
（こわいゆめをみてめがさめてしまった。）

무서운 꿈을 꾸어서 잠이 깨 버렸다.

N3 用事ができる （ようじができる） 용무가 생기다

急に用事ができたので、レストランの予約をキャンセルした。
（きゅうにようじができたので、レストランのよやくをキャンセルした。）

갑자기 일이 생겨서 레스토랑 예약을 취소했다.

N3 用事を済ませる （ようじをすませる） 용무를 마치다, 볼일을 마치다

この用事を済ませてから食事をするつもりです。
（このようじをすませてからしょくじをするつもりです。）

이 볼일을 끝내고 나서 식사를 할 생각입니다.

N3 預金をおろす （よきんをおろす） 예금을 찾다, 예금을 인출하다

銀行に行って預金をおろして来た。
（ぎんこうにいってよきんをおろしてきた。）

은행에 가서 예금을 찾아 왔다.

N3 連絡を取る （れんらくをとる） 연락을 취하다

長い間連絡を取っていなかった友だちに電話をした。
（ながいあいだれんらくをとっていなかったともだちにでんわをした。）

오랫동안 연락을 하지 않았던 친구에게 전화를 했다.

N2 アイディアを思いつく （おもいつく） 아이디어를 생각해내다

いいアイディアを思いついても、実際に活用するのはなかなか難しい。
（いいアイディアをおもいついても、じっさいにかつようするのはなかなかむずかしい。）

좋은 아이디어를 떠올려도 실제로 활용하는 것은 꽤 어렵다.

N2 仰向けになる （あおむけになる） (하늘을 보고) 눕다

彼は仰向けになって空を見上げた。
（かれはあおむけになってそらをみあげた。）

그는 누워서 하늘을 올려다보았다.

N2 **アクセルを踏む** 액셀을 밟다, 가속 페달을 밟다

アクセルを踏んでスピードをあげる。
액셀을 밟아 속도를 올린다.

N2 **あくびが出る** 하품이 나다

朝まで寝ないで勉強していたので、授業中に何度もあくびが出た。
아침까지 자지 않고 공부했기 때문에, 수업 중에 몇 번이나 하품이 나왔다.

N2 **あっと言わせる** 깜짝 놀라게 하다

次はもっと面白いゲームを作ってユーザーをあっと言わせてやりたい。
다음에는 더 재미있는 게임을 만들어서 유저를 깜짝 놀라게 해 주고 싶다.

N2 **油で揚げる** 기름에 튀기다, 기름으로 튀기다

新鮮な油で揚げた天ぷらは味が格別です。
신선한 기름에 튀긴 튀김은 맛이 아주 특별합니다.

N2 **ありのままに話す** 있는 그대로 말하다

思ったことをありのままに話してしまうと相手を傷付けることがある。
생각한 것을 있는 그대로 말해 버리면 상대에게 상처를 주는 일이 있다.

N2 **暗証番号を押す** 비밀번호를 누르다

確認のため、もう一度暗証番号を押してください。
확인을 위해 다시 한번 비밀번호를 눌러 주세요.

N2 **いい加減にする** 적당히 하다

もう冗談を言うのはいい加減にしてほしい。
이제 농담 좀 적당히 했으면 좋겠다.

N2 **一行を空ける** 한 줄을 비우다

作文はここに名前を書いてから、一行を空けて本文に入ってください。

작문은 여기에 이름을 쓴 다음 한 줄을 비우고 본문으로 들어가세요.

N2 **一段落する** 일단락되다

ちょうど仕事が一段落したところだから、ちょっと休憩しよう。

마침 일이 일단락된 참이니 잠깐 쉬자.

N2 **一体感が生まれる** 일체감이 생겨나다

社員同士の交流が少ない状態では、なかなか一体感は生まれない。

사원끼리의 교류가 적은 상태에서는 좀처럼 일체감이 생기지 않는다.

N2 **印象を与える** 인상을 주다

よく知らない人にいい印象を与えるには、初対面の印象が肝心である。

잘 모르는 사람에게 좋은 인상을 주려면 첫 만남의 인상이 중요하다.

N2 **うがいをする** 입을 헹구다, 가글하다

うがいをすることで風邪を予防することができるらしい。

가글을 하는 것으로 감기를 예방할 수 있는 모양이다.

N2 **うまくいく** 잘 되어가다

ところで、仕事の方はうまくいっていますか。

그런데 일 쪽은 잘 되고 있나요?

N2 **お金が絡む** 돈이 얽히다

お金が絡むことだから、見積もりの作成は慎重にしましょう。

돈이 얽힌 일이니까, 견적 작성은 신중하게 합시다.

N2 **思い切って捨てる** 과감하게 버리다

引っ越しの際、いらないものを思い切って捨てました。

이사할 때 필요 없는 것을 과감히 버렸습니다.

N2 **風が当たる** 바람이 부딪히다, 바람이 닿다

観葉植物に風が当たり続けると、枯れてしまうことがある。

관엽 식물에 바람이 계속 닿으면, 건조해져서 시들어 버리는 일이 있다.

N2 **肩を痛める** 어깨를 다치다

野球やテニスのようなスポーツ活動で肩を痛めることが多い。

야구나 테니스 같은 스포츠 활동으로 어깨를 다치는 일이 많다.

N2 **格好をする** 모양을 하다, 차림을 하다

会議に参加するときは、あまり派手な格好をしないでください。

회의에 참석할 때는 너무 화려한 차림을 하지 말아 주세요.

N2 **活発に活動する** 활발하게 활동하다

このボランティア団体は、１０年前に設立し現在も活発に活動している。

이 봉사 단체는 10년 전 설립하여 현재도 활발하게 활동하고 있다.

N2 **カロリーが高い** 칼로리가 높다

医者に、太りすぎだからカロリーの高くない食事をしろと言われた。

의사가, 살이 너무 쪘으니 칼로리가 높지 않은 식사를 하라고 말했다.

N2 **皮をむく** 껍질을 벗기다

歯を丈夫にするために、りんごの皮をむかないで食べている。

이를 튼튼히 하기 위해서 사과 껍질을 벗기지 않고 먹는다.

N2 環境を整える

환경을 정비하다

企業は、社員が創造力を発揮できるような環境を整えるべきだ。

기업은 직원들이 창의력을 발휘할 수 있는 환경을 정비해야 한다.

N2 看病をする

간병하다, 간호하다

北野さんは病気の母親の看病をしている。

기타노 씨는 병든 어머니를 간호하고 있다.

N2 期限が切れる

기한이 끝나다, 기한을 넘어서다

消火器の期限が切れてしまったので、新しいのに取り替えた。

소화기의 사용 기한이 끝나 버려서 새것으로 교체했다.

N2 機嫌が悪い

기분이 나쁘다, 기분이 언짢다

田中先生は時間にきびしく、少しでも遅刻すると機嫌が悪くなるそうだ。

다나카 선생님은 시간에 엄격해서 조금이라도 지각하면 기분이 언짢아진다고 한다.

N2 興味を引く

흥미를 끌다

体験談や思い出話は、相手の興味を引く話題になる。

체험담이나 추억 이야기는 상대의 흥미를 끄는 화제가 된다.

N2 協力を得る

협력을 얻다

外部専門家の協力を得て、新商品の開発を進めている。

외부 전문가의 협력을 얻어 신상품 개발을 진행하고 있다.

N2 草取りをする

김을 매다, 풀을 뽑다

今日はみんなで庭の草取りをしたり、庭木に水をやったりした。

오늘은 다 같이 정원의 풀 뽑기도 하고 정원수에 물을 주기도 했다.

N2 草(くさ)を刈(か)る

풀을 베다

草(くさ)を刈(か)ってきれいになった庭(にわ)を見(み)て、気持(きも)ちがよくなった。

풀을 베어 깨끗해진 정원을 보니 기분이 좋아졌다.

N2 くしゃみをする

재채기를 하다

料理中(りょうりちゅう)にくしゃみをしたら、小麦粉(こむぎこ)が飛(と)び散(ち)ってしまった。

요리 중에 재채기를 했더니 밀가루가 사방으로 튀어 버렸다.

N2 苦情(くじょう)を言(い)う

불평을 말하다

隣(となり)の人(ひと)がうるさいので管理人(かんりにん)さんに苦情(くじょう)を言(い)いに行(い)きます。

옆방 사람이 시끄러워서 관리인에게 클레임을 걸러 갑니다.

N2 車(くるま)を飛(と)ばす

차를 급히 몰다

祖父(そふ)の入院(にゅういん)の知(し)らせを受(う)け、車(くるま)を飛(と)ばして病院(びょういん)に向(む)かった。

할아버지의 입원 소식을 듣고 차를 급히 몰아 병원으로 향했다.

N2 計画(けいかく)を立(た)てる

계획을 세우다

新(あたら)しいビジネスを始(はじ)めるときは、しっかりと計画(けいかく)を立(た)てる必要(ひつよう)がある。

새로운 비즈니스를 시작할 때는 확실하게 계획을 세울 필요가 있다.

N2 経験(けいけん)が豊富(ほうふ)だ

경험이 풍부하다

このレストランでは、経験(けいけん)が豊富(ほうふ)なシェフが調理(ちょうり)を担当(たんとう)している。

이 레스토랑에서는 경험이 풍부한 요리사가 조리를 담당하고 있다.

N2 携帯(けいたい)が鳴(な)る

핸드폰이 울리다

クラシックコンサート中(ちゅう)に客席(きゃくせき)から携帯(けいたい)が鳴(な)って大変迷惑(たいへんめいわく)だった。

클래식 콘서트 중에 객석에서 휴대폰이 울려 큰 불편을 겪었다.

N2 **健康を保つ** 건강을 유지하다

健康を保つためには、バランスのいい食事と運動が大切だ。

건강을 유지하기 위해서는 균형 잡힌 식사와 운동이 중요하다.

N2 **交番に届ける** 파출소에 신고하다

落し物を拾って交番に届けたことがある。

분실물을 주워 파출소에 신고한 적이 있다.

N2 **候補を絞る** 후보를 압축하다

今、子供を通わせる幼稚園の候補を絞っているところです。

지금 아이를 보낼 유치원 후보를 압축하는 중입니다.

N2 **交流を深める** 교류를 강화하다

社員同士の交流を深める目的で、食事会を企画した。

사원 간의 교류를 강화할 목적으로, 식사 모임을 기획했다.

N2 **故郷を離れる** 고향을 떠나다

就職して故郷を離れ、一人暮らしをしている。

취직해서 고향을 떠나 혼자 살고 있다.

N2 **個性を磨く** 개성을 기르다

他人と比べることなく自分の個性を磨こう。

타인과 비교하지 말고, 자신의 개성을 기르자.

N2 **ご馳走する** 대접하다, 한턱내다

ここは私にご馳走させてください。

여기는 제가 대접하게 해 주세요.

N2 **新聞に載る** 신문에 실리다

まさか自分の投書が新聞に載るなんて夢にも思わなかった。

설마 내 투고가 신문에 실릴 줄은 꿈에도 몰랐다.

N2 **生計を立てる** 생계를 꾸리다

彼はコンビニでアルバイトをして生計を立てている。

그는 편의점에서 아르바이트를 하며 생계를 꾸리고 있다.

N2 **正座をする** 무릎을 꿇고 앉다, 정좌하다

日本では生活の西洋化が進んで、あまり正座をしなくなった。

일본에서는 생활이 서양화되어, 별로 정좌를 하지 않게 되었다.

N2 **席に通す** 자리로 안내하다

店の人に、川の風景を眺められるテーブルの席に通してもらった。

가게 사람에게 강의 풍경을 바라볼 수 있는 테이블 자리로 안내받았다.

N2 **席を外す** 자리를 비우다

申し訳ありません。山下はただいま会議で席を外しております。

죄송합니다. 야마시타는 지금 회의라서, 자리를 비운 상태입니다.

N2 **専門を生かす** 전공을 살리다

自分の専門を生かせる職場で力を試してみたいと思っています。

자신의 전공을 살릴 수 있는 직장에서 능력을 시험해 보고 싶다고 생각하고 있습니다.

N2 **操作が複雑だ** 조작이 복잡하다

この製品は操作が複雑でマニュアルも分かりにくいことから評判が悪い。

이 제품은 조작이 복잡하고, 매뉴얼도 이해하기 어려워서 평판이 나쁘다.

N2 掃除機(そうじき)をかける

청소기를 돌리다

掃除(そうじ)をするときには、部屋(へや)を片付(かたづ)けてから掃除機(そうじき)をかけましょう。

청소를 할 때는 방을 치우고 나서 청소기를 돌립시다.

N2 存在感(そんざいかん)がある

존재감이 있다

デビュー２０年目(にじゅうねんめ)を迎(むか)える彼(かれ)は、存在感(そんざいかん)がある俳優(はいゆう)として活躍(かつやく)している。

데뷔 20년 차를 맞는 그는 존재감 있는 배우로 활약하고 있다.

N2 田植(たう)えをする

모내기를 하다

この地方(ちほう)では、５月(ごがつ)に田植(たう)えをする農家(のうか)が多(おお)いそうだ。

이 지방에서는 5월에 모내기를 하는 농가가 많다고 한다.

N2 絶(た)えず努力(どりょく)する

끊임없이 노력하다

当社(とうしゃ)では、より良(よ)い製品(せいひん)、より良(よ)い品質(ひんしつ)のために絶(た)えず努力(どりょく)しております。

당사는 더 좋은 제품, 더 좋은 품질을 위해 끊임없이 노력하고 있습니다.

N2 朝食(ちょうしょく)をとる

아침 식사를 하다

小学生(しょうがくせい)が朝食(ちょうしょく)をとらない一番大(いちばんおお)きな理由(りゆう)は朝寝坊(あさねぼう)らしい。

초등학생이 아침식사를 하지 않는 가장 큰 이유는 늦잠이라는 것 같다.

N2 机(つくえ)に向(む)かう

책상 앞에 앉다

毎晩(まいばん)机(つくえ)に向(む)かっても集中(しゅうちゅう)できなくて、勉強(べんきょう)が進(すす)まない。

매일 밤 책상에 앉아도 집중할 수가 없어서 공부가 진도가 나가지 않는다.

N2 土(つち)を掘(ほ)る

땅을 파다

庭(にわ)に木(き)を植(う)えようと土(つち)を掘(ほ)った。

뜰에 나무를 심으려고 땅을 팠다.

N2 できる限(かぎ)りやってみる　　　할 수 있는 한 해 보다

諦(あきら)めたくないので、可能性(かのうせい)を信(しん)じてできる限(かぎ)りやってみます。

포기하고 싶지 않으니, 가능성을 믿고 최대한 해 보겠습니다.

N2 電車(でんしゃ)に乗(の)り遅(おく)れる　　　전철을 놓치다

最終(さいしゅう)電車(でんしゃ)に乗(の)り遅(おく)れてしまったので、歩(ある)いて帰(かえ)るしかない。

마지막 전철을 놓쳤기 때문에 걸어서 돌아갈 수밖에 없다.

N2 電話(でんわ)がつながる　　　전화가 연결되다

大地震(おおじしん)のような非常時(ひじょうじ)には、携帯(けいたい)電話(でんわ)がつながらないことがある。

대지진과 같은 비상시에는 휴대전화가 잘 연결되지 않을 때가 있다.

N2 動画(どうが)を作(つく)る　　　동영상을 만들다

この講座(こうざ)では、魅力的(みりょくてき)でかっこいい動画(どうが)を作(つく)る方法(ほうほう)を解説(かいせつ)していきます。

이 강좌에서는 매력적이고 멋진 동영상을 만드는 방법을 해설해 가겠습니다.

N2 流(なが)れに乗(の)る　　　흐름에 따르다, 흐름을 타다

時代(じだい)の流(なが)れに乗(の)って教育制度(きょういくせいど)を見直(みなお)す必要(ひつよう)がある。

시대의 흐름에 따라 교육 제도를 재검토할 필요가 있다.

N2 流(なが)れを変(か)える　　　흐름을 바꾸다

田中(たなか)選手(せんしゅ)は、試合(しあい)途中(とちゅう)から出場(しゅつじょう)して試合(しあい)の流(なが)れを変(か)えた。

다나카 선수는 경기 도중부터 출전해 경기의 흐름을 바꿨다.

N2 名札(なふだ)をつける　　　명찰을 달다, 이름표를 달다

この学校(がっこう)では、先生(せんせい)たちも学校(がっこう)の中(なか)では名札(なふだ)をつけています。

이 학교에서는 선생님들도 학교 안에서는 이름표를 달고 있습니다.

N2 **名前を付ける** 이름을 붙이다, 이름을 짓다

パソコンで作業した内容を名前を付けて保存する。

컴퓨터로 작업한 내용을 이름을 붙여 저장한다.

N2 **熱を加える** 열을 가하다, 가열하다

私は生野菜が苦手だ。でも熱を加えて調理すれば大丈夫だ。

나는 생야채가 질색이다. 그렇지만 열을 가해서 조리하면 괜찮다.

N2 **喉が渇く** 목이 마르다, 갈증이 나다

喉が渇いたのでジュースを飲んだ。

목이 말라서 주스를 마셨다.

N2 **吐き気がする** 구역질이 나다

レポートの資料を一日中見ていたら、頭痛や吐き気がしてきた。

보고서 자료를 하루 종일 보고 있었더니, 두통과 구토감이 들기 시작했다.

N2 **拍手を送る** 박수를 치다, 박수를 보내다

演奏が終わると、観客は舞台に向かって大きな拍手を送った。

연주가 끝나자 관객들은 무대를 향해 큰 박수를 보냈다.

N2 **話を詰める** 이야기를 매듭짓다

もう少し話を詰めてから報告したいと思います。

좀 더 이야기를 매듭지은 후에 보고드리고 싶습니다.

N2 **花火を打ち上げる** 폭죽을 쏘아 올리다

今週の土曜日の午後７時から花火を打ち上げ、花火大会を始めます。

이번 주 토요일 오후 7시부터 폭죽을 쏘아 올려 불꽃놀이를 시작합니다.

N2 **張り紙を貼る** 벽보를 붙이다

店の前にアルバイト募集の張り紙を貼っておきました。

가게 앞에 아르바이트 모집 벽보를 붙여 놨습니다.

N2 **日当たりが悪い** 햇볕이 잘 안 들다

日当たりが悪いので、この部屋は昼でも薄暗い。

햇볕이 잘 들지 않아 이 방은 낮에도 어둑어둑하다.

N2 **火が通る** 잘 익다, 불기운이 통하다

じゃがいもと玉ねぎは、火が通りやすいように薄く切ってください。

감자와 양파는 잘 익도록 얇게 썰어 주세요.

N2 **ひげを生やす** 수염을 기르다

最近はひげを生やす人は少なくなってきた。

최근에는 수염을 기르는 사람이 줄어들었다.

N2 **日にちが決まる** 날짜가 정해지다

発表会の日にちが決まったら、会場を予約しますね。

발표회 날짜가 정해지면 행사장을 예약할게요.

N2 **批判を受ける** 비판을 받다

大学の研究はすぐに社会に役立つものが少ないと批判を受ける。

대학 연구는 당장 사회에 도움이 되는 것이 적다는 비판을 받는다.

N2 **二つに分かれる** 둘로 나뉘다

会議では、意見が二つに分かれて、今後検討していく必要がある。

회의에서는 의견이 둘로 나뉘어, 향후 검토해 갈 필요가 있다.

N2 蓋をする
뚜껑을 덮다

冷凍餃子は、フライパンにお湯を注ぎ、蓋をして強火で焼きましょう。

냉동 만두는 프라이팬에 뜨거운 물을 붓고 뚜껑을 덮어 강한 불로 구웁시다.

N2 ふりがなを振る
후리가나를 달다

子供でも漢字が読めるようにふりがなを振ることにした。

아이들도 한자를 읽을 수 있도록 후리가나를 달기로 했다.

N2 ふりをする
시늉을 하다, 척을 하다

知らないくせに知っているふりをするものじゃない。

알지도 못하면서 아는 척하는 게 아니야.

N2 プレッシャーをかける
부담을 주다, 압박하다

「成果を期待しているよ」と、上司にプレッシャーをかけられた。

'성과를 기대하고 있어'라고, 상사에게 압박을 받았다.

N2 雰囲気が盛り上がる
분위기가 고조되다

歌や踊りでパーティーの雰囲気が盛り上がった。

노래와 춤으로 파티 분위기가 고조되었다.

N2 下手をする
실수를 하다, 잘못하다

下手をすると彼を怒らせてしまうかもしれないから、注意した方がいい。

잘못하면 그를 화나게 만들지도 모르니 주의하는 편이 좋다.

N2 ベルが鳴る
벨이 울리다

電車の発車のベルが鳴ってすぐドアが閉まった。

전철의 출발 벨이 울리고 바로 문이 닫혔다.

N2 **ペンキを塗る** 　페인트를 칠하다

部屋の隅に置いてある本棚にペンキを塗った。

방구석에 놓여 있는 책장에 페인트를 칠했다.

N2 **放送が流れる** 　방송이 흘러나오다

店内に閉店を知らせる放送が流れ始めた。

가게 안에 폐점을 알리는 방송이 흘러나오기 시작했다.

N2 **ほうっておく** 　내버려 두다, 내팽개치다

彼を説得することは難しいから、しばらくほうっておくしかないと思う。

그를 설득하기는 어려우니까 당분간 내버려 둘 수밖에 없다고 생각한다.

N2 **ボリュームがある** 　볼륨이 있다, 양이 많다

このレストランの料理は、ボリュームがあるし、サービスもいい。

이 레스토랑의 요리는 양이 많고 서비스도 좋다.

N2 **水をまく** 　물을 뿌리다

暑い日は庭や玄関先に水をまいてもすぐ乾いてしまう。

더운 날은 정원이나 현관 앞에 물을 뿌려도 금방 말라 버린다.

N2 **道が渋滞する** 　길이 밀리다, 정체되다

学校までの道が渋滞して、テストに遅刻してしまいました。

학교까지 가는 길이 밀려서 시험에 지각하고 말았습니다.

N2 **向いている** 　적성에 맞다

また失敗しちゃった。この仕事、私には向いていないのかな。

또 실수하고 말았다. 이 일이 내 적성에 맞지 않는 걸까?

N2 向こうに着く
저쪽에 닿다, 목적지에 도착하다

今回の旅行は、計画を立てずに、向こうに着いてから決めよう。

이번 여행은 계획을 세우지 말고, 목적지에 도착한 후에 결정하자.

N2 メッセージを込める
메시지를 담다

この歌には、挑戦し続けてほしいというメッセージが込められている。

이 노래에는 계속 도전해 달라는 메시지가 담겨 있다.

N2 役に立てる
활용하다, 도움이 되게 하다

お役に立てることがあれば、何でも言ってください。

제가 도울 일이 있으면 뭐든지 말해 주세요.

N2 安く済む
싸게 먹히다, 적은 비용으로 해결되다

中古車なら新車より初期費用が安く済むでしょう。

중고차라면 신차보다 초기 비용이 싸게 먹힐 겁니다.

N2 様子を見る
상황을 살피다, 상태를 보다

出かけるかどうかは天気の様子を見て決めましょう。

외출할지 어떨지는 날씨의 상태를 보고 결정합시다.

N2 よさをアピールする
좋은 점을 어필하다

職場環境のよさをアピールして人材獲得につなげたい。

직장 환경의 좋은 점을 어필하여 인재 획득으로 연결하고 싶다.

N2 理解を深める
깊이 이해하다, 이해를 다지다

これからも様々な国との相互理解を深めていこうと思う。

앞으로도 여러 나라와의 상호 이해를 다져 나가려고 한다.

N2 リクエストをする

요청하다

図書館(としょかん)にない資料(しりょう)については、リクエストをしてください。

도서관에 없는 자료에 대해서는 요청해 주세요.

N2 料金(りょうきん)を請求(せいきゅう)する

요금을 청구하다

特別(とくべつ)なサービスに関(かん)しては、追加(ついか)料金(りょうきん)を請求(せいきゅう)することになります。

특별한 서비스에 관해서는 추가 요금을 청구하게 됩니다.

N2 旅館(りょかん)に泊(と)まる

여관에 묵다, 여관에 숙박하다

せっかく旅行(りょこう)に行(い)くなら温泉(おんせん)のある旅館(りょかん)に泊(と)まりたい。

모처럼 여행을 간다면 온천이 있는 여관에 묵고 싶다.

N2 練習(れんしゅう)を重(かさ)ねる

연습을 거듭하다

選手(せんしゅ)たちは、試合(しあい)のために練習(れんしゅう)に練習(れんしゅう)を重(かさ)ねて頑張(がんば)っている。

선수들은 경기를 위해 연습에 연습을 거듭하며 노력하고 있다.

N2 連絡(れんらく)を入(い)れる

연락을 하다, 연락을 넣다

やむを得(え)ず欠勤(けっきん)する場合(ばあい)は、必(かなら)ず連絡(れんらく)を入(い)れるようにしましょう。

부득이하게 결근하는 경우에는 반드시 연락을 하도록 합시다.

N2 割(わ)り勘(かん)にする

각자 내다, 더치페이를 하다

飲(の)み会(かい)の費用(ひよう)を５人(ごにん)で割(わ)り勘(かん)にした。

회식 비용을 다섯 명이 나누어 냈다.

N1 あっさり捨(す)てる

깨끗하게 버리다, 미련 없이 버리다

もうすぐ引(ひ)っ越(こ)しなので、不要(ふよう)な物(もの)はあっさり捨(す)てることにした。

이제 곧 이사하기 때문에 불필요한 물건은 미련 없이 버리기로 했다.

N1 **脂っこいものを控える** 기름진 것을 삼가다

夕食は、消化に時間のかかる揚げ物などの脂っこいものは控えましょう。

저녁 식사는 소화에 시간이 걸리는 튀김 등과 같은 기름진 것은 삼가도록 합시다.

N1 **一切認めない** 전혀 인정하지 않다

彼は、他人の意見をあまり聞かないし、自分の非を一切認めない。

그는 남의 의견을 별로 듣지 않거니와, 자신의 잘못을 일절 인정하지 않는다.

N1 **ウエストを詰める** 허리품을 줄이다

スカートのウエストが緩かったので、ウエストを詰めてもらった。

스커트의 허리가 헐렁해서 허리품을 줄였다.

N1 **おまけがつく** 덤이 붙다, 증정품이 제공되다

このコーヒーセットは、カップのおまけがついていてお得だ。

이 커피 세트는 컵이 덤(증정품)으로 붙어 있어서 이득이다.

N1 **思い出に浸る** 추억에 잠기다

古いアルバムを見て、子供のころの楽しい思い出に浸った。

오래된 앨범을 보고 어린 시절의 즐거운 추억에 잠겼다.

N1 **影をひそめる** 자취를 감추다

取り締まりの効果なのか、違法駐車もすっかり影をひそめている。

단속의 효과인지 불법 주차도 완전히 자취를 감추고 있다.

N1 **筋肉を鍛える** 근육을 단련하다

筋肉を鍛えるためには適度な運動を継続して行う必要がある。

근육을 단련하기 위해서는 적당한 운동을 꾸준히 할 필요가 있다.

N1 空腹を覚える

공복을 느끼다

目覚めたときに空腹を覚えるのは健康な証拠と言えるだろう。

잠에서 깨었을 때 배고픔을 느끼는 것은 건강한 증거라고 할 수 있을 것이다.

N1 工夫を凝らす

궁리를 하다

駅前商店街の活性化のために、様々な工夫を凝らしている。

역 앞 상가의 활성화를 위해 다양한 궁리를 하고 있다.

N1 敬遠する

경원시하다, 꺼려하다

自分のミスを認めずに言い訳ばかりする人は、敬遠されやすい。

자신의 실수를 인정하지 않고 변명만 하는 사람은 경원시되기 쉽다.

N1 喧嘩を売る

싸움을 걸다

喧嘩が嫌いなので、私の方から喧嘩を売ることは絶対にしない。

싸움을 싫어하기 때문에 내가 시비를 거는 일은 절대 하지 않는다.

N1 試験を控える

시험을 앞두다

大切な試験を控えていると、不安や緊張感が日々増していくものだ。

중요한 시험을 앞두고 있으면 불안과 긴장감이 나날이 더해지기 마련이다.

N1 支障をきたす

지장을 초래하다

最近、売上が減少し、経営の安定に支障をきたすおそれがある。

최근 매출이 감소해 경영 안정에 지장을 초래할 우려가 있다.

N1 実感を持つ

실감을 느끼다, 실감이 나다

被災地支援活動を通し、震災について実感を持って学ぶことができた。

피해지 지원 활동을 통해 지진 재해에 대해 실감 나게 배울 수 있었다.

N1 **衝動買いをする** 충동구매를 하다

衝動買いをしてしまう一番の理由は、言うまでもなく価格でしょう。

충동구매를 하게 되는 가장 큰 이유는 두말할 필요도 없이 가격일 것입니다.

N1 **隙を狙う** 틈을 노리다

飲食店で客が席を離れた隙を狙ったカバンの置き引きが相次いでいる。

음식점에서 손님이 자리를 뜬 틈을 타 가방을 바꿔치기하는 일이 잇따르고 있다.

N1 **セールにつられる** 세일에 현혹되다

セールにつられてあれこれたくさん買ってしまった。

세일에 현혹되어 이것저것 많이 사 버렸다.

N1 **席を詰める** 자리를 좁히다, 자리를 당겨 앉다

少し席を詰めていただけますか。

자리를 조금 당겨 앉아 주시겠습니까?

N1 **そっとしておく** 가만히 내버려 두다

彼は上司に注意されて不機嫌なので、今はそっとしておいた方がいい。

그는 상사에게 주의를 받아서 기분이 좋지 않으니, 지금은 가만히 내버려 두는 편이 좋다.

N1 **ついていけない** 따라갈 수 없다

ニュースも音楽も芸能も最近の話題にはついていけない。

뉴스도 음악도 예능도 요즘 화제를 따라갈 수 없다.

N1 **つきものだ** 당연히 뒤따른다, 항상 붙어 있다

スポーツに怪我はつきものだと思う。

스포츠에 부상은 따르기 마련이라고 생각한다.

N1 煮炊（にた）きをする　　　　　　　　　　　　　　　　취사를 하다, 밥을 짓고 반찬을 만들다

一人暮（ひとりぐ）らしを始（はじ）めて、自分（じぶん）で煮炊（にた）きをしなければならない。

혼자 살기 시작해서 내가 직접 취사를 해야 한다.

N1 人間（にんげん）ドックを受（う）ける　　　　　　　　　　　　　　정밀 건강 진단을 받다

人間（にんげん）ドックを受（う）ける人（ひと）には、１万円（いちまんえん）を上限（じょうげん）とする補助（ほじょ）を行（おこな）う。

정밀 건강 진단을 받는 사람에게는 최대 1만 엔의 보조금을 지급한다.

N1 話（はなし）が脱線（だっせん）する　　　　　　　　　　　　이야기가 빗나가다, 화제에서 벗어나다

時間（じかん）が限（かぎ）られているのに、話（はなし）が脱線（だっせん）して結論（けつろん）になかなかたどり着（つ）けない。

시간이 한정되어 있는데, 이야기가 주제를 벗어나 결론에 좀처럼 도달하지 못한다.

N1 火（ひ）の始末（しまつ）をする　　　　　　　　　　　　　　　　화기를 처리하다

地震（じしん）の時（とき）は、揺（ゆ）れがおさまってから落（お）ち着（つ）いて火（ひ）の始末（しまつ）をする。

지진 때는 흔들림이 진정된 후 침착하게 화기를 처리한다.

N1 まねをする　　　　　　　　　　　　　　　　　　　　흉내를 내다

子供（こども）は、一番身近（いちばんみぢか）にいる親（おや）のまねをしながら成長（せいちょう）していく。

아이는 가장 가까이 있는 부모 흉내를 내며 성장해 간다.

N1 予約（よやく）を承（うけたまわ）る　　　　　　　　　　　　　　　　예약을 받다

当店（とうてん）では、忘年会（ぼうねんかい）のご予約（よやく）を承（うけたまわ）っております。

저희 매장에서는 송년회 예약을 받고 있습니다.

N1 礼儀作法（れいぎさほう）を身（み）につける　　　　　　　　　　　예의범절을 익히다

子供（こども）に挨拶（あいさつ）やお礼（れい）の仕方（しかた）など礼儀作法（れいぎさほう）を身（み）につけさせたいと考（かんが）えている。

아이에게 인사나 감사하는 법 등 예의범절을 익히게 하고 싶다고 생각하고 있다.

N4 **格好が悪い** 꼴사납다, 모양새가 나쁘다, 멋이 없다

そういう行動は格好が悪いからやめたほうがいい。

그런 행동은 꼴사나우니까 그만두는 게 좋아.

N4 **気が強い** 기가 세다, 배짱이 있다

彼女は気が強いので、上司にもはっきり意見を言う。

그녀는 배짱이 있어서, 상사에게도 분명하게 의견을 말한다.

N4 **気持ちがいい** 기분이 좋다

川の景色を見ながら走ることは、気持ちがいい。

강의 경치를 보며 달리는 것은 기분이 좋다.

N4 **気をつける** 주의하다, 조심하다

この道はカーブが多いので、運転に気をつけてください。

이 길은 커브가 많으니까 운전에 주의해 주세요.

N4 **景色を楽しむ** 경치를 즐기다

ここでは海の美しい景色を楽しむことができます。

이곳에서는 바다의 아름다운 경치를 즐길 수 있습니다.

N4 **ストレスがたまる** 스트레스가 쌓이다

最近、残業続きでストレスがたまる一方だ。

최근 계속되는 야근으로 스트레스가 쌓여만 간다.

N4 **大切にする** 소중히 하다

これからもお客さんに対する感謝の気持ちを大切にしていきたいです。

앞으로도 손님에 대한 감사의 마음을 소중히 간직하고 싶습니다.

N4 びっくりする

깜짝 놀라다

みんなそのニュースを聞(き)いてびっくりした。

모두들 그 소식을 듣고 깜짝 놀랐다.

N3 思(おも)い出(で)になる

추억이 되다

苦(くる)しい経験(けいけん)もいい思(おも)い出(で)になるだろう。

힘든 경험도 좋은 추억이 될 것이다.

N3 歌手(かしゅ)に憧(あこが)れる

가수를 동경하다

私(わたし)は歌手(かしゅ)に憧(あこが)れてこの道(みち)に入(はい)りました。

나는 가수를 동경하여 이 길로 들어섰습니다.

N3 がっかりする

낙담하다, 실망하다

楽(たの)しみにしていたコンサートが中止(ちゅうし)になってがっかりした。

기대했던 콘서트가 취소되어 실망했다.

N3 関心(かんしん)を持(も)つ

관심을 갖다

彼(かれ)はあの国(くに)の文化(ぶんか)に深(ふか)い関心(かんしん)を持(も)っている。

그는 그 나라의 문화에 깊은 관심을 가지고 있다.

N3 気(き)が重(おも)い

마음이 무겁다

明日(あした)は面接(めんせつ)がある。自信(じしん)がないので、気(き)が重(おも)い。

내일은 면접이 있다. 자신이 없어서 마음이 무겁다.

N3 気(き)がつく

정신이 들다, 알아차리다

日本(にほん)へ来(き)て、多(おお)くの人(ひと)が天気(てんき)の話(はなし)をすることに気(き)がつきました。

일본에 와서 많은 사람들이 날씨 이야기를 하는 것을 알게 되었어요.

N3 **気に入る** 마음에 들다

インターネットで気に入った服を見つけると、つい買ってしまう。

인터넷에서 마음에 드는 옷을 발견하면 나도 모르게 사 버린다.

N3 **気にする** 걱정하다, 신경 쓰다

試験の結果を気にして、夜眠れなくなった。

시험 결과를 신경 써서, 밤에 잠을 못 자게 되었다.

N3 **気になる** 신경 쓰이다, 궁금하다

山田さんが引っ越すといううわさを聞いたが、本当かどうか気になる。

야마다 씨가 이사간다는 소문을 들었는데, 정말인지 아닌지 궁금하다.

N3 **興味がある** 흥미가 있다

彼は、看板に興味があって、おもしろい看板があったらすぐ写真を撮る。

그는 간판에 흥미가 있어서, 재미있는 간판이 있으면 바로 사진을 찍는다.

N3 **興味を持つ** 흥미를 갖다

興味を持って何かをしているとき、人はいろんなアイディアを思いつく。

흥미를 가지고 무언가를 하고 있을 때, 사람은 여러 가지 아이디어를 생각해 낸다.

N3 **心を開く** 마음을 열다

私には心を開いて何でも話せる友達がほとんどいない。

나는 마음을 열고 무엇이든 말할 수 있는 친구가 거의 없다.

N3 **しっかりしている** 야무지다

あの子は小さいけれどもしっかりしている。

저 아이는 어리지만 야무지다.

N3 **好き嫌いがある** 호불호가 있다

人は誰にでも好き嫌いがあるものだ。

사람은 누구에게나 호불호가 있는 법이다.

N3 **責任感が強い** 책임감이 강하다

彼は責任感が強いので、クラスのみんなから信頼されている。

그는 책임감이 강하기 때문에 학급의 모두로부터 신뢰를 받고 있다.

N3 **楽しみにする** 기대하다

楽しみにしていたコンサートが中止になってがっかりした。

기대했던 콘서트가 취소되어 낙심했다.

N3 **食べても飽きない** 먹어도 질리지 않다

毎日食べても飽きない食べ物といえば、やはりご飯でしょうね。

매일 먹어도 질리지 않는 음식이라면 역시 밥이겠죠.

N3 **どきどきする** 두근거리다, 두근두근하다

大勢の人の前でスピーチをしたとき、緊張で胸がどきどきした。

여러 사람 앞에서 연설을 했을 때 긴장해서 가슴이 두근거렸다.

N3 **にこにこ笑う** 생글생글 웃다

森さんはいつもにこにこ笑っているので、こちらまで幸せな気分になる。

모리 씨는 항상 생글생글 웃고 있어서 이쪽까지 행복한 기분이 든다.

N3 **はらはらする** 조마조마하다

はらはらしながら結果発表を待っている。

조마조마하며 결과 발표를 기다리고 있다.

N3 迷惑をかける
폐를 끼치다

みんなに迷惑をかけて、本当にすまないと思っています。

모두에게 폐를 끼쳐 정말 미안하게 생각하고 있습니다.

N3 文句を言う
잔소리하다, 불평하다

彼はいつも人のやることに文句を言うばかりで自分では何もしない。

그는 항상 남이 하는 일에 잔소리만 할 뿐 스스로는 아무것도 하지 않는다.

N3 よしとする
좋다고 생각하다

試合に負けたが、実力は発揮できたのでよしとしよう。

시합에 졌지만 실력은 발휘할 수 있었으니 좋게 생각하자.

N3 ワクワクする
두근거리다, 설레다

ワクワクしながらプレゼント箱を開けた。

설레는 마음으로 선물 상자를 열었다.

N2 愛着がわく
애착이 가다

▶ わく는 한자를 써서 湧く로 표기하기도 해요.

この木のお皿は、使えば使うほど愛着がわいてくる。

이 나무 접시는 쓰면 쓸수록 애착이 간다.

N2 今一だ
별로다, 뭔가 조금 부족하다

駅前にできたレストランは値段が高い割に味は今一だった。

역 앞에 생긴 레스토랑은 가격이 비싼 것에 비해 맛은 별로였다.

N2 今一つだ
별로다, 뭔가 조금 부족하다

森監督が作った最新の映画見ましたけど、今一つでしたよ。

모리 감독이 만든 최신 영화 봤는데 뭔가 조금 부족했어요.

N2 いらいらする
안절부절못하다, 짜증 나다

彼(かれ)の説明(せつめい)はいつも長(なが)くてくどいので、いらいらする。

그의 설명은 항상 길고 장황하기 때문에 짜증이 난다.

N2 違和感(いわかん)がある
위화감이 있다, 거북하다, 어색하다

寿司(すし)は初(はじ)めて食(た)べる際(さい)には少(すこ)し違和感(いわかん)があるかもしれない。

초밥은 처음 먹을 때는 조금 위화감이 있을지도 모른다.

N2 大喜(おおよろこ)びする
매우 기뻐하다

おもちゃをプレゼントすると、子供(こども)たちは大喜(おおよろこ)びしてくれました。

장난감을 선물하자 아이들은 매우 기뻐해 주었습니다.

N2 お気(き)に入(い)り
마음에 듦

スマホでお気(き)に入(い)りの場所(ばしょ)を登録(とうろく)しておいた。

스마트폰으로 마음에 드는 장소를 등록해 두었다.

N2 恐(おそ)れがある
우려가 있다

今晩(こんばん)、大型(おおがた)の台風(たいふう)がこの地方(ちほう)へ近(ちか)づく恐(おそ)れがあります。

오늘 밤 대형 태풍이 이 지방으로 접근할 우려가 있습니다.

N2 落(お)ち着(つ)きがない
차분하지 못하다

うちの子(こ)は落(お)ち着(つ)きがないので心配(しんぱい)です。

우리 아이는 차분하지 못해서 걱정이에요.

N2 勘弁(かんべん)する
용서하다

前回(ぜんかい)のことは反省(はんせい)していますので、勘弁(かんべん)してください。

지난번 일은 반성하고 있으니 용서해 주세요.

N2 気が重い
마음이 무겁다, 부담스럽다

就職活動はグループディスカッションや面接など気が重くなることが多い。

취직 활동은 그룹 토론이나 면접 등 마음이 무거워지는 일이 많다.

N2 気が利く
눈치가 빠르다, 센스가 있다

これをプレゼントすれば、気が利いたプレゼントとして喜ばれるだろう。

이것을 선물하면 센스 있는 선물이라고 (상대방이) 기뻐할 것이다.

N2 気が気でない
(걱정이 되어) 제 정신이 아니다, 애가 타다

試験の結果が心配で、発表の日は朝から気が気でなかった。

시험 결과가 걱정돼서 발표일은 아침부터 제정신이 아니었다.

N2 気が進まない
마음이 내키지 않다

気が進まないなら無理に参加する必要はありません。

내키지 않는다면 무리하게 참석할 필요는 없습니다.

N2 気が済む
만족하다, 직성이 풀리다

神は人間に、一体どれほどの試練を与えれば気が済むというのか。

신은 인간에게 도대체 얼마만큼의 시련을 주어야 만족한다는 말인가?

N2 気がする
생각이 들다, 느낌이 들다

あの人とは以前どこかで会ったような気がする。

그 사람과는 예전에 어디선가 만난 것 같은 느낌이 든다.

N2 気が回る
주의가 미치다

仕事で忙しく、細かいところまで気が回らなかった。

일 때문에 바빠서 세세한 데까지 주의가 미치지 못했다.

N2 気(き)が短(みじか)い
성미가 급하다

気(き)が短(みじか)くて怒(おこ)りっぽいと、自分(じぶん)も周(まわ)りの人(ひと)も疲(つか)れてしまう。

성미가 급하고 화를 잘 내면 자신도 주위 사람들도 피곤해지고 만다.

N2 気(き)が向(む)く
할 마음이 들다, 마음이 내키다

あの人(ひと)は旅行(りょこう)が好(す)きで、気(き)が向(む)くと雨(あめ)だろうと風(かぜ)だろうと出(で)て行(い)く。

저 사람은 여행을 좋아해서 마음이 내키면 비가 오든 바람이 불든 나선다.

N2 気(き)が緩(ゆる)む
마음이 해이해지다, 긴장이 풀리다

一次試験(いちじしけん)が終(お)わっただけなのに、すっかり気(き)が緩(ゆる)んでしまった。

1차 시험이 끝났을 뿐인데, 완전히 긴장이 풀리고 말았다.

N2 機嫌(きげん)をとる
비위를 맞추다

彼(かれ)はいつも上司(じょうし)の機嫌(きげん)をとろうとしている。

그는 항상 상사의 비위를 맞추려 하고 있다.

N2 気(き)にかかる
마음에 걸리다, 걱정이 되다

気(き)にかかることがあって会議(かいぎ)の資料(しりょう)をもう一度(いちど)確認(かくにん)した。

마음에 걸리는 것이 있어서 회의 자료를 다시 한번 확인했다.

N2 気味(きみ)が悪(わる)い
어쩐지 기분이 나쁘다, 꺼림칙하다

ここは静(しず)かすぎてなんだか気味(きみ)が悪(わる)い。

여기는 너무 조용해서 왠지 기분이 나쁘다.

N2 共感(きょうかん)を呼(よ)ぶ
공감을 불러일으키다

このドラマは国境(こっきょう)を越(こ)えて共感(きょうかん)を呼(よ)んでいる。

이 드라마는 국경을 넘어 공감을 불러일으키고 있다.

N2 **気を配る** 마음을 쓰다, 배려하다

人に会うとき、特に初対面のときは細かいところまで気を配る必要がある。

사람을 만날 때, 특히 초면에는 세세한 부분까지 배려할 필요가 있다.

N2 **気を遣う** 신경을 쓰다, 배려하다

▶ 気を使う로 표현하기도 해요.

当店では味はもちろん、店の雰囲気作りにも気を遣っています。

저희 가게에서는 맛은 물론 가게 분위기 조성에도 신경을 쓰고 있습니다.

N2 **気を取られる** 정신이 팔리다, 정신을 빼앗기다

スマホに気を取られて、ほかの歩行者にぶつかってしまった。

스마트폰에 정신이 팔려 다른 보행자와 부딪히고 말았다.

N2 **愚痴を言う** 푸념하다, 넋두리하다

彼女はいつも愚痴を言うだけで、アドバイスを聞こうとしない。

그녀는 항상 푸념만 할 뿐 조언을 들으려 하지 않는다.

N2 **気配がない** 기색이 없다, 기미가 없다

この雨、ぜんぜん弱まる気配がないね。

이 비, 전혀 약해질 기미가 없네.

N2 **見当がつく** 짐작이 가다

この作品にどのくらいの価値があるのか見当がつかない。

이 작품이 얼마나 가치가 있는지 짐작이 가지 않는다.

N2 **好意を持つ** 호의를 갖다

相手に好意を持ってほしいなら、まず自分が親切になることだ。

상대가 호의를 갖기 원한다면 먼저 자신이 친절해져야 한다.

N2 講演(こうえん)が退屈(たいくつ)だ
강연이 지루하다

山田氏(やまだし)の講演(こうえん)は退屈(たいくつ)で眠(ねむ)っている参加者(さんかしゃ)もいた。

야마다 씨의 강연은 지루해서 잠든 참가자도 있었다.

N2 好奇心旺盛(こうきしんおうせい)だ
호기심이 왕성하다

好奇心旺盛(こうきしんおうせい)な子(こ)は、周(まわ)りの環境(かんきょう)の変化(へんか)に敏感(びんかん)なのだそうだ。

호기심이 왕성한 아이는 주변 환경의 변화에 민감한 것이라고 한다.

N2 誤解(ごかい)が生(しょう)じる
오해가 생기다

海外(かいがい)の生活(せいかつ)では、習慣(しゅうかん)の違(ちが)いから誤解(ごかい)が生(しょう)じることがある。

해외 생활에서는 습관의 차이로 오해가 생길 수 있다.

N2 ご機嫌(きげん)だ
기분이 좋다

ねえ、山下(やました)さん、課長(かちょう)、今日(きょう)ご機嫌(きげん)だと思(おも)わない?

저기, 야마시타 씨, 과장님 오늘 기분 좋은 것 같지 않아?

N2 心(こころ)が痛(いた)む
마음이 아프다, 속이 타다

今回(こんかい)の震災(しんさい)の報道(ほうどう)を見(み)るたび本当(ほんとう)に心(こころ)が痛(いた)みます。

이번 지진 재해의 보도를 볼 때마다 정말 마음이 아픕니다.

N2 心(こころ)を痛(いた)める
상심하다, 마음 아파하다

今回(こんかい)のビル火災(かさい)は犠牲者(ぎせいしゃ)が多(おお)く、人々(ひとびと)は心(こころ)を痛(いた)めている。

이번 빌딩 화재는 희생자가 많아 사람들은 마음 아파하고 있다.

N2 根気(こんき)がある
끈기가 있다

やる気(き)と根気(こんき)がある人(ひと)と仕事(しごと)をするのは楽(たの)しい。

의욕과 끈기가 있는 사람과 일하는 것은 즐겁다.

N2 邪魔になる

방해가 되다

この掃除機は小さいので、どこに置いても邪魔になりません。

이 청소기는 작아서 어디에 두어도 방해가 되지 않습니다.

N2 しょんぼりする

풀이 죽다, 기가 죽다

息子はしょんぼりして学校から帰ってきた。

아들은 풀이 죽어 학교에서 돌아왔다.

N2 すっきりする

속이 시원하다, 후련하다

不要な物を捨てて、散らかった部屋を整理したら、気分がすっきりした。

불필요한 물건을 버리고, 어질러진 방을 정리했더니 속이 후련해졌다.

N2 すっとする

후련하다

友達に悩みを聞いてもらって胸がすっとした。

친구가 고민을 들어 줘서 가슴이 후련했다.

N2 ストレスを解消する

스트레스를 해소하다

田中さんはストレスを解消するために、何かしていますか。

다나카 씨는 스트레스를 해소하기 위해 뭔가 하고 있습니까?

N2 説得力がある

설득력이 있다

それに対する彼の主張は説得力があると思う。

그것에 대한 그의 주장은 설득력이 있다고 생각한다.

N2 センスがある

센스가 있다

中山君は仕事のセンスがあるので何でも安心して任せられる。

나카야마 군은 업무 센스가 있기 때문에 뭐든지 안심하고 맡길 수 있다.

N2 ぞくぞくする
오싹하다

友達(ともだち)からとても怖(こわ)い話(はなし)を聞(き)いてぞくぞくした。

친구로부터 너무 무서운 이야기를 듣고 오싹했다.

N2 ため息(いき)をつく
한숨을 쉬다

彼(かれ)はため息(いき)をつきながら報告書(ほうこくしょ)を見(み)ていた。

그는 한숨을 쉬면서 보고서를 보고 있었다.

N2 頼(たよ)りにする
의지하다, 기대다

ペットを家族(かぞく)のように頼(たよ)りにしている人(ひと)が多(おお)いようだ。

반려동물을 가족처럼 의지하고 있는 사람이 많은 것 같다.

N2 注意(ちゅうい)を払(はら)う
주의를 기울이다

美術品(びじゅつひん)の運搬(うんぱん)には、特別(とくべつ)に注意(ちゅうい)を払(はら)う必要(ひつよう)がある。

미술품 운반에는 각별히 주의를 기울일 필요가 있다.

N2 無(な)い物(もの)ねだりをする
생떼를 쓰다, 억지를 부리다

無(な)い物(もの)ねだりをしていても事態(じたい)はよくならないだろう。

억지를 부려도 사태는 나아지지 않을 것이다.

N2 仲(なか)がいい
사이가 좋다

この営業所(えいぎょうしょ)の社員(しゃいん)はみんな仲(なか)がいいので、働(はたら)きやすい環境(かんきょう)です。

이 영업소의 직원들은 모두 사이가 좋기 때문에 일하기 좋은 환경입니다.

N2 仲直(なかなお)りをする
화해를 하다

あの二人(ふたり)はしょっちゅう喧嘩(けんか)しているけど、すぐ仲直(なかなお)りをする。

저 두 사람은 항상 다투지만 금방 화해를 한다.

N2 念のため
확실하게 하기 위해, 만약에 대비하여

念のため、私の電話番号を教えておきます。

만약에 대비해서 제 전화번호를 알려 드리겠습니다.

N2 恥をかく
창피를 당하다

失敗して恥をかいたが、先輩の優しい一言に慰められた。

실수해서 창피를 당했지만 선배의 다정한 한마디에 위로를 받았다.

N2 発想を変える
발상을 바꾸다

新規事業を立ち上げる場合には、今までの発想を変える必要がある。

신규 사업을 시작할 경우에는 지금까지의 발상을 바꿀 필요가 있다.

N2 はっとする
깜짝 놀라다, 갑자기 생각이 들다

２０分寝ようと思ったのに、起きたら２時間も経っていて、はっとした。

20분 자려고 했는데, 일어나니 2시간이나 지나서 깜짝 놀랐다.

N2 不安を感じる
불안을 느끼다

私はストレスに敏感で、不安を感じると、よくお腹が痛くなる。

나는 스트레스에 민감해서, 불안감을 느끼면 자주 배가 아파진다.

N2 負担がかかる
부담이 되다

仕事中の姿勢が悪いと体に負担がかかる。

일하는 자세가 나쁘면 몸에 부담이 된다.

N2 ほっとする
안심하다, 마음이 놓이다

仕事が終わって、家に帰るとほっとする。

일이 끝나고 집에 가면 마음이 놓인다.

N2 **魅力を感じる** 매력을 느끼다

今の仕事に魅力を感じないから、会社を辞めることにした。

지금 하는 일에 매력을 느끼지 못하기 때문에 회사를 그만두기로 했다.

N2 **面倒をかける** 폐를 끼치다

この度はいろいろと面倒をかけてすみませんでした。

이번에 여러 가지로 폐를 끼쳐서 죄송합니다.

N2 **申し訳ない** 미안하다

大変申し訳ないんだけど、この資料、作り直してもらえるかな。

대단히 미안하지만, 이 자료 다시 만들어 줄 수 있을까?

N2 **やりがいがある** 보람이 있다

僕は今の仕事が好きだし、やりがいがあると思っている。

나는 지금의 일을 좋아하고 보람이 있다고 생각한다.

N2 **やる気が出る** 의욕이 생기다

このところ仕事が大変で、やる気が出ないんです。

요즘 일이 힘들어서 의욕이 생기지 않습니다.

N2 **欲が深い** 욕심이 많다

彼は自己中心的で欲が深い。

그는 자기중심적이고 욕심이 많다.

N2 **余裕を持つ** 여유를 갖다

当日は、混雑が予想されるため、時間に余裕を持ってお越しください。

당일은 혼잡이 예상되므로 시간에 여유를 가지고 오시기 바랍니다.

N2 流行を意識する 유행을 의식하다
りゅうこう いしき

流行を意識せずに自分の個性を大切にしましょう。
りゅうこう いしき じぶん こせい たいせつ

유행을 의식하지 말고 자신의 개성을 소중히 합시다.

N2 我を忘れる 넋을 잃다
われ わす

子供たちは我を忘れて遊びに夢中になっている。
こども われ わす あそ むちゅう

아이들은 넋을 잃고 놀이에 열중하고 있다.

N1 愛想がいい 붙임성이 좋다, 붙임성이 있다
あい そ

彼女は愛想がよくて、誰のことでも好意を持って話す。
かのじょ あい そ だれ こう い も はな

그녀는 붙임성이 좋아, 누구를 막론하고 호의적으로 말한다.

N1 愛想が尽きる 정나미가 떨어지다
あい そ つ

何度忠告しても聞き入れないので、彼にはもう愛想が尽きた。
なん ど ちゅうこく き い かれ あい そ つ

몇 번 충고해도 듣지 않으니 그에게는 이제 정나미가 떨어졌다.

N1 飽きがくる 싫증이 나다
あ

毎日使っても飽きがこないシンプルなデザインのコーヒーカップを買った。
まいにちつか あ か

매일 사용해도 질리지 않는 심플한 디자인의 커피잔을 샀다.

N1 当てにならない 믿을 수가 없다, 의지할 수가 없다
あ

最近の天気予報は全然当てにならない。
さいきん てん き よ ほう ぜんぜん あ

요즘 일기예보는 전혀 믿을 수가 없어.

N1 露にする 노골적으로 드러내다
あらわ

彼女はでたらめな報道に対して怒りを露にした。
かのじょ ほう どう たい いか あらわ

그녀는 엉터리 보도에 대하여 분노를 노골적으로 드러냈다.

N1 息を呑む
(놀라서) 숨을 멈추다

ホテルの部屋からの景色は息を呑むほどの美しさだった。

호텔 방에서 보는 경치는 숨이 멎을 정도로 아름다웠다.

N1 意気地がない
기개가 없다, 나약하다

意気地のない話ですが、私は歯医者さんが恐いです。

나약한 이야기입니다만, 나는 치과가 무섭습니다.

N1 居心地がいい
(있기에) 편하다

居心地のいい部屋にするためには掃除は大切だと思う。

안락한 방으로 만들기 위해서는 청소는 중요하다고 생각한다.

N1 意表を突く
의표를 찌르다

論文の発表者は、意表を突いた質問を受け、戸惑ってしまった。

논문 발표자는 예상 밖의 질문을 받고 당황하고 말았다.

N1 違和感を覚える
위화감을 느끼다

製品のデザインを変えると、今までのお客さんは違和感を覚えるだろう。

제품의 디자인을 바꾸면 지금까지의 고객은 위화감을 느낄 것이다.

N1 うかつに言う
경솔하게 말하다, 부주의하게 말하다

どちらが正しいかというのは、うかつに言えない。

어느 쪽이 옳은가 하는 것은 경솔하게 말할 수 없다.

N1 内気になる
내성적이 되다

長い入院生活の間にすっかり内気になってしまった。

오랜 입원 생활 동안에 완전히 내성적이 되어 버렸다.

N1 移り気だ
うつ ぎ

변덕스럽다

読者の好みは気ままで移り気だから、売れる本を予測するのは難しい。
どくしゃ この き うつ ぎ う ほん よそく むずか

독자의 취향은 제멋대로이고 변덕스러워서 팔리는 책을 예측하는 것은 어렵다.

N1 うんざりする

진저리가 나다, 지긋지긋하다

最近モバイルサイトの利用者は大量の広告にうんざりしている。
さいきん りようしゃ たいりょう こうこく

요즘 모바일 사이트 이용자들은 대량의 광고에 진저리를 내고 있다.

N1 縁起がいい
えん ぎ

운수가 좋다, 길하다

馬は縁起がいい動物としてシンボルマークに用いられることが多い。
うま えん ぎ どうぶつ もち おお

말은 운수가 좋은 동물로서 심벌마크에 이용되는 경우가 많다.

N1 大風呂敷を広げる
おお ぶ ろ しき ひろ

허풍을 떨다

彼は自分の評価を上げるために、大風呂敷を広げて話をした。
かれ じぶん ひょうか あ おお ぶ ろ しき ひろ はなし

그는 자신의 평가를 올리기 위해 허풍을 떨며 이야기를 했다.

N1 おずおずとする

주저하다, 주뼛거리다

先生の質問に何人かの子供たちがおずおずとしながら手を上げた。
せんせい しつもん なんにん こども て あ

선생님의 질문에 몇몇 아이들이 주뼛거리며 손을 들었다.

N1 思いを馳せる
おも は

(멀리 있는 대상에 대해) 생각하다

家族へ思いを馳せる時間さえないほど、忙しい毎日を送っている。
かぞく おも は じかん いそが まいにち おく

가족을 그리워할 시간조차 없을 정도로 바쁜 나날을 보내고 있다.

N1 思う存分楽しむ
おも ぞん ぶん たの

마음껏 즐기다

温泉旅行に行って、家族との時間を思う存分楽しみたい。
おんせんりょこう い かぞく じかん おも ぞんぶんたの

온천 여행을 가서 가족들과의 시간을 마음껏 즐기고 싶다.

N1 **折り目正しい** 예절 바르다, 단정하다

田中さんは、まじめで折り目正しい人だと思います。

다나카 씨는 성실하고 예의 바른 사람이라고 생각합니다.

N1 **恩に着せる** 생색 내다

彼女から何かしてもらったら、どこまでも恩に着せるから嫌なんだよ。

그녀에게 뭔가를 받게 되면 끝까지 생색을 내기 때문에 싫다니까.

N1 **御の字だ** 감지덕지다

十分練習できなかったので、一次選考に通過しただけでも御の字だ。

충분히 연습하지 못했기 때문에, 1차 전형에 통과한 것만으로도 감지덕지다.

N1 **我が強い** 고집이 세다

営業部の川田さんは我が強くて他のメンバーともよく衝突する。

영업부의 가와다 씨는 고집이 세서 다른 멤버와도 자주 충돌한다.

N1 **かけがえのない** 둘도 없는, 더 없이 소중한

私にとって家族はかけがえのない存在です。

나에게 있어서 가족은 더 없이 소중한 존재입니다.

N1 **固唾を呑む** 마른침을 삼키다, 긴장하다

観客は固唾を呑んで試合を見守った。

관객은 마른침을 삼키며 경기를 지켜봤다.

N1 **かっとする** 발끈하다

彼は短気ですぐにかっとしてしまう。

그는 성미가 급해서 금세 발끈해 버린다.

N1 **我を通す** 고집을 부리다, 자기 주장을 밀고 나가다

ときには我を通して強く出ることも必要ですよ。

때로는 고집을 부려 강하게 나가는 것도 필요해요.

N1 **気概がある** 기개가 있다

彼には必ず物事を成功させるという気概がある。

그에게는 반드시 일을 성공시키겠다는 기개가 있다.

N1 **気がとがめる** 마음에 걸리다, 가책을 느끼다

部屋にペットを残したまま外出するのは気がとがめる。

방에 반려동물을 남겨 둔 채 외출하는 것은 마음이 불편하다.

N1 **気兼ねをする** 어려워하다, 눈치를 보다

誰に気兼ねをすることもなく、自分一人の自由な生活を送りたい。

아무도 신경 쓰지 않고 나 혼자만의 자유로운 생활을 보내고 싶다.

N1 **ぎくしゃくする** 삐걱거리다, 순조롭지 못하다

進学のことで、親子の関係がぎくしゃくしている。

진학 문제로 부모 자식 간의 관계가 삐걱거리고 있다.

N1 **期待を裏切る** 기대를 저버리다

この小説は、読者の予想や期待を裏切る展開が続くのでおもしろい。

이 소설은 독자들의 예상과 기대를 뒤엎는 전개가 이어져서 재미있다.

N1 **機転が利く** 재치가 있다

山下君はまじめで粘り強い一方、機転が利かない面がある。

야마시타 군은 성실하고 끈기가 있는 반면, 재치가 없는 면이 있다.

N1 気(き)に障(さわ)る
비위에 거슬리다

ねえ、さっき会議(かいぎ)で僕(ぼく)が言(い)ったこと、気(き)に障(さわ)ったんじゃない？

저기, 아까 회의에서 내가 한 말, 기분 상한 거 아니야?

N1 気(き)に病(や)む
괘념하다, 걱정하다

過去(かこ)の失敗(しっぱい)を気(き)に病(や)んで、積極的(せっきょくてき)に行動(こうどう)できないこともある。

과거의 실패를 걱정하여 적극적으로 행동하지 못하는 경우도 있다.

N1 気(き)の病(やまい)
마음의 병

彼(かれ)の病気(びょうき)は気(き)の病(やまい)だから、そう簡単(かんたん)には解決(かいけつ)されないだろう。

그의 병은 마음의 병이니까, 그렇게 쉽게는 해결되지 않을 것이다.

N1 気持(きも)ちを汲(く)む
마음을 헤아리다

父(ちち)はちっとも私(わたし)の気持(きも)ちを汲(く)んでくれない。

아버지는 조금도 내 마음을 헤아려 주지 않는다.

N1 気持(きも)ちを引(ひ)き起(お)こす
(어떤) 마음을 불러일으키다

彼女(かのじょ)のスピーチは、みんなで頑張(がんば)ろうという気持(きも)ちを引(ひ)き起(お)こしてくれた。

그녀의 연설은 다 같이 열심히 해야겠다는 마음을 불러일으켰다.

N1 逆上(ぎゃくじょう)する
흥분하다, 발끈하다

みんなの前(まえ)で悪口(わるくち)を言(い)われ、逆上(ぎゃくじょう)してしまった。

사람들 앞에서 욕을 먹어 발끈하고 말았다.

N1 気(き)を許(ゆる)す
경계심을 풀다, 방심하다

学生時代(がくせいじだい)の友人(ゆうじん)には、つい気(き)を許(ゆる)して話(はな)したくなる。

학창 시절 친구에게는 나도 모르게 마음을 터놓고 이야기하고 싶어진다.

N1 琴線(きんせん)に触(ふ)れる

심금을 울리다, 감동을 주다

新製品(しんせいひん)がより多(おお)くの消費者(しょうひしゃ)の琴線(きんせん)に触(ふ)れることを期待(きたい)している。

신제품이 더 많은 소비자들의 심금을 울리길 기대하고 있다.

N1 くすくす笑(わら)う

킥킥 웃다

子供(こども)がくすくす笑(わら)いながら本(ほん)を読(よ)んでいる。

아이가 킥킥 웃으며 책을 읽고 있다.

N1 愚直(ぐちょく)なまでに

우직하게, 어리석을 정도로

誠実(せいじつ)といえば聞(き)こえはいいが、彼(かれ)は愚直(ぐちょく)なまでに生真面目(きまじめ)で頑固(がんこ)だ。

성실이라고 하면 듣기는 좋지만 그는 어리석을 정도로 고지식하고 고집스럽다.

N1 屈託(くったく)がない

스스럼없다, 해맑다, 걱정이 없다

鈴木(すずき)さんは、いつも屈託(くったく)がなく、誰(だれ)に対(たい)しても明(あか)るく接(せっ)する。

스즈키 씨는 늘 해맑아서 누구에게나 밝게 대한다.

N1 苦(く)にする

염려하다

彼女(かのじょ)は成績(せいせき)が悪(わる)いことを苦(く)にして悩(なや)んでいる。

그녀는 성적이 나쁜 것을 염려하여 고민하고 있다.

N1 激情(げきじょう)に駆(か)られる

격정에 사로잡히다

人(ひと)は激情(げきじょう)に駆(か)られると、正(ただ)しい判断(はんだん)ができなくなる。

사람은 격정에 사로잡히면 올바른 판단을 하지 못하게 된다.

N1 ゲラゲラ笑(わら)う

껄껄 웃다

酔(よ)っ払(ぱら)った男女(だんじょ)が大声(おおごえ)でゲラゲラ笑(わら)いながら会話(かいわ)をしていた。

술에 취한 남녀가 큰 소리로 껄껄 웃으며 대화를 나누고 있었다.

N1 **誤解(ごかい)を招(まね)く** — 오해를 사다

そのようなあいまいな言(い)い方(かた)は、他人(たにん)の誤解(ごかい)を招(まね)きかねる。
그런 애매한 말투는 타인의 오해를 살지도 모른다.

N1 **ご機嫌斜(きげんなな)めだ** — 심기가 편치 않다

社長(しゃちょう)は今日(きょう)、ずいぶんご機嫌斜(きげんなな)めですね。
사장님은 오늘 심기가 편치 않으시네요.

N1 **心(こころ)を癒(いや)す** — 마음을 달래다, 마음을 치유하다

この町(まち)の歴史(れきし)ある町並(まちな)みや美(うつく)しい自然(しぜん)が、訪(おとず)れる人(ひと)の心(こころ)を癒(いや)してくれる。
이 마을의 역사 깊은 마을 풍경과 아름다운 자연이 방문하는 사람들의 마음을 달래 준다.

N1 **心(こころ)を鬼(おに)にする** — 마음을 독하게 먹다

最近太(さいきんふと)り気味(ぎみ)なので、これからは心(こころ)を鬼(おに)にしてダイエットに励(はげ)むつもりだ。
요즘 살이 많이 쪄서, 이제는 마음을 독하게 먹고 다이어트에 힘쓸 생각이다.

N1 **心(こころ)を砕(くだ)く** — 고심하다

子供(こども)の交通安全(こうつうあんぜん)のために町(まち)の多(おお)くの方(かた)が心(こころ)を砕(くだ)いている。
아이들의 교통안전을 위해 동네의 많은 분들이 고심하고 있다.

N1 **衝撃(しょうげき)を受(う)ける** — 충격을 받다

彼(かれ)は、親友(しんゆう)の死(し)の知(し)らせに大(おお)きな衝撃(しょうげき)を受(う)けた。
그는 친한 친구의 사망 소식에 큰 충격을 받았다.

N1 **尻込(しりご)みをする** — 꽁무니를 빼다, 주저하다

新(あたら)しい挑戦(ちょうせん)に尻込(しりご)みをするのは、失敗(しっぱい)に対(たい)する恐怖心(きょうふしん)があるからだ。
새로운 도전에 주저하는 것은 실패에 대한 두려움이 있기 때문이다.

N1 **ジレンマに陥る** 딜레마에 빠지다

転職するべきか今の会社に残るべきかジレンマに陥っている。

이직해야 할지 지금 회사에 남아야 할지 딜레마에 빠져 있다.

N1 **ずけずけ言う** 거침없이 말하다

あの人はなんでもずけずけ言うから苦手だ。

저 사람은 뭐든지 거침없이 말하기 때문에 질색이다.

N1 **そっちのけ** 뒷전으로 돌림, 거들떠 보지 않음

中山さん、頼んだ書類の整理はそっちのけで、何やってるの？

나카야마 씨, 부탁한 서류 정리는 내버려 두고 뭐 하고 있는 거야?

N1 **粗末に扱う** 소홀히 다루다, 함부로 다루다

ただ安いからって物を買うと、粗末に扱いがちだ。

단지 싸다는 이유만으로 물건을 사면 소홀히 다루기 십상이다.

N1 **尊敬の念を抱く** 존경하는 마음을 품다

社長の成し遂げた実績に対しては、尊敬の念を抱いております。

사장님이 이루어 낸 실적에 대해서는 존경심을 갖고 있습니다.

N1 **大変恐縮だ** 대단히 죄송하다

大変恐縮ですが、会議の日程をご変更いただけませんか。

대단히 죄송합니다만, 회의 일정을 변경해 주실 수 없겠습니까?

N1 **高く買う** 높이 사다, 높게 평가하다

批評家たちは彼の新しい作品を高く買っている。

비평가들은 그의 새 작품을 높이 평가하고 있다.

N1 **注意を喚起する** 주의를 환기하다

消費者の注意を喚起し、被害の拡大を防ぐため、政府は対策を発表した。

소비자의 주의를 환기시키고 피해 확대를 막기 위해 정부는 대책을 발표했다.

N1 **抵抗を感じる** 거부감을 느끼다, 저항을 느끼다

書評サイトで本の優劣を断定しているものには激しい抵抗を感じる。

서평 사이트에서 책의 우열을 단정짓는 것에는 심한 거부감을 느낀다.

N1 **名残惜しい** (헤어지기) 서운하다, 아쉽다

高校を卒業し、友達と別れるのは名残惜しいものだ。

고등학교를 졸업하고 친구들과 헤어지는 것은 서운한 일이다.

N1 **情けをかける** 인정을 베풀다

情けをかけると、それを当てにして怠け者になるという考えもある。

인정을 베풀면 그것을 믿고 게으름뱅이가 된다는 생각도 있다.

N1 **悩みの種** 고민거리, 걱정거리

仕事は楽しいが、給料がなかなか上がらないことが悩みの種だ。

일은 즐겁지만 월급이 좀처럼 오르지 않는 것이 고민거리다.

N1 **荷が重い** 짐이 무겁다, 부담스럽다

新商品のプレゼン、新人の佐藤君に任せたんだけど、荷が重いかな。

신상품 프레젠테이션, 신참인 사토 군에게 맡겼는데 부담스러울까?

N1 **にやにやする** 히죽거리다

彼はいつもにやにやしていて、気持ち悪い。

그는 항상 히죽거리고 있어서 기분 나쁘다.

N1 念頭におく
염두에 두다

職場に満足していたので、その当時は転職など念頭におかなかった。

직장에 만족하고 있었기 때문에, 그 당시에는 이직 같은 것은 염두에 두지 않았다.

N1 ぱっと見る
잠깐 보다, 언뜻 보다

和食は目で食べるともいうから、ぱっと見た感じも大事です。

일식은 눈으로 먹는다고도 하기 때문에, 딱 보았을 때의 느낌도 중요해요.

N1 話が弾む
이야기가 활기를 띠다

久しぶりの再会に話が弾んでとても楽しかった。

오랫만의 재회에 이야기가 활기를 띠어 매우 즐거웠다.

N1 張りが生まれる
활력이 생기다, 의욕이 생기다

運動やコミュニケーション活動により、日々の生活に張りが生まれる。

운동이나 커뮤니케이션 활동으로 인해 일상생활에 활력이 생긴다.

N1 反発を覚える
반발심을 느끼다

みんな彼の無礼な態度に反発を覚えているのだろう。

모두들 그의 무례한 태도에 반발심을 느끼고 있을 것이다.

N1 人見知りをする
낯을 가리다

赤ちゃんは、初めて会う人には警戒心から人見知りをしてしまいます。

아기는 처음 만나는 사람에게는 경계심으로 낯을 가립니다.

N1 悲鳴を上げる
비명을 지르다

新しい商品に注文が殺到し、うれしい悲鳴を上げている。

새 상품에 주문이 쇄도하여 즐거운 비명을 지르고 있다.

N1 ひやひやする
마음이 조마조마하다

信号のない横断歩道を渡るときは、いつもひやひやする。

신호등이 없는 횡단보도를 건널 때는 언제나 조마조마하다.

N1 不安が増す
불안이 증폭되다, 불안감이 더해지다

様々な情報で、かえって不安が増す場合がある。

다양한 정보로 오히려 불안감이 더해지는 경우가 있다.

N1 不安を招く
불안을 초래하다

最近、個人情報を悪用した事件が増え、人々に大きな不安を招いている。

최근 개인 정보를 악용한 사건이 늘어, 사람들에게 커다란 불안을 초래하고 있다.

N1 不満を持つ
불만을 가지다

彼は今の仕事に不満を持っていて、転職を考えているらしい。

그는 지금 하는 일에 불만이 있어 이직을 생각하고 있는 것 같다.

N1 紛れもない
틀림없다, 영락없다

まさかと思ったことが、紛れもなく事実だったので本当に驚いた。

설마 했던 일이 영락없이 사실이어서 정말 놀랐다.

N1 負け惜しみを言う
지고도 억지를 쓰다

自分の失敗を認めず、負け惜しみを言うことほどかっこ悪いことはない。

자신의 실패를 인정하지 않고 억지를 부리는 것만큼 보기 싫은 일은 없다.

N1 むきになる
정색하고 대들다

今の若い人は、仕事でちょっと注意されたら、むきになる人が多い。

요즘 젊은 사람들은 업무로 좀 주의를 받으면 정색하고 대드는 사람이 많다.

N1 むしゃくしゃする
기분이 언짢다, 속상하다

むしゃくしゃした気分(きぶん)を晴(は)らすために、散歩(さんぽ)に出(で)かけた。

언짢은 기분을 풀기 위해 산책하러 나갔다.

N1 物心(ものごころ)がつく
철이 들다, 세상 물정을 알다

僕(ぼく)は物心(ものごころ)がついたときから、絵(え)を描(か)くのが好(す)きだった。

나는 철들었을 때부터 그림 그리기를 좋아했다.

N1 もやもやする
흐릿하다, 찜찜하다, 음울하다

会社(かいしゃ)の人間関係(にんげんかんけい)を考(かんが)えると、何(なん)だかもやもやしてくる。

회사의 인간관계를 생각하면 왠지 우울해진다.

N1 躍起(やっき)になる
기를 쓰다, 열을 올리다

警察(けいさつ)が躍起(やっき)になって捜査(そうさ)しているが、まだ解決(かいけつ)の糸口(いとぐち)は見(み)つからない。

경찰이 기를 쓰고 수사하고 있지만 아직 해결의 실마리를 찾지 못하고 있다.

N1 やる気(き)が失(う)せる
의욕이 사라지다

数学(すうがく)の難(むずか)しい問題(もんだい)を見(み)ると、全然(ぜんぜん)分(わ)からなくてやる気(き)が失(う)せてしまう。

어려운 수학 문제를 보면, 전혀 몰라서 의욕이 없어져 버린다.

N1 融通(ゆうずう)が利(き)く
융통성이 있다

あの人(ひと)は穏(おだ)やかでいい人(ひと)だが、融通(ゆうずう)が利(き)かないところがある。

저 사람은 온화하고 좋은 사람이지만 융통성이 없는 데가 있다.

N1 夢(ゆめ)うつつ
비몽사몽, 잠결

夢(ゆめ)うつつの状態(じょうたい)だったので、誰(だれ)かが入(はい)って来(く)るのに気付(きづ)かなかった。

잠결이었기 때문에 누군가가 들어오는데도 알아차리지 못했다.

N1 夢(ゆめ)にも思(おも)わない

꿈에도 생각지 못하다

私(わたし)がオリンピックに出(で)るなんて、夢(ゆめ)にも思(おも)わなかった。

내가 올림픽에 출전하다니, 꿈에도 생각지 못했다.

N1 欲(よく)を張(は)る

욕심을 부리다

欲(よく)を張(は)りすぎると、かえって損(そん)をすることがある。

너무 욕심을 부리면 오히려 손해를 보는 경우가 있다.

N1 弱気(よわき)になる

기가 죽다, 마음이 약해지다

強(つよ)いチームが対戦相手(たいせんあいて)だと弱気(よわき)になってしまう。

강팀이 대전 상대라면 기가 죽고 만다.

N1 理解(りかい)に苦(くる)しむ

이해하기 어렵다

なぜこの事態(じたい)の責任者(せきにんしゃ)が謝罪(しゃざい)しないのか理解(りかい)に苦(くる)しむ。

왜 이 사태의 책임자가 사과를 하지 않는지 이해하기 어렵다.

N1 連帯感(れんたいかん)が生(う)まれる

연대감이 생기다

みんなで協力(きょうりょく)して仕事(しごと)をしたら、連帯感(れんたいかん)が生(う)まれた。

다 같이 협력해서 일을 했더니 유대감이 생겼다.

N5 **雨(あめ)が多(おお)い** 비가 많다, 비가 많이 오다

今年(ことし)は去年(きょねん)より雨(あめ)が多(おお)くなるでしょう。

올해는 작년보다 비가 많이 오겠지요. (일기예보)

N5 **風(かぜ)が吹(ふ)く** 바람이 불다

今日(きょう)は風(かぜ)が吹(ふ)いて涼(すず)しかった。

오늘은 바람이 불어서 시원했다.

N5 **よくわからない** 잘 모르다

道(みち)がよくわからないので、コンビニに入(はい)って店員(てんいん)さんに聞(き)いた。

길을 잘 몰라서 편의점에 들어가 점원에게 물어봤다.

N4 **頭(あたま)が痛(いた)い** 머리가 아프다

お酒(さけ)をたくさん飲(の)んだので、頭(あたま)が痛(いた)い。

술을 많이 마셔서 머리가 아프다.

N4 **雨(あめ)が止(や)む** 비가 그치다

もう雨(あめ)が止(や)んでいるから、傘(かさ)はいりません。

이제 비가 그쳤으니까 우산은 필요 없습니다.

N4 **色(いろ)が変(か)わる** 색이 변하다

秋(あき)になると葉(は)っぱの色(いろ)が変(か)わります。

가을이 되면 나뭇잎 색깔이 변합니다.

N4 **運転(うんてん)がうまい** 운전을 잘하다

兄(あに)は私(わたし)より運転(うんてん)がうまいです。

형(오빠)은 나보다 운전을 잘합니다.

N4 **落ちるはずがない** 떨어질 리가 없다

彼が試験に落ちるはずがない。

그가 시험에 떨어질 리가 없다.

N4 **音がうるさい** 소리가 시끄럽다

外の音がうるさくて勉強に集中できない。

밖의 소리가 시끄러워서 공부에 집중할 수가 없다.

N4 **髪が長い** 머리가 길다

髪が長くなったので、美容院に行った。

머리가 길어져서 미용실에 갔다.

N4 **髪を切る** 머리를 자르다

髪を切ったら、若くなったような気がする。

머리를 잘랐더니 젊어진 것 같은 기분이 든다.

N4 **木が倒れる** 나무가 쓰러지다

強い風で、木が倒れてしまった。

강한 바람에 나무가 쓰러져 버렸다.

N4 **きちんと片づける** 깔끔하게 치우다

部屋をきちんと片づけておきなさい。

방을 깔끔히 치워 두렴.

N4 **切符が取れる** 표가 확보되다

大阪行きの新幹線の切符が取れなくて、飛行機で行った。

오사카행 신칸센 표를 구하지 못해서 비행기로 갔다.

N4 具合が悪い 〔ぐあいが わるい〕 상태가 나쁘다, 컨디션이 좋지 않다

今日は、体の具合が悪くて、学校を休んだ。 〔きょう、からだの ぐあいが わるくて、がっこうを やすんだ〕

오늘은 몸 상태가 좋지 않아서 학교를 쉬었다.

N4 空気が悪い 〔くうきが わるい〕 공기가 나쁘다

部屋の中は空気が悪くて、咳が止まらなかった。 〔へやの なかは くうきが わるくて、せきが とまらなかった〕

방 안은 공기가 나빠서 기침이 멈추지 않았다.

N4 元気がない 〔げんきが ない〕 기운이 없다

最近父は元気がないようで心配です。 〔さいきんちちは げんきが ないようで しんぱいです〕

요즘 아버지는 기운이 없는 것 같아 걱정입니다.

N4 寒さが厳しい 〔さむさが きびしい〕 추위가 심하다

今日は風も強く吹き、寒さが厳しいでしょう。 〔きょうは かぜも つよく ふき、さむさが きびしいでしょう〕

오늘은 바람도 강하게 불고, 추위가 심하겠습니다. (일기예보)

N4 時間が空く 〔じかんが あく〕 시간이 나다

時間が空いたら、ちょっと手伝ってください。 〔じかんが あいたら、ちょっと てつだってください〕

시간이 나면 좀 도와주세요.

N4 自転車が壊れる 〔じてんしゃが こわれる〕 자전거가 고장 나다

自転車が壊れて、新しいのを買うことにした。 〔じてんしゃが こわれて、あたらしいのを かうことにした〕

자전거가 고장 나서 새것을 사기로 했다.

N4 睡眠が足りない 〔すいみんが たりない〕 수면이 부족하다

睡眠が足りないと、集中力が落ちることになる。 〔すいみんが たりないと、しゅうちゅうりょくが おちることになる〕

잠이 부족하면 집중력이 떨어지게 된다.

N4 **背が高い** 키가 크다

今は息子の方が私より背が高いかもしれない。

지금은 아들이 나보다 키가 클지도 모르겠다.

N4 **背が低い** 키가 작다

私は背が低いので、高いところの掃除が大変だった。

나는 키가 작아서 높은 곳의 청소가 힘들었다.

N4 **建物が古い** 건물이 낡다, 건물이 오래되다

建物が古いので新しくしてはどうでしょうか。

건물이 낡았으니 새롭게 하면 어떨까요?

N4 **力が強い** 힘이 세다

兄は私より背が高くて力も強い。

형(오빠)은 나보다 키가 크고 힘도 세다.

N4 **都合が悪い** 형편이 좋지 않다, 상황이 여의치 않다

▶ 일정, 스케줄에 대해 말하는 경우가 많아요.

都合が悪くなったときは、連絡してください。

상황이 여의치 않게 되었을 때는 연락해 주세요.

N4 **電車がこむ** 전철이 붐비다

▶ こむ는 한자로 込む 또는 混む로 표기하기도 해요.

電車がこんでいたので、駅のホームで次の電車を待ちました。

전철이 붐벼서 역 승강장에서 다음 전철을 기다렸습니다.

N4 **どんどん進む** 쭉쭉 나아가다, 척척 진행되다

楽しい仕事はどんどん進んですぐに終わる。

즐거운 일은 척척 진행되어 금방 끝난다.

N4 なくてはならない

없어서는 안 되다

現代人(げんだいじん)にとってスマホは、なくてはならないものになっている。

현대인에게 스마트폰은 없어서는 안 되는 것이 되었다.

N4 においがする

냄새가 나다

公園(こうえん)を歩(ある)いていると、どこからか花(はな)のいいにおいがしてきた。

공원을 걷고 있는데 어디선가 꽃향기가 풍겨 왔다.

N4 喉(のど)が痛(いた)い

목이 아프다

喉(のど)が痛(いた)いときはこの薬(くすり)を飲(の)んでください。

목이 아플 때는 이 약을 드세요.

N4 はっきり言(い)う

분명히 말하다

何(なに)が気(き)に入(い)らないのか、自分(じぶん)の意見(いけん)をはっきり言(い)ってほしい。

무엇이 마음에 들지 않는지 자신의 의견을 분명히 말해 주었으면 좋겠다.

N4 鼻水(はなみず)が出(で)る

콧물이 나다

風邪(かぜ)をひいて、熱(ねつ)もあるし、鼻水(はなみず)も出(で)てきた。

감기에 걸려서 열도 나고 콧물도 났다.

N4 日(ひ)が暮(く)れる

해가 지다, 날이 저물다

日(ひ)が暮(く)れると、気温(きおん)が下(さ)がり始(はじ)めた。

날이 저물자 기온이 내려가기 시작했다.

N4 病気(びょうき)になる

병이 나다, 병에 걸리다

そんな食事(しょくじ)をしていると、病気(びょうき)になってしまいますよ。

그런 식사를 하다가는 병이 나고 말 거예요.

N4 服が汚れる
옷이 더러워지다

服が汚れてしまい、クリーニングに出した。

옷이 더러워져 버려서 세탁을 맡겼다.

N4 部屋が狭い
방이 좁다

子どもが生まれて、部屋が狭くなったので引っ越しをした。

아이가 태어나 방이 좁아져서 이사를 했다.

N4 ペラペラになる
유창해지다

日本にいながら、英語がペラペラになることなんて出来ますか。

일본에 있으면서 영어가 유창해질 수가 있을까요?

N4 目覚まし時計が鳴る
알람 시계가 울리다

目覚まし時計が鳴ってもなかなか起きることができない。

알람 시계가 울려도 좀처럼 일어날 수가 없다.

N4 役に立つ
유용하다, 쓸모가 있다

今勉強したことは、きっと役に立つと思う。

지금 공부한 것은 분명 도움이 될 거라고 생각해.

N4 やせている
날씬하다, 말랐다

妹は私よりやせている。

여동생은 나보다 말랐다.

N4 やめた方がいい
그만두는 편이 좋다, 하지 않는 것이 좋다

人の失敗を笑うのはやめた方がいいでしょう。

남의 실패를 비웃는 것은 그만두는 것이 좋을 것입니다.

N4 **雪が積もる** 눈이 쌓이다

今朝起きて外を見たら、雪が積もっていた。

오늘 아침에 일어나서 밖을 보니 눈이 쌓여 있었다.

N3 **あっという間に** 눈 깜짝할 사이에, 순식간에

楽しかった夏休みは、あっという間に終わってしまった。

즐거웠던 여름 방학은 순식간에 끝나 버렸다.

N3 **色が薄い** 색이 흐리다

植木の葉の色が薄いのは肥料不足かもしれません。

정원수 잎의 색깔이 옅은 것은 비료 부족일지도 모릅니다.

N3 **うとうとする** 꾸벅꾸벅 졸다

疲れていたので、電車の中でうとうとしてしまった。

피곤해서 전철 안에서 꾸벅꾸벅 졸고 말았다.

N3 **運がいい** 운이 좋다

自転車とぶつかって転んだが、運がよくてたいした怪我はしなかった。

자전거와 부딪혀 넘어졌지만 운이 좋아서 크게 다치지는 않았다.

N3 **映像が映る** 영상이 나오다

テレビが故障したのか、音声は聞こえるが映像が映らない。

TV가 고장 났는지 음성은 들리는데 영상이 나오지 않는다.

N3 **お腹がペコペコだ** 배가 몹시 고프다

朝から何も食べなかったので、今お腹がペコペコだ。

아침부터 아무것도 먹지 않아서 지금 배가 몹시 고프다.

N3 **風邪を防ぐ** 감기를 예방하다

風邪を防ぐために、きちんと手洗いをする。

감기를 예방하기 위해 꼼꼼히 손씻기를 한다.

N3 **雷が落ちる** 벼락이 치다, 벼락이 떨어지다

近くに雷が落ちたため、停電してしまった。

근처에 벼락이 떨어지는 바람에 정전이 되고 말았다.

N3 **ガラガラに空いている** 텅텅 비어 있다

デパートの駐車場はガラガラに空いていた。

백화점 주차장은 텅텅 비어 있었다.

N3 **体が硬い** 몸이 뻣뻣하다, 몸이 유연하지 못하다

体が硬いと怪我するので、準備運動をしましょう。

몸이 뻣뻣하면 다치니까, 준비 운동을 합시다.

N3 **曲が流れる** 곡이 흘러나오다

喫茶店に入ったとき、懐かしい曲が流れてきた。

찻집에 들어갔을 때 그리운 곡이 흘러나왔다.

N3 **ぐっすり眠る** 푹 자다

ぐっすり眠るために、ストレッチをする。

푹 자기 위해서 스트레칭을 한다.

N3 **ぐらぐら揺れる** 흔들흔들 흔들리다

地震で家がぐらぐら揺れて怖かった。

지진으로 집이 흔들흔들 흔들려서 무서웠다.

N3 ぐるぐる回る

빙글빙글 돌다

ホテルの周りをぐるぐる回ってようやく駐車場の入り口を見つけた。

호텔 주위를 빙글빙글 돌다가 겨우 주차장 입구를 발견했다.

N3 車に酔う

차멀미를 하다

私は車に酔うので、バスに長く乗れません。

나는 차멀미를 하기 때문에 버스를 오래 타지 못합니다.

N3 じっとする

가만히 있다

今日はとても暑くて、じっとしていても汗が流れてくる。

오늘은 너무 더워서 가만히 있어도 땀이 흐른다.

N3 しばらくの間

잠시 동안, 당분간

退院しても、しばらくの間、激しい運動はしないでください。

퇴원하더라도 당분간 격렬한 운동은 하지 말아 주세요.

N3 種類が多い

종류가 많다

最近は本の種類が多すぎて、どの本を選んでいいか分からないことがある。

요즘은 책 종류가 너무 많아서 어떤 책을 골라야 할지 모를 때가 있다.

N3 袖を短くする

소매를 줄이다

制服の袖を短くした。

교복 소매를 줄였다.

N3 台風が近づく

태풍이 다가오다

台風が近づいているので、飛行機が飛ぶかどうか心配だ。

태풍이 다가오고 있어서 비행기가 뜰지 어떨지 걱정이다.

N3 力(ちから)が出(で)る
힘이 나다, 기운이 나다

朝(あさ)ご飯(はん)を食(た)べていないので、全然(ぜんぜん)力(ちから)が出(で)ない。

아침을 안 먹었더니 전혀 힘이 안 난다.

N3 力(ちから)を入(い)れる
힘을 쏟다, 주력하다, 강조하다

会社(かいしゃ)の将来(しょうらい)を担(にな)う人材(じんざい)の育成(いくせい)に、力(ちから)を入(い)れていきます。

회사의 장래를 담당하는 인재 육성에 힘을 쏟겠습니다.

N3 調子(ちょうし)が戻(もど)る
컨디션이 회복되다

今日(きょう)の試合(しあい)を見(み)たら、田中選手(たなかせんしゅ)の調子(ちょうし)が戻(もど)ってきたようだ。

오늘 시합을 보니 다나카 선수의 컨디션이 회복된 것 같다.

N3 疲(つか)れが取(と)れる
피로가 풀리다

温泉(おんせん)に入(はい)ったら疲(つか)れが取(と)れた。

온천욕을 했더니 피로가 풀렸다.

N3 疲(つか)れを取(と)る
피로를 풀다

疲(つか)れを取(と)るために最(もっと)も大切(たいせつ)なのは、十分(じゅうぶん)な睡眠(すいみん)でしょう。

피로를 풀기 위해 가장 중요한 것은 충분한 수면일 것입니다.

N3 梅雨(つゆ)が明(あ)ける
장마가 끝나다

梅雨(つゆ)が明(あ)けると、本格的(ほんかくてき)な夏(なつ)が始(はじ)まります。

장마가 끝나면 본격적인 여름이 시작됩니다.

N3 天気(てんき)が崩(くず)れる
날씨가 나빠지다

明日(あした)の午前中(ごぜんちゅう)は晴(は)れますが、午後(ごご)から天気(てんき)が崩(くず)れそうです。

내일 오전은 맑겠지만 오후부터 날씨가 나빠질 것 같습니다.

N3 波が荒い　　　　　　　　　　　　　　　　　　파도가 거칠다
なみ　あら

台風が来るとやはり波が荒くなる。
たいふう　く　　　　　　　　なみ　あら

태풍이 오면 역시 파도가 거칠어진다.

N3 荷物が届く　　　　　　　　　　　　　　　　　　짐이 도착하다
に　もつ　とど

ネットで注文した荷物が届いた。
ちゅうもん　に　もつ　とど

인터넷으로 주문한 짐이 도착했다.

N3 喉がカラカラだ　　　　　　　　　　　목이 바싹 마르다, 목이 칼칼하다
のど

暖房をつけっぱなしにしたら、喉がカラカラだ。
だんぼう　　　　　　　　　　　　のど

난방을 계속 켜 놓았더니 목이 칼칼하다.

N3 のんびりする　　　　　　　　　　　　한가롭다, 여유 있게 지내다

久しぶりに休暇がとれたので、一日中何もしないでのんびりした。
ひさ　　　　きゅうか　　　　　　　　　いちにちじゅうなに

오랜만에 휴가를 낼 수 있었기 때문에 하루 종일 아무것도 하지 않고 느긋하게 지냈다.

N3 入ってはいけない　　　　　　　　　　　　　들어가서는 안 되다
はい

この部屋には、関係者以外入ってはいけないことになっている。
へ　や　　　　かんけいしゃいがいはい

이 방에는 관계자 이외에는 들어가서는 안 되게 되어 있다.

N3 パソコンに詳しい　　　　　　　　　　　　　컴퓨터를 잘하다
くわ

山田さん、パソコンに詳しいって聞いたんだけど、ちょっと聞いてもいい？
やまだ　　　　　　　くわ　　　き　　　　　　　　　　き

야마다 씨, 컴퓨터에 대해 잘 안다고 들었는데, 좀 물어봐도 될까?

N3 ばらばらになる　　　　　　　　　　　　　　　뿔뿔이 흩어지다

資料がばらばらにならないように、クリップで留める。
し　りょう　　　　　　　　　　　　　　　　　　と

자료가 흩어지지 않도록 클립으로 고정한다.

N3 バランスが崩(くず)れる
균형이 깨지다

自分(じぶん)の好(す)きなものばかり食(た)べ続(つづ)けると、栄養(えいよう)のバランスが崩(くず)れてしまう。

자신이 좋아하는 것만 계속 먹으면 영양의 균형이 깨지고 만다.

N3 日(ひ)が当(あ)たる
볕이 들다

1階(いっかい)は寒(さむ)いが、2階(にかい)は日(ひ)が当(あ)たって暖(あたた)かい。

1층은 춥지만 2층은 볕이 들어 따뜻하다.

N3 一回(ひとまわ)り大(おお)きい
조금 더 크다, 한 치수 크다

今(いま)のシャツより一回(ひとまわ)り大(おお)きいものを注文(ちゅうもん)した。

지금 셔츠보다 한 치수 큰 것을 주문했다.

N3 病気(びょうき)を治(なお)す
병을 고치다

この病気(びょうき)を治(なお)すためには、手術(しゅじゅつ)が必要(ひつよう)です。

이 병을 고치려면 수술이 필요합니다.

N3 表紙(ひょうし)が破(やぶ)れる
표지가 찢어지다

本(ほん)の表紙(ひょうし)が破(やぶ)れてしまい、テープで貼(は)っておいた。

책 표지가 찢어져서 테이프로 붙여 놓았다.

N3 ぶつぶつと言(い)う
투덜대다, 중얼거리다

あの人(ひと)は何(なに)かぶつぶつと言(い)いながら歩(ある)いている。

저 사람은 뭔가 중얼거리며 걷고 있다.

N3 ぶらぶら散歩(さんぽ)する
어슬렁어슬렁 산책하다

天気(てんき)がよかったので、近(ちか)くの公園(こうえん)をぶらぶら散歩(さんぽ)してきた。

날씨가 좋아서 근처 공원을 어슬렁어슬렁 산책하고 왔다.

N3 ふらふらする

비틀거리다, 휘청거리다

風邪で高い熱があるので、体がふらふらする。

감기로 고열이 있어서 몸이 휘청거린다.

N3 ふわふわと浮かぶ

두둥실 떠오르다

空を見上げると、白い雲がふわふわと浮かんでいた。

하늘을 올려다보니 하얀 구름이 두둥실 떠 있었다.

N3 雰囲気がいい

분위기가 좋다

このレストランは夜のほうが雰囲気がいいです。

이 레스토랑은 밤이 더 분위기가 좋습니다.

N3 まごまごする

우물쭈물하다

初めて降りた駅でまごまごしていたら、駅員が親切に案内してくれた。

처음 내린 역에서 우물쭈물하고 있었더니, 역 직원이 친절하게 안내해 주었다.

N3 夢中になる

열중하다

子供は夢中になってマンガを読んでいる。

아이는 열중하여 만화를 읽고 있다.

N3 量が多い

양이 많다

この店のランチは、量が多くてとてもおいしい。

이 가게의 점심은 양이 많고 아주 맛있다.

N2 味が濃い

맛이 진하다

この店のオムライスは味が濃いので、すぐ飽きてしまう。

이 가게의 오므라이스는 맛이 진해서 금방 질려 버린다.

N2 **息が詰まる** 숨이 막히다

満員電車の中は息が詰まりそうだった。

만원 전철 안은 숨이 막힐 것 같았다.

N2 **息抜きする** 잠시 쉬다, 숨을 돌리다

この部屋は狭いけど、僕にとっては息抜きできる貴重な空間だ。

이 방은 좁지만 나에게는 숨 돌릴 수 있는 귀중한 공간이다.

N2 **うずうずする** 근질근질하다, 좀이 쑤시다

天気がいい日は外に出たくてうずうずする。

날씨가 좋은 날은 밖에 나가고 싶어서 근질근질하다.

N2 **影響を受ける** 영향을 받다

大雪の影響を受けて、列車が遅れたり運休したりしている。

폭설의 영향으로 열차가 지연되거나 운행을 중단하고 있다.

N2 **栄養が偏る** 영양이 편중되다, 영양이 치우치다

栄養が偏らないように、いろいろな食品を食べた方がいい。

영양이 편중되지 않도록 여러 가지 식품을 먹는 것이 좋다.

N2 **落ち葉を掃く** 낙엽을 쓸다

父は庭の落ち葉を掃いている。

아버지는 뜰의 낙엽을 쓸고 있다.

N2 **会議が長引く** 회의가 길어지다

会議が長引いて、友達との待ち合わせに遅れてしまった。

회의가 길어져서 친구와의 약속에 늦고 말았다.

N2 **欠かせない** 빼놓을 수 없다

醤油は日本の食卓に欠かせない存在である。

간장은 일본 식탁에 빼놓을 수 없는 존재다.

N2 **体がだるい** 몸이 나른하다

風邪を引いたのか、頭痛がして、体がだるいんです。

감기에 걸렸는지 두통이 있고 몸이 나른합니다.

N2 **空っぽになる** 텅 비다

クッキーがおいしくて、あっという間に箱の中は空っぽになってしまった。

쿠키가 맛있어서 눈 깜짝할 사이에 상자 안은 텅 비어 버렸다.

N2 **カンカン日が照る** 쨍쨍 해가 비치다

カンカン日が照る庭よりも、日陰の庭の方がしっとりして好きだ。

쨍쨍 햇볕이 내리쬐는 정원보다 그늘진 마당이 더 차분해서 좋아한다.

N2 **環境に優しい** 환경친화적이다

環境に優しい車として電気自動車が注目されている。

친환경 차로 전기차가 주목받고 있다.

N2 **ぐっとよくなる** 훨씬 좋아지다, 매우 좋아지다

この料理は最後にごま油をかけると、味がぐっとよくなります。

이 요리는 마지막에 참기름을 뿌리면 맛이 훨씬 좋아져요.

N2 **傾向がある** 경향이 있다

年を取ると睡眠時間が短くなる傾向がある。

나이가 들면 수면 시간이 짧아지는 경향이 있다.

N2 **こそこそ話す** 소곤거리다

二人は周りの人に聞こえないようにこそこそ話している。

두 사람은 주위 사람들에게 들리지 않도록 소곤거리고 있다.

N2 **ごちゃごちゃする** 너저분하다, 뒤죽박죽이다

山田さんの机は、いつ見てもごちゃごちゃしている。

야마다 씨의 책상은 언제 봐도 뒤죽박죽이야.

N2 **ざあざあ降る** 주룩주룩 내리다

今日は一日中、雨がざあざあ降っていて、外に出られなかった。

오늘은 하루 종일 비가 주룩주룩 내려서 밖에 나갈 수가 없었다.

N2 **さっさと宿題をする** 서둘러 숙제를 하다

テレビばかり見てないで、さっさと宿題をしなさい。

TV만 보고 있지 말고 얼른 숙제를 해라.

N2 **仕方がない** 어쩔 수가 없다, 소용없다

もう終わったことだから、悩んでも仕方がない。

이미 끝난 일이니 고민해 봐야 소용없다.

N2 **しとしと降る** 부슬부슬 내리다

その日は朝から雨がしとしと降っていた。

그날은 아침부터 비가 부슬부슬 내리고 있었다.

N2 **霜が降りる** 서리가 내리다

朝起きたら、霜が降りて、車や庭が白くなっていた。

아침에 일어나니 서리가 내려 차와 마당이 하얗게 되어 있었다.

N2 **重傷(じゅうしょう)を負(お)う** 중상을 입다

強(つよ)い風(かぜ)により看板(かんばん)が落下(らっか)し、通行人(つうこうにん)が重傷(じゅうしょう)を負(お)った。

강한 바람에 간판이 떨어져 길 가던 사람이 중상을 입었다.

N2 **食(しょく)が進(すす)む** 식욕이 나다

今日(きょう)は暑(あつ)くて、あまり食(しょく)が進(すす)まない。

오늘은 더워서 별로 식욕이 없어.

N2 **じわじわと広(ひろ)がる** 서서히 확산되다

ノンアルコールビールの人気(にんき)がじわじわと広(ひろ)がっている。

무알코올 맥주의 인기가 서서히 확산되고 있다.

N2 **親身(しんみ)になる** 배려심을 갖다

私(わたし)の上司(じょうし)は親身(しんみ)になって相談(そうだん)に乗(の)ってくれる。

내 상사는 배려심을 갖고 상담에 응해 준다.

N2 **水分(すいぶん)を保(たも)つ** 수분을 유지하다

水分量(すいぶんりょう)が多(おお)い野菜(やさい)は、水分(すいぶん)を保(たも)つように保存することが大切(たいせつ)だ。

수분량이 많은 야채는 수분을 유지하도록 보존하는 것이 중요하다.

N2 **すくすく育(そだ)つ** 무럭무럭 자라다

赤(あか)ちゃんが元気(げんき)よくすくすく育(そだ)つことを祈(いの)っております。

아기가 건강하게 무럭무럭 자라기를 기원합니다.

N2 **頭痛(ずつう)がする** 두통이 나다

風邪(かぜ)をひいて、頭痛(ずつう)もするし咳(せき)も出(で)たので、旅行(りょこう)に参加(さんか)できなかった。

감기에 걸려 두통도 있고 기침도 나서, 여행에 참가할 수 없었다.

N2 **ズボンがだぶだぶになる** 바지가 헐렁해지다

<ruby>最近<rt>さいきん</rt></ruby>やせてきて、ズボンがだぶだぶになった。

요즘 살이 빠져서 바지가 헐렁해졌다.

N2 **<ruby>勢力<rt>せいりょく</rt></ruby>を<ruby>増<rt>ま</rt></ruby>す** 세력을 키우다

<ruby>大型台風<rt>おおがたたいふう</rt></ruby>は、<ruby>勢力<rt>せいりょく</rt></ruby>を<ruby>増<rt>ま</rt></ruby>しながら、<ruby>関東<rt>かんとう</rt></ruby>に<ruby>接近<rt>せっきん</rt></ruby>している。

대형 태풍은 세력을 키우며 관동 지방으로 접근하고 있다.

N2 **<ruby>体調<rt>たいちょう</rt></ruby>が<ruby>優<rt>すぐ</rt></ruby>れない** 몸 상태가 좋지 않다

<ruby>体調<rt>たいちょう</rt></ruby>が<ruby>優<rt>すぐ</rt></ruby>れない<ruby>場合<rt>ばあい</rt></ruby>は、<ruby>健康診断<rt>けんこうしんだん</rt></ruby>の<ruby>日時<rt>にちじ</rt></ruby>を<ruby>変更<rt>へんこう</rt></ruby>してください。

몸 상태가 좋지 않은 경우에는 건강 검진 날짜를 변경해 주시기 바랍니다.

N2 **たらたらと<ruby>汗<rt>あせ</rt></ruby>を<ruby>流<rt>なが</rt></ruby>す** 땀을 줄줄 흘리다

たらたらと<ruby>汗<rt>あせ</rt></ruby>を<ruby>流<rt>なが</rt></ruby>しながら<ruby>荷物<rt>にもつ</rt></ruby>を<ruby>運<rt>はこ</rt></ruby>んでいる。

땀을 줄줄 흘리며 짐을 옮기고 있다.

N2 **ちらちら<ruby>降<rt>ふ</rt></ruby>る** 팔랑팔랑 내리다

<ruby>今<rt>いま</rt></ruby>も<ruby>外<rt>そと</rt></ruby>は<ruby>雪<rt>ゆき</rt></ruby>がちらちら<ruby>降<rt>ふ</rt></ruby>っているが、<ruby>午後<rt>ごご</rt></ruby>は<ruby>晴<rt>は</rt></ruby>れるそうだ。

지금도 밖에는 눈이 팔랑팔랑 내리고 있지만, 오후에는 갠다고 한다.

N2 **ついている** 운이 좋다

<ruby>欲<rt>ほ</rt></ruby>しかったアルバムが<ruby>手<rt>て</rt></ruby>に<ruby>入<rt>はい</rt></ruby>るとは、<ruby>今日<rt>きょう</rt></ruby>はついているね。

갖고 싶었던 앨범이 손에 들어오다니, 오늘은 운이 좋네.

N2 **<ruby>都合<rt>つごう</rt></ruby>がつかない** (일정상) 형편이 안 되다

その<ruby>日<rt>ひ</rt></ruby>は<ruby>都合<rt>つごう</rt></ruby>がつきませんが、<ruby>別<rt>べつ</rt></ruby>の<ruby>日<rt>ひ</rt></ruby>でしたら<ruby>大丈夫<rt>だいじょうぶ</rt></ruby>です。

그날은 시간이 나지 않지만 다른 날이라면 괜찮습니다.

N2 天候に影響される
날씨에 영향을 받다

農業は天候に影響されやすい。

농업은 날씨에 영향을 받기 쉽다.

N2 とてもじゃないけど
도저히, 도무지

こんなにたくさんの資料、とてもじゃないけど一週間じゃ無理だよ。

이렇게 많은 자료, 도저히 일주일로는 무리야.

N2 とんとん叩く
똑똑 두드리다

誰かが部屋のドアをとんとん叩く音がする。

누군가가 방문을 똑똑 두드리는 소리가 난다.

N2 中が丸見えだ
안이 전부 들여다보이다

カーテンをつけていないので、家の中が丸見えです。

커튼을 달지 않아서 집 안이 훤히 들여다보입니다.

N2 寝込んでしまう
드러눕다, 몸져눕다

彼は疲労のあまり寝込んでしまった。

그는 피로한 나머지 드러누워 버렸다.

N2 のろのろと走る
느릿느릿 달리다

車が雪のせいでのろのろと走っている。

차가 눈 때문에 느릿느릿 달리고 있다.

N2 馬鹿にならない
무시할 수 없다, 우습게 볼 수 없다

車を通勤や買い物で利用していると、ガソリン代も馬鹿にならない。

차를 출퇴근이나 장보기로 이용하다 보면 기름값도 우습게 볼 수 없다.

N2 馬鹿を言う

ばかをいう

바보 같은 소리를 하다

せっかく入った会社を辞めるなんて、馬鹿を言うにもほどがあるよ。

せっかくはいったかいしゃをやめるなんて、ばかをいうにもほどがあるよ。

모처럼 들어간 회사를 그만두다니, 바보 같은 소리도 정도가 있지.

N2 はきはきと話す

はなす

또박또박 말하다

質問に答えるときは、相手の目を見て大きな声ではきはきと話しましょう。

しつもんにこたえるときは、あいてのめをみておおきなこえではきはきとはなしましょう。

질문에 대답할 때는, 상대의 눈을 보고 큰 소리로 또박또박 말합시다.

N2 ばたばたする

분주하게 움직이다, 허둥지둥하다

今日は朝からばたばたして、昼ご飯が少し遅くなってしまった。

きょうはあさからばたばたして、ひるごはんがすこしおそくなってしまった。

오늘은 아침부터 분주해서 점심 식사가 조금 늦어지고 말았다.

N2 ばたばたと音を立てる

おとをたてる

쿵쿵 소리를 내다

生徒たちがばたばたと音を立てながら廊下を走っていた。

せいとたちがばたばたとおとをたてながらろうかをはしっていた。

학생들이 쿵쿵 소리를 내며 복도를 달리고 있었다.

N2 幅を利かせる

はばをきかせる

활개 치다, 판치다, 영향력을 행사하다

この会社では、創業当初からいる社員が幅を利かせている。

このかいしゃでは、そうぎょうとうしょからいるしゃいんがはばをきかせている。

이 회사에서는 창업 초기부터 있는 사원이 영향력을 행사하고 있다.

N2 ぱらぱら読む

よむ

훌훌 읽다

▶ 팔락팔락 가볍게 책장을 넘기며 읽는 것을 말해요.

雑誌をおもしろそうな所からぱらぱら読んでみた。

ざっしをおもしろそうなところからぱらぱらよんでみた。

잡지를 재미있을 것 같은 곳부터 훌훌 읽어 보았다.

N2 日が沈む

ひがしずむ

해가 지다, 해가 저물다

この時期になると日が沈むのが早くなる。

このじきになるとひがしずむのがはやくなる。

이 시기가 되면 해가 지는 것이 빨라진다.

N2 日差(ひざ)しが強(つよ)い

햇살이 강하다, 햇살이 따갑다

今日(きょう)は日差(ひざ)しが強(つよ)いから帽子(ぼうし)をかぶりなさい。

오늘은 햇살이 강하니까 모자를 쓰거라.

N2 ぴたりと止(と)まる

딱 멈추다

事故(じこ)による渋滞(じゅうたい)で、車(くるま)がぴたりと止(と)まったまま動(うご)かない。

사고로 인한 정체로 차가 딱 멈춘 채 움직이지 않는다.

N2 ぴょんぴょんと跳(は)ねる

깡충깡충 뛰다

元気(げんき)のいい子供(こども)たちが、歩道(ほどう)の縁(ふち)を片足(かたあし)でぴょんぴょんと跳(は)ねていた。

활기찬 아이들이 보도 가장자리를 한 발로 깡충깡충 뛰고 있었다.

N2 ひらひらと飛(と)ぶ

팔랑팔랑 날다

電車(でんしゃ)から外(そと)を見(み)ると、桜(さくら)の花(はな)びらがひらひらと飛(と)んでいた。

전철에서 밖을 내다보니 벚꽃 잎이 팔랑팔랑 날고 있었다.

N2 部品(ぶひん)が不足(ふそく)する

부품이 부족하다

部品(ぶひん)が不足(ふそく)している場合(ばあい)は、修理(しゅうり)に時間(じかん)がかかります。

부품이 부족한 경우에는 수리하는 데 시간이 걸립니다.

N2 ぶるぶる震(ふる)える

부들부들 떨리다

寒(さむ)さのあまり、体(からだ)がぶるぶる震(ふる)えた。

추운 나머지 몸이 부들부들 떨렸다.

N2 ページが抜(ぬ)ける

페이지가 빠지다

この本(ほん)は１５(じゅうご)ページが抜(ぬ)けている。

이 책은 15페이지가 빠져 있다.

N2 **他(ほか)に道(みち)はない** 다른 길은 없다, 달리 방법은 없다

天然(てんねん)資源(しげん)の乏(とぼ)しい日本(にほん)は、人材(じんざい)を資源(しげん)として活用(かつよう)するより他(ほか)に道(みち)はない。

천연자원이 부족한 일본은 인재를 자원으로 활용하는 것 외에 다른 길은 없다.

N2 **ほどなく完成(かんせい)する** 곧 완성되다, 머지않아 완성되다

新(あたら)しい建物(たてもの)はほどなく完成(かんせい)する予定(よてい)です。

새 건물은 곧 완성될 예정입니다.

N2 **ぼろぼろになる** 너덜너덜해지다, 낡아서 해어지다

本棚(ほんだな)にある古(ふる)い辞書(じしょ)は、破(やぶ)れてぼろぼろになっていた。

책장에 있는 낡은 사전은 찢어져 너덜너덜해져 있었다.

N2 **ますます進歩(しんぽ)する** 더욱 진보하다, 갈수록 발전하다

これからも技術(ぎじゅつ)はますます進歩(しんぽ)していくだろう。

앞으로도 기술은 더욱 진보해 나갈 것이다.

N2 **真(ま)っ二(ぷた)つに割(わ)れる** 완전히 둘로 나뉘다

会議(かいぎ)では意見(いけん)が真(ま)っ二(ぷた)つに割(わ)れた。

회의에서는 의견이 완전히 둘로 나뉘었다.

N2 **丸(まる)ごと食(た)べる** 통째로 먹다

小(ちい)さい魚(さかな)は丸(まる)ごと食(た)べた方(ほう)が健康(けんこう)にいいですよ。

작은 생선은 통째로 먹는 게 건강에 좋아요.

N2 **芽(め)が出(で)る** 싹이 돋다

先日(せんじつ)花(はな)の種(たね)をまいたら、もう芽(め)が出(で)てきた。

얼마 전에 꽃씨를 뿌렸더니 벌써 싹이 돋아났다.

N2 **めちゃくちゃになる** 엉망이 되다

風で髪の毛がめちゃくちゃになってしまった。

바람에 머리카락이 엉망이 되어 버렸다.

N2 **山ほどある** 산더미처럼 많다

今の君に伝えたいことが山ほどあるんだ。

지금의 너에게 전하고 싶은 말이 너무 많아.

N2 **ゆらゆら揺れる** 흔들흔들 흔들리다

波が高くなって、船がゆらゆら揺れている。

파도가 높아지면서 배가 흔들흔들 흔들리고 있다.

N2 **よく似ている** 많이 닮았다, 많이 비슷하다

長男は、顔つきはもちろん性格も父親によく似ている。

큰아들은 얼굴은 물론 성격도 아버지를 많이 닮았다.

N2 **横になる** 눕다

少し横になったらどうですか。

잠시 눕는 게 어때요?

N2 **リラックスする** 릴랙스하다, 편히 쉬다

週末は家で好きな音楽でも聞いてリラックスしたい。

주말에는 집에서 좋아하는 음악이라도 들으며 편히 쉬고 싶다.

N2 **割合を占める** 비율을 차지하다

この国は２０代の年齢層が非常に高い割合を占めている。

이 나라는 20대 연령층이 매우 높은 비율을 차지하고 있다.

N1 **当たり障りがない** 무난하다

相手の質問に当たり障りのない返事をした。

상대방의 질문에 무난한 대답을 했다.

N1 **甘さを控えめに作る** 단맛을 줄여서 만들다

当店のケーキは甘さを控えめにお作りしております。

당점의 케이크는 단맛을 줄여서 만들고 있습니다.

N1 **雨漏りがする** 비가 새다

雨漏りがして家の中がびしょびしょになった。

비가 새서 집 안이 흠뻑 젖었다.

N1 **ありきたりだ** 뻔하다, 매우 흔하다

今日の会議で出た意見は、ありきたりのものが多かった。

오늘 회의에서 나온 의견은 뻔한 것이 많았다.

N1 **ありとあらゆる情報が溢れる** 온갖 정보가 넘쳐나다

インターネット時代になり、ありとあらゆる情報が溢れている。

인터넷 시대가 되면서 온갖 정보가 넘쳐나고 있다.

N1 **言うまでもない** 말할 것도 없다

健康のために十分な睡眠が欠かせないのは、言うまでもない。

건강을 위해 충분한 수면이 필수적이라는 것은 말할 필요도 없다.

N1 **如何ともしがたい** 어찌할 수 없다

新製品の売上増は、営業部だけの努力では如何ともしがたいところがある。

신제품 매출 증가는 영업부만의 노력으로는 어찌할 수 없는 부분이 있다.

N1 一目散に

쏜살같이, 부리나케

▶ 한눈팔지 않고 필사적으로 뛰는 모습을 말해요.

授業が終わると、みんな一目散に学校を飛び出した。

수업이 끝나자 모두 쏜살같이 학교를 뛰쳐나갔다.

N1 一途を辿る

일로를 걷다

▶ 주로 부정적인 한 쪽 방향으로만 진행되는 것을 의미해요.

港町として栄えたこの町も、今は衰退の一途を辿っている。

항구 도시로 번창했던 이 마을도 지금은 쇠퇴 일로를 걷고 있다.

N1 稲光が走る

번개가 치다

夕方から突然の雨とともに稲光が走った。

저녁부터 갑작스러운 비와 함께 번개가 쳤다.

N1 裏打ちする

뒷받침하다

この本は作家の人生体験に裏打ちされているので、説得力がある。

이 책은 작가의 인생 체험이 뒷받침되어 있기 때문에 설득력이 있다.

N1 上の空

건성임, 딴 생각을 함

何か悩み事でもあるのか、彼は上の空状態になっている。

무슨 고민거리라도 있는지 그는 딴 생각을 하고 있다.

N1 公になる

일반에게 알려지다, 드러나다

最近、内部告発によって企業の不正が公になることが多くなってきた。

최근 내부 고발로 기업 비리가 드러나는 일이 잦아졌다.

N1 お互い様だ

피차일반이다, 같은 처지다

不景気で大変なのはお互い様でしょう。一緒に頑張りましょう。

불경기로 힘든 건 피차일반이죠. 함께 힘냅시다.

N1 快方に向かう
호전되다, 차도가 있다

入院生活をしている祖父の病状は、快方に向かっている。

입원 생활을 하고 있는 할아버지의 병세는 호전되고 있다.

N1 害を及ぼす
해를 끼치다

長時間の労働は、健康に害を及ぼすことになる。

장시간 노동은 건강에 해를 끼치게 된다.

N1 影を潜める
자취를 감추다

最近、地球温暖化の話題が影を潜めているように感じる。

요즘 지구온난화 이슈가 자취를 감추고 있는 것처럼 느껴진다.

N1 カサカサと音がする
바스락바스락 소리가 나다

落ち葉の上を歩くと、カサカサと音がした。

낙엽 위를 걸었더니 바스락거리는 소리가 났다.

N1 ガタガタと音を立てる
덜컹덜컹 소리를 내다

強い風で窓がガタガタと音を立てている。

강한 바람에 창문이 덜컹거린다.

N1 形が歪む
형태가 왜곡되다, 모양이 비뚤어지다

こちらは箱の形が歪んでいますが、商品に問題はございません。

이 상품은 상자 모양이 비뚤어져 있지만, 상품에는 문제가 없습니다.

N1 ガタンと音を立てる
쿵하는 소리를 내다

ガタンと音を立ててドアが閉まった。

쿵 소리를 내며 문이 닫혔다.

N1 **カチカチに凍る** 꽁꽁 얼다

冷蔵庫から出したアイスクリームはカチカチに凍っている。

냉장고에서 꺼낸 아이스크림은 꽁꽁 얼어 있다.

N1 **葛藤が生まれる** 갈등이 생기다

あの人とは意見がなかなか合わず、葛藤が生まれたりする。

그 사람과는 의견이 잘 맞지 않아 갈등이 빚어지곤 한다.

N1 **がやがや騒ぐ** 왁자지껄 떠들다

パーティーは、みんなでがやがや騒ぎながら、飲んで食べて楽しかった。

파티는 다 함께 왁자지껄 떠들며 마시고 먹고 즐거웠다.

N1 **間一髪で間に合う** 간발의 차이로 시간에 맞추다

電車が遅れたが、駅から走って、会議に間一髪で間に合った。

전철이 지연됐지만, 역에서부터 달려서 아슬아슬하게 회의 시간에 맞춰 도착했다.

N1 **がんじがらめになる** 얽매이다, 속박되다

ルールや法則でがんじがらめになっているだけでは、何も生まれない。

규칙이나 법칙으로 얽매여 있기만 해서는 아무것도 생겨나지 않는다.

N1 **鑑賞にたえる** 감상할 만하다

▶たえる를 한자로 표기할 때는 堪える로 표기해요.

この展覧会に出された作品には、鑑賞にたえるものは少ない。

이 전람회에 나온 작품에는 감상할 만한 것이 얼마 없다.

N1 **切っても切れない** 떼려야 뗄 수 없다

インターネットは、私たちの生活とは切っても切れない関係にあります。

인터넷은 우리 생활과는 떼려야 뗄 수 없는 관계에 있습니다.

N1 **客観性に欠ける** 객관성이 결여되다

この本は、自己主張ばかり書いてあって、客観性に欠ける。

이 책은 자기주장만 적혀 있어서 객관성이 부족하다.

N1 **きゅうきゅうとした生活** 빠듯한 생활

いつも節約、節約ときゅうきゅうとした生活を送るのはつらいことです。

항상 절약, 절약 하며 빠듯한 생활을 하는 것은 괴로운 일입니다.

N1 **ぎゅうぎゅうになる** 꽉꽉 차다, 가득 차다

通勤電車の中は、ぎゅうぎゅうになって身動きも取れない状態だ。

출퇴근 전철 안은 꽉 차서 꼼짝도 못하는 상태다.

N1 **急を要する** 시급을 요하다, 시급하다

急速に進む高齢化社会への対応は急を要する課題である。

급속히 진행되는 고령화 사회에 대한 대응은 시급한 과제이다.

N1 **ぐうぐう寝ている** 쿨쿨 자고 있다

息子は疲れたのか、自分の部屋でぐうぐう寝ている。

아들은 피곤한지 자기 방에서 쿨쿨 자고 있다.

N1 **草が生い茂る** 풀이 우거지다, 풀이 무성하다

家の近くの空き地に草が生い茂っている。

집 근처 공터에 풀이 무성하다.

N1 **くしゃくしゃになる** 꾸깃꾸깃해지다, 몹시 구겨지다

シャツがくしゃくしゃになっていたので、アイロンをかけた。

셔츠가 몹시 구겨져서 다림질을 했다.

N1 **ぐずぐずする** 꾸물거리다

そんなにぐずぐずしていると遅刻するよ。

그렇게 꾸물거리다가는 지각할 거야.

N1 **靴がぶかぶかだ** 신발이 헐렁헐렁하다

この靴はぶかぶかで、歩くと脱げてしまう。

이 신발은 헐렁헐렁해서 걸으면 벗겨져 버린다.

N1 **ぐんぐん伸びる** 부쩍부쩍 늘다, 쑥쑥 자라다

まじめに勉強した成果が出て、成績がぐんぐん伸びた。

성실하게 공부한 성과가 나오면서 성적이 부쩍 늘었다.

N1 **群を抜く** 출중하다, 빼어나다

このケーキ屋の味は、全国でも群を抜いている。

이 케이크 가게의 맛은 전국적으로도 뛰어나다.

N1 **氷が張る** 얼음이 얼다, 얼음이 덮이다

今朝はとても寒くて、公園の池に氷が張っていた。

오늘 아침은 너무 추워서 공원 연못에 얼음이 얼어 있었다.

N1 **語学に堪能だ** 어학에 능통하다

当社では、英語や中国語などの語学に堪能な人を募集しています。

당사에서는 영어와 중국어 등의 어학에 능통한 사람을 모집하고 있습니다.

N1 **呼吸が落ち着く** 호흡이 안정되다

薬が効いて、患者の呼吸が落ち着いてきた。

약이 효과가 있어서 환자의 호흡이 안정되기 시작했다.

N1 ごたごたしている
어수선하다, 복잡하다

ごたごたしている人間関係(にんげんかんけい)から離(はな)れて、のんびり旅行(りょこう)したい。

복잡한 인간관계로부터 벗어나 느긋하게 여행하고 싶다.

N1 こつこつと勉強(べんきょう)する
꾸준히 공부하다

資格(しかく)をとるために、この一年間(いちねんかん)、こつこつと勉強(べんきょう)してきた。

자격증을 따기 위해 지난 1년간 꾸준히 공부해 왔다.

N1 ごてごてする
어수선하다

彼(かれ)の部屋(へや)はいろんなものを飾(かざ)りすぎて、ごてごてした感(かん)じになっていた。

그의 방은 여러 가지 것을 너무 꾸며서 어수선한 느낌이었다.

N1 コントロールが利(き)かない
컨트롤이 안 되다

最近(さいきん)、ストレスのせいか、感情(かんじょう)のコントロールが利(き)かないときがある。

요즘 스트레스 때문인지 감정 조절이 안 될 때가 있다.

N1 さらさらと流(なが)れる
졸졸 흐르다

山(やま)の中(なか)に小川(おがわ)があって、きれいな水(みず)がさらさらと流(なが)れていた。

산속에 개울이 있어 깨끗한 물이 졸졸 흐르고 있었다.

N1 時間(じかん)を持(も)て余(あま)す
시간을 주체하지 못하다

隣(となり)の田中(たなか)さんは定年退職(ていねんたいしょく)し、時間(じかん)を持(も)て余(あま)しているらしい。

이웃집 다나카 씨는 정년 퇴직해 시간을 주체하지 못하고 있는 모양이다.

N1 じゃぶじゃぶと歩(ある)く
첨벙거리며 걷다, 철벅철벅 걷다

子供(こども)が長靴(ながぐつ)を履(は)いて、じゃぶじゃぶと歩(ある)いている。

아이가 장화를 신고 철벅철벅 걷고 있다.

N1 首尾(しゅび)よく進(すす)む　순조롭게 진행되다

交渉(こうしょう)が首尾(しゅび)よく進(すす)んで、このまま契約(けいやく)がまとまりそうだ。

협상이 순조롭게 진행되어 이대로 계약이 성사될 것 같다.

N1 旬(しゅん)の味(あじ)を楽(たの)しむ　제철의 맛을 즐기다

この店(みせ)では、毎月違(まいつきちが)った旬(しゅん)の味(あじ)を楽(たの)しむことができる。

이 가게에서는 매월 다른 제철의 맛을 즐길 수 있다.

N1 称賛(しょうさん)に値(あたい)する　칭찬할 가치가 있다

彼(かれ)の勇気(ゆうき)ある行動(こうどう)は称賛(しょうさん)に値(あたい)する。

그의 용기 있는 행동은 칭찬할 만하다.

N1 真髄(しんずい)を極(きわ)める　진수를 보여 주다

当店(とうてん)で、日本料理(にほんりょうり)の真髄(しんずい)を極(きわ)めたお食事(しょくじ)をお楽(たの)しみください。

저희 매장에서 일본 요리의 진수를 보여 주는 식사를 즐겨 주시기 바랍니다.

N1 真正性(しんせいせい)がある　진정성이 있다

専門家(せんもんか)たちは、産業災害予防(さんぎょうさいがいよぼう)に向(む)けた真正性(しんせいせい)のある対策(たいさく)を求(もと)めた。

전문가들은 산업 재해 예방을 위한 진정성 있는 대책을 촉구했다.

N1 姿(すがた)を現(あらわ)す　모습을 드러내다

雲(くも)の切(き)れ間(ま)に太陽(たいよう)が姿(すがた)を現(あらわ)した。

구름 사이로 태양이 모습을 드러냈다.

N1 姿(すがた)を消(け)す　자취를 감추다

宅地開発(たくちかいはつ)に伴(ともな)う工事(こうじ)で森(もり)は姿(すがた)を消(け)してしまった。

택지 개발에 따른 공사로 숲은 자취를 감추고 말았다.

N1 ずきずきする
웃신욱신하다, 지끈거리다

二日酔(ふつかよ)いで頭(あたま)がずきずきする。

숙취로 머리가 지끈거린다.

N1 ずるずると長引(ながび)く
질질 늘어지다

会議(かいぎ)は結論(けつろん)がでないまま、ずるずると長引(ながび)いている。

회의는 결론이 나지 않은 채 질질 늘어지고 있다.

N1 するすると開(ひら)く
스르르 열리다

エレベーターを待(ま)っていたら、目(め)の前(まえ)のドアがするすると開(ひら)いた。

엘리베이터를 기다리고 있었더니, 눈앞의 문이 스르르 열렸다.

N1 ズレが生(しょう)じる
차이가 발생하다, 어긋나다

外国(がいこく)の文学(ぶんがく)を読(よ)む場合(ばあい)、どうしても視点(してん)のズレが生(しょう)じることになる。

외국 문학을 읽을 경우 아무래도 시각차가 생기게 된다.

N1 すれすれに着(つ)く
아슬아슬하게 도착하다

間(ま)に合(あ)わないと心配(しんぱい)していたが、発車時間(はっしゃじかん)すれすれに着(つ)いた。

늦겠다고 걱정하고 있었지만, 발차 시간에 아슬아슬하게 도착했다.

N1 是(ぜ)が非(ひ)でも
무슨 일이 있어도

第一志望(だいいちしぼう)の大学(だいがく)に是(ぜ)が非(ひ)でも合格(ごうかく)したい。

1지망 대학에 무슨 일이 있어도 합격하고 싶다.

N1 大(たい)したことはない
대수롭지 않다

今度(こんど)の地震(じしん)は東京(とうきょう)では大(たい)したことはなかった。

이번 지진은 도쿄에서는 대수롭지 않았다.

N1 **断トツで高い** 월등히 높다, 단연코 높다

ベッドは家具の中でも使用頻度が断トツで高いので、慎重に選ぶべきだ。

침대는 가구 중에서도 사용 빈도가 월등히 높기 때문에 신중하게 선택해야 한다.

N1 **ちびちびと飲む** 홀짝홀짝 마시다

お酒をちびちび飲みながら音楽を聴く。

술을 홀짝홀짝 마시며 음악을 듣는다.

N1 **宙に浮く** 공중에 뜨다, 중단되다

その計画は担当者の交替で宙に浮いた状態です。

그 계획은 담당자 교체로 중단된 상태입니다.

N1 **注目が高まる** 관심이 높아지다

小麦価格の高騰を受け、お米に注目が高まっている。

밀 가격이 급등하면서 쌀에 관심이 높아지고 있다.

N1 **ちょこちょこ歩く** 아장아장 걷다

かわいい赤ちゃんがちょこちょこ歩いている。

귀여운 아기가 아장아장 걷고 있다.

N1 **ちょっとした油断** 사소한 방심

ちょっとした油断が大きな事故を招く。

사소한 방심이 커다란 사고를 초래한다.

N1 **チラリと見る** 흘끗 보다

話しの最中に、時計をチラリと見るのは相手に失礼だ。

한창 대화 중에 시계를 흘끗 보는 것은 상대방에게 실례다.

N1 ちんぷんかんぷんだ
종잡을 수 없다, 횡설수설이다

彼の話はちんぷんかんぷんで何が言いたいのか分からない。

그의 말은 횡설수설해서 무슨 말을 하고 싶은 건지 모르겠다.

N1 使い物にならない
쓸모없다, 쓸 만한 게 못 되다

付属の電池は使い物にならないので、使わない方がいいです。

부속품 건전지는 쓸 만한 게 아니라서, 사용하지 않는 편이 좋습니다.

N1 つるつる滑る
쭉쭉 미끄러지다

雪で道がつるつる滑るので歩くのが大変だ。

눈으로 길이 쭉쭉 미끄러져서 걷기가 힘들다.

N1 手落ちがある
실수가 있다, 부족한 점이 있다

準備に手落ちがあり資料が欠けていました。申し訳ありません。

준비에 실수가 있어 자료가 빠져 있었습니다. 죄송합니다.

N1 出来立てほやほや
갓 만들어져 따끈따끈함

この店では、出来立てほやほやの料理を召し上がっていただけます。

이 가게에서는 갓 만들어진 따끈따끈한 요리를 드실 수 있습니다.

N1 てきぱきと片づける
척척 해치우다

彼はたまった仕事をてきぱきと片づけた。

그는 밀린 일을 척척 해치웠다.

N1 手際がいい
일처리 솜씨가 좋다

引越センターのスタッフは手際がよく、あっという間に引っ越しが終わった。

이삿짐 센터 직원은 솜씨가 좋아서 순식간에 이사가 끝났다.

N1 天気に敏感だ
날씨에 민감하다

このセミは天気に敏感で、雨が降りそうになると鳴き止むという。

이 매미는 날씨에 민감해서, 비가 올 것 같으면 울음을 멈춘다고 한다.

N1 土壇場で逆転する
막판에 역전하다

緊迫した争いの中で、我がチームが土壇場で逆転し、優勝した。

긴박한 싸움 속에서 우리 팀이 막판에 역전하여 우승했다.

N1 とめどがない
끝이 없다, 한이 없다

彼の話はとめどがないから、適当なところで打ち切る必要がある。

그의 이야기는 끝이 없어서 적당한 곳에서 끊을 필요가 있다.

N1 とんとんになる
비슷해지다, 균형이 잡히다

開業して初年度は赤字だったけれども、2年目にはとんとんになった。

개업한 첫해는 적자였지만, 2년째에는 균형이 잡혔다.

N1 なおさらのことだ
더욱 그렇다

買い物で損をしたくないのは、誰でも同じだ。それが住宅ならなおさらのことだろう。

물건을 살 때 손해 보고 싶지 않은 것은 누구나 마찬가지다. 그것이 주택이라면 더욱 그럴 것이다.

N1 なす術がない
어찌할 도리가 없다

試せることは全て試してみたし、もうこれ以上なす術がない。

시도할 수 있는 것은 모두 시도해 보았으니, 이제 더 이상 어쩔 수 없다.

N1 何から何まで
하나부터 열까지, 전부

彼の話は何から何まで嘘だらけだった。

그의 말은 하나부터 열까지 거짓말투성이였다.

N1 **何(なに)はさておき** 만사 제쳐 놓고, 제일 먼저

何(なに)はさておき乾杯(かんぱい)しましょう。

일단 건배부터 합시다.

N1 **何(なに)よりだ** 무엇보다 좋다, 다행이다

無事(ぶじ)に退院(たいいん)なさったそうで、何(なに)よりです。

무사히 퇴원하셨다니 다행입니다.

N1 **名(な)の知(し)れた** 이름이 알려진

彼(かれ)は日本(にほん)では名(な)の知(し)れた歌手(かしゅ)だ。

그는 일본에서는 이름이 알려진 가수다.

N1 **生半可(なまはんか)な知識(ちしき)** 어설픈 지식

この業務(ぎょうむ)は、少(すこ)し調(しら)べただけの生半可(なまはんか)な知識(ちしき)では対応(たいおう)できない。

이 업무는, 조금 조사해 본 정도의 어설픈 지식으로는 대응할 수 없다.

N1 **なんてもんじゃない** 보통 정도가 아니다

▶ 그 정도가 굉장하다는 뜻의 강조 표현이에요.

その景色(けしき)は、美(うつく)しいなんてもんじゃない。一枚(いちまい)の絵(え)のようだ。

그 경치는 아름다운 정도가 아니다. 한 폭의 그림 같다.

N1 **似(に)たり寄(よ)ったりだ** 비슷비슷하다, 고만고만하다

候補者(こうほしゃ)3人(さんにん)の訴(うった)えがどれも似(に)たり寄(よ)ったりで、選択(せんたく)に迷(まよ)っている。

후보자 3명의 호소가(주장이) 모두 비슷비슷해서 선택을 망설이고 있다.

N1 **ねばねばになる** 끈적끈적해지다

納豆(なっとう)を食(た)べたら口(くち)の中(なか)がねばねばになった。

낫토를 먹었더니 입안이 끈적끈적해졌다.

N1 場合ではない

(어떤 일을 할) 때가 아니다

▶ 심각하거나 긴급한 상황임을 암시하는 표현이에요.

水曜日には別の試合が待っているから、今落ち込んでいる場合ではない。

수요일에는 다른 경기가 기다리고 있으니 지금 의기소침해 있을 때가 아니다.

N1 葉が茂る

잎이 무성하다

植物は葉が茂ってから花が咲くのが普通だが、桜は先に花が咲く。

식물은 잎이 무성했다가 꽃이 피는 것이 보통이지만, 벚꽃은 꽃이 먼저 핀다.

N1 漠然と考える

막연하게 생각하다

高校生の頃、将来は海外で働きたいと漠然と考えていた。

고등학생 시절, 장래에 해외에서 일하고 싶다고 막연히 생각했었다.

N1 ばっちり決める

완벽하게 마무리하다

この調味料は、難しい和食の味付けをばっちり決めてくれます。

이 조미료는 어려운 일본 요리의 맛내기를 완벽하게 마무리해 줍니다.

N1 ぱっとしない

신통치 않다, 별로 좋지 않다

新製品を売り始めたが、これまでのところ売り上げはぱっとしない。

신제품을 팔기 시작했지만 아직까지 매출이 신통치 않다.

N1 果てしなく広がる

끝없이 펼쳐지다

目の前には広大なぶどう畑が、果てしなく広がっていた。

눈앞에는 광활한 포도밭이 끝없이 펼쳐져 있었다.

N1 半端ではない

보통이 아니다, 엄청나다

店舗の出店にかかる費用は半端ではない。

점포의 출점에 드는 비용은 엄청나다.

N1 光が漏れる
빛이 새다

カーテンの幅や丈が短すぎると、隙間があいて、光が漏れることになる。

커튼의 폭이나 길이가 너무 짧으면 틈이 벌어져 빛이 새게 된다.

N1 非常識にもほどがある
몰상식해도 정도가 있다

無断で欠勤するなんて非常識にもほどがあるよ。

무단으로 결근하다니 몰상식해도 정도가 있지.

N1 ひっきりなしに
끊임없이, 쉴 새 없이

この道路はひっきりなしに車が走っている。

이 도로는 쉴 새 없이 차가 달리고 있다.

N1 秘密が漏れる
비밀이 새다

競合他社に営業秘密が漏れないように、十分な対策をとるべきだ。

경쟁사에 영업 비밀이 누설되지 않도록 충분한 대책을 세워야 한다.

N1 ぷかぷか浮く
둥둥 뜨다

水の上にゴミがぷかぷか浮いて流れている。

물 위에 쓰레기가 둥둥 떠내려가고 있다.

N1 負傷者が出る
부상자가 나오다

火事当時、店内には客が大勢いたが、幸い負傷者は出なかったそうだ。

화재 당시 매장 내에는 손님이 많이 있었지만 다행히 부상자는 나오지 않았다고 한다.

N1 プロ顔負けの実力
프로 뺨치는 실력, 프로 못지 않은 실력

山下さんは写真が趣味で、写真撮影はプロ顔負けの実力だ。

야마시타 씨는 사진이 취미여서, 사진 촬영은 프로 못지 않은 실력이다.

N1 プロ並(な)み　　　　　　　　　　　　　　　프로급임, 프로와 대등함

最近(さいきん)は食材(しょくざい)の質(しつ)も高(たか)く、自宅(じたく)でもプロ並(な)みの料理(りょうり)が作(つく)れる時代(じだい)になった。

요즘은 식재료의 질도 높아서, 집에서도 프로 수준의 요리를 만들 수 있는 시대가 되었다.

N1 べたべたと貼(は)る　　　　　　　　　　　　덕지덕지 붙이다

店(みせ)の壁(かべ)に料理(りょうり)の写真(しゃしん)がべたべたと貼(は)ってある。

가게 벽에 음식 사진이 덕지덕지 붙어 있다.

N1 部屋(へや)が塞(ふさ)がっている　　　　　　　방이 다 차다, 빈 방이 없다

あいにくすべての部屋(へや)が塞(ふさ)がっているので、予約(よやく)できません。

공교롭게도 모든 방이 다 차 있어서 예약을 할 수 없습니다.

N1 ベルがリンリンと鳴(な)る　　　　　　　　　벨이 따르릉따르릉 울리다

電話(でんわ)のベルがリンリンと鳴(な)っている。

전화벨이 따르릉따르릉 울리고 있다.

N1 勉強(べんきょう)に縛(しば)り付(つ)ける　　　　　공부에 묶어 두다, 공부만 시키다

この子(こ)を無理(むり)に勉強(べんきょう)に縛(しば)り付(つ)けるのは意味(いみ)がない気(き)がする。

이 아이를 억지로 공부에 묶어 두는 것은 의미가 없다는 느낌이 든다.

N1 ほかほかする　　　　　　　　　　　　　따끈따끈하다

出来立(できた)てのご飯(はん)はほかほかしておいしい。

갓 지어진 밥은 따끈따끈해서 맛있다.

N1 ほったらかしにする　　　　　　　　　　내버려 두다, 방치하다

彼(かれ)は任(まか)された仕事(しごと)をほったらかしにしたまま平気(へいき)で帰(かえ)る。

그는 맡겨진 일을 내버려 둔 채 태연하게 귀가한다.

N1 程よい
ほど

알맞다, 적당하다

このケーキは、程よい甘さでとてもおいしい。
ほど　　あま

이 케이크는 적당한 단맛이라서 아주 맛있다.

N1 ぽろぽろと涙を流す
なみだ　なが

눈물을 뚝뚝 흘리다

彼女はぽろぽろと涙を流しながら、何かを言おうとした。
かのじょ　　　　　　　なみだ　なが　　　　　　なに　い

그녀는 눈물을 뚝뚝 흘리며 뭔가 말하려고 했다.

N1 勝るとも劣らない
まさ　　おと

나으면 낮지 못하지 않다

我が社の今年の販売実績は、他社に比べて勝るとも劣らない。
わ　しゃ　ことし　はんばいじっせき　たしゃ　くら　まさ　　おと

우리 회사의 올해 판매 실적은 타사에 비해 나으면 낮지 못하지 않다.

N1 またとない機会
き　かい

다시 없는 기회

今回のセミナーは、市民が環境について考えるまたとない機会です。
こんかい　　　　　　しみん　かんきょう　　　かんが　　　　　　　き　かい

이번 세미나는 시민들이 환경에 대하여 생각할 다시 없는 기회입니다.

N1 まんまと騙される
だま

감쪽같이 속다

儲け話にまんまと騙されて、たくさんのお金を取られた。
もう　ばなし　　　　　だま　　　　　　　　　かね　と

돈벌이 이야기에 감쪽같이 속아서 많은 돈을 빼앗겼다.

N1 右に出る者はいない
みぎ　で　もの

능가하는 사람은 없다

プレゼン資料の作成にかけては、山田君の右に出る者はいない。
しりょう　さくせい　　　　　　やまだくん　みぎ　で　もの

프레젠테이션 자료 작성에 있어서는 야마다 군을 능가할 사람은 없다.

N1 水が澄む
みず　す

물이 맑다

川の水が澄んでいて底までよく見える。
かわ　みず　す　　　　　　そこ　　　　み

강물이 맑아서 밑바닥까지 잘 보인다.

N1 **密接に結びつく** 밀접하게 연결되다

政治と生活が密接に結びついていることは、誰でも分かる。

정치와 생활이 밀접하게 연결돼 있다는 것은 누구나 안다.

N1 **むずむずする** 근질근질하다, 좀이 쑤시다

子供たちはみんな早く外に出て遊びたくてむずむずしているようだ。

아이들은 모두 빨리 밖에 나가 놀고 싶어서 좀이 쑤시는 것 같다.

N1 **胸がムカムカする** 속이 메스껍다, 속이 울렁거리다

車が出発すると、胸がムカムカして気分が悪くなってきた。

차가 출발하자 속이 울렁거리고 컨디션이 안 좋아지기 시작했다.

N1 **めきめき上達する** 눈에 띄게 실력이 향상되다

水泳教室に通ったおかげで、水泳がめきめき上達した。

수영 교실에 다닌 덕분에 수영 실력이 눈에 띄게 늘었다.

N1 **免疫力が落ちる** 면역력이 떨어지다

私は栄養たっぷりの食事で、免疫力が落ちないように気をつけている。

나는 영양가 많은 식사로 면역력이 떨어지지 않도록 주의하고 있다.

N1 **毛頭ない** 털끝만큼도 없다, 조금도 없다

これは私の個人的な感じ方であって、それを主張する気は毛頭ない。

이것은 나의 개인적인 느낌이며, 그것을 주장할 마음은 털끝만큼도 없다.

N1 **もってこいの場所** 안성맞춤인 장소

この公園はベンチが多く、座って休むにはもってこいの場所である。

이 공원은 벤치가 많아서, 앉아 쉬기에는 안성맞춤인 장소이다.

N1 もってのほかだ

당치도 않다, 어이가 없다

本当(ほんとう)のことを知(し)っていながら黙(だま)っているなんてもってのほかだ。

사실을 알면서도 잠자코 있다니 당치도 않다.

N1 ものになる

훌륭한 인물이 되다, 성공하다

今年(ことし)の新人(しんじん)は、うまく指導(しどう)すればものになると思(おも)うから楽(たの)しみだ。

올해의 신참은 잘 지도하면 인재가 될 것 같아 기대가 된다.

N1 よろよろ歩(ある)く

비틀비틀 걷다

男(おとこ)の人(ひと)は、お酒(さけ)に酔(よ)ってよろよろ歩(ある)きながら店(みせ)を出(で)た。

남자는 술에 취해 비틀거리며 가게를 나갔다.

N1 ろくなことない

제대로 되는 일이 없다

何事(なにごと)も焦(あせ)って結論(けつろん)を急(いそ)ぐとろくなことはない。

무슨 일이든 초조해서 결론을 서두르면 제대로 되는 일이 없다.

N1 枠(わく)にはまる

틀에 박히다

自分(じぶん)の経験(けいけん)という枠(わく)にはまって物事(ものごと)を考(かんが)えると、想像力(そうぞうりょく)は育(そだ)たない。

자신의 경험이라는 틀에 박혀 사물을 생각하면 상상력은 자라지 않는다.

N5 時間(じかん)がない
시간이 없다

たくさんの料理(りょうり)があったのに、ぜんぶ食(た)べる時間(じかん)がなかった。

많은 요리가 있었는데 다 먹을 시간이 없었다.

N4 会議室(かいぎしつ)に持(も)ってくる
회의실로 가져오다

コピー室(しつ)に報告書(ほうこくしょ)があったら、すぐ会議室(かいぎしつ)に持(も)ってきてください。

복사실에 보고서가 있으면 바로 회의실로 가져와 주세요.

N4 仕事(しごと)をやめる
일을 그만두다

仕事(しごと)をやめて自分(じぶん)のやりたいことをしてみたい。

일을 그만두고 내가 하고 싶은 것을 해 보고 싶다.

N4 値段(ねだん)が高(たか)い
값이 비싸다

最近(さいきん)、野菜(やさい)の値段(ねだん)が高(たか)くなりました。

요즘 채소값이 비싸졌습니다.

N4 予定(よてい)を説明(せつめい)する
일정을 설명하다

バスのガイドさんが今日(きょう)の予定(よてい)を説明(せつめい)してくれた。

버스 가이드가 오늘의 일정을 설명해 주었다.

N4 予約(よやく)がいっぱいだ
예약이 꽉 차다

お客様(きゃくさま)、すみません。土曜日(どようび)はもう予約(よやく)がいっぱいです。

고객님, 죄송합니다. 토요일은 이미 예약이 꽉 찼습니다.

N3 雨水(あまみず)をためる
빗물을 모으다

雨水(あまみず)をためて庭木(にわき)の水(みず)やりに使(つか)っている。

빗물을 모아 정원수 물주기에 사용하고 있다.

N3 **アルバイトに応募(おうぼ)する** 아르바이트에 응모하다

アルバイトに応募(おうぼ)したのに、連絡(れんらく)がこない。

아르바이트에 응모했는데 연락이 오지 않는다.

N3 **アンケートをする** 설문 조사를 하다

この店(みせ)では定期的(ていきてき)にアンケートをして、消費者(しょうひしゃ)の意見(いけん)を聞(き)いている。

이 가게에서는 정기적으로 설문 조사를 하여 소비자의 의견을 듣고 있다.

N3 **暗証番号(あんしょうばんごう)を入力(にゅうりょく)する** 비밀번호를 입력하다

サービスを利用(りよう)するときは、４桁(よんけた)の暗証番号(あんしょうばんごう)を入力(にゅうりょく)してください。

서비스를 이용할 때는 네 자릿수의 비밀번호를 입력해 주세요.

N3 **イベントを行(おこな)う** 이벤트를 실시하다

国際交流(こくさいこうりゅう)センターでは、市民(しみん)を対象(たいしょう)に様々(さまざま)なイベントを行(おこな)っている。

국제교류센터에서는 시민들을 대상으로 다양한 이벤트를 실시하고 있다.

N3 **インタビューを受(う)ける** 인터뷰를 받다

テレビのインタビューを受(う)けて、とても緊張(きんちょう)した。

TV 인터뷰를 받고서 너무 긴장했다.

N3 **会議(かいぎ)に遅(おく)れる** 회의에 지각하다

今日(きょう)は、大事(だいじ)な会議(かいぎ)に遅(おく)れてしまって申(もう)し訳(わけ)ございません。

오늘 중요한 회의에 늦어서 죄송합니다.

N3 **会場(かいじょう)を予約(よやく)する** 행사장을 예약하다

新年会(しんねんかい)をするために、会場(かいじょう)を予約(よやく)した。

신년회를 하기 위해 행사장을 예약했다.

N3 **回復に向かう** 회복해 가다, 회복세를 보이다

ニュースによると、景気は順調に回復に向かっているらしい。

뉴스에 의하면 경기는 순조롭게 회복되고 있는 모양이다.

N3 **価格を下げる** 가격을 내리다

厳しい競争に勝つためには価格を下げるしかないだろう。

치열한 경쟁에서 이기려면 가격을 낮추는 수밖에 없을 것이다.

N3 **規則を守る** 규칙을 지키다

先生は生徒に規則を守るように指導してください。

선생님은 학생들에게 규칙을 지키도록 지도해 주시기 바랍니다.

N3 **結果をまとめる** 결과를 정리하다

公共施設に関する市民アンケートの結果をまとめて公開した。

공공시설에 관한 시민 설문 조사 결과를 정리해 공개했다.

N3 **口座に振り込む** 계좌에 입금하다

請求金額は、次の口座に振り込んでください。

청구 금액은 다음 계좌로 입금해 주시기 바랍니다.

N3 **口座を開く** 계좌를 개설하다

近くの銀行で口座を開いた。

가까운 은행에서 계좌를 개설했다.

N3 **小銭を用意する** 잔돈을 준비하다

ここのバスは乗るときに料金を払いますから、小銭を用意してください。

여기 버스는 탈 때 요금을 지불하니까 잔돈을 준비해 주십시오.

N3 **誘(さそ)いを断(ことわ)る** 권유를 거절하다

夕食(ゆうしょく)を一緒(いっしょ)に食(た)べようという誘(さそ)いを断(ことわ)った。

저녁을 같이 먹자는 권유를 거절했다.

N3 **司会(しかい)を務(つと)める** 사회를 맡다

私(わたくし)は本日(ほんじつ)の会議(かいぎ)の司会(しかい)を務(つと)めさせていただきます山本(やまもと)でございます。

저는 오늘 회의의 사회를 맡은 야마모토입니다.

N3 **仕事(しごと)に追(お)われる** 일에 쫓기다

最近(さいきん)、仕事(しごと)に追(お)われて、家族(かぞく)との会話(かいわ)も少(すく)なくなっている。

요즘 일에 쫓겨 가족과의 대화도 줄어들었다.

N3 **借金(しゃっきん)をする** 빚을 지다, 돈을 빌리다

新(あたら)しい店(みせ)を開(ひら)くために銀行(ぎんこう)から借金(しゃっきん)をした。

새 가게를 열기 위해 은행에서 돈을 빌렸다.

N3 **資料(しりょう)を作(つく)り直(なお)す** 자료를 다시 만들다

会議(かいぎ)の資料(しりょう)を作(つく)り直(なお)して、人数分(にんずうぶん)コピーしてください。

회의 자료를 다시 만들어서 인원수만큼 복사해 주세요.

N3 **責任(せきにん)を持(も)つ** 책임을 지다

私(わたし)が責任(せきにん)を持(も)ちますから、このプロジェクトを進(すす)めてください。

내가 책임질 테니 이 프로젝트를 진행하세요.

N3 **送料(そうりょう)がかかる** 배송료가 들다

インターネットで買(か)い物(もの)をする場合(ばあい)は、基本的(きほんてき)に送料(そうりょう)がかかる。

인터넷으로 쇼핑을 할 경우에는 기본적으로 배송료가 부과된다.

N3 **力になる** 힘이 되다, 도움이 되다

私に相談してくれれば、力になってあげたのに。

내게 상담해 줬으면 힘이 되어 주었을 텐데.

N3 **力を引き出す** 힘을 이끌어내다, 능력을 끌어내다

子供の力を引き出すために大人ができることについて話し合った。

아이의 능력을 끌어내기 위해 어른이 할 수 있는 일에 대해서 논의했다.

N3 **注文を取る** 주문을 받다

私はレストランで注文を取ったり、料理を出したりする仕事をしています。

나는 레스토랑에서 주문을 받거나 요리를 서빙하는 일을 하고 있습니다.

N3 **調査結果を反映する** 조사 결과를 반영하다

調査結果を反映して、企画書を修正する必要がある。

조사 결과를 반영하여 기획서를 수정할 필요가 있다.

N3 **チラシを配る** 광고지를 배부하다, 전단지를 나누어 주다

居酒屋の前で、店員がチラシを配っている。

술집 앞에서 점원이 전단지를 나눠 주고 있다.

N3 **日時を変更する** 날짜를 바꾸다

予約の日時を変更してほしいと店に連絡した。

예약 날짜를 변경해 달라고 가게에 연락했다.

N3 **日程を決める** 일정을 정하다

来月の会議の日程を決めたいと思います。

다음 달 회의 일정을 잡으려고 합니다.

N3 見本を送る

견본을 보내다

新しい商品の見本を京都の支店に送ってほしいんです。

새 상품의 견본을 교토 지점으로 보내 주었으면 합니다.

N3 持ち運びが楽だ

가지고 다니기 편하다

このノートパソコンは軽いので、持ち運びが楽だ。

이 노트북은 가벼워서 휴대가 간편하다.

N3 役割を持つ

역할을 맡다

公立の図書館は、多くの人々に読書のきっかけを与える役割を持っている。

공립 도서관은 많은 사람들에게 독서의 계기를 만들어 주는 역할을 하고 있다.

N3 用事が入る

용무가 생기다, 볼일이 생기다

急な用事が入ってパーティーに行けなくなった。

급한 볼일이 생겨 파티에 갈 수 없게 되었다.

N3 予定に入れる

일정에 넣다

明日、私との打ち合わせを予定に入れておいてください。

내일 저와의 미팅을 일정에 넣어 두세요.

N3 予約を取り消す

예약을 취소하다

予約を取り消す場合、キャンセル料がかかります。

예약을 취소하는 경우, 취소 수수료가 부과됩니다.

N3 話題になる

화제가 되다

低炭水化物ダイエットが話題になっている。

저탄수화물 다이어트가 화제가 되고 있다.

N2 **赤字が続く** 적자가 계속되다

毎年赤字が続いて、事業をやめるしかない。

매년 적자가 계속되어 사업을 그만둘 수밖에 없다.

N2 **圧力をかける** 압력을 가하다

急に会社から辞めるように圧力をかけられて、そのことを知人に相談した。

갑자기 회사로부터 그만두라는 압력을 받아, 그 일을 지인에게 상의했다.

N2 **アドバイスを受ける** 조언을 받다

経営の専門家のアドバイスを受けて、売上が上がった。

경영 전문가의 조언을 받고 매출이 올랐다.

N2 **後を継ぐ** 뒤를 잇다, 후계자가 되다

両親は、息子に病院の後を継いで医者になってほしいと思っているようだ。

부모는, 아들이 병원의 후계자가 되어 의사가 되기를 바라는 것 같다.

N2 **意見を尊重する** 의견을 존중하다

コミュニケーションは、相手の意見を尊重することから始まる。

커뮤니케이션은 상대방의 의견을 존중하는 것으로부터 시작된다.

N2 **イベントを企画する** 이벤트를 기획하다

この大学では創立３０周年を記念し、イベントを企画している。

이 대학에서는 창립 30주년을 기념해 이벤트를 기획하고 있다.

N2 **インパクトが足りない** 임팩트가 부족하다, 호소력이 약하다

政府が発表した経済政策はインパクトが足りない。

정부가 발표한 경제 정책은 임팩트가 부족하다.

N2 打(う)ち合(あ)わせをする

협의를 하다, 사전 미팅을 하다

試合直前(しあいちょくぜん)に打(う)ち合(あ)わせをしようと、選手(せんしゅ)たちはコーチのもとに集(あつ)まった。

경기 직전에 회의를 하려고, 선수들은 코치 쪽으로 모였다.

N2 売(う)り上(あ)げが伸(の)びる

매출이 늘다

デパートの販売状況(はんばいじょうきょう)を見(み)ると、高級品(こうきゅうひん)を中心(ちゅうしん)に売(う)り上(あ)げが伸(の)びている。

백화점 판매 상황을 보면 고급품을 중심으로 매출이 늘고 있다.

N2 お金(かね)をやり取(と)りする

돈을 주고받다

スマホで手軽(てがる)にお金(かね)をやり取(と)りできるようになった。

스마트폰으로 간편하게 돈을 주고받을 수 있게 되었다.

N2 お辞儀(じぎ)をする

(정중하게) 인사하다

店(みせ)の店員(てんいん)は客(きゃく)に丁寧(ていねい)にお辞儀(じぎ)をした。

가게 점원은 손님에게 정중하게 인사를 했다.

N2 お取(と)り寄(よ)せになる

주문하여 가져오게 되다

▶ 상품이 가게에 없어서 주문하고 나중에 받는 것을 말해요.

在庫(ざいこ)がありませんので、お取(と)り寄(よ)せになりますが、よろしいでしょうか。

재고가 없기 때문에 주문을 해야 하는데 괜찮으시겠습니까?

N2 折(お)り返(かえ)し電話(でんわ)する

바로 다시 전화하다

今会議中(いまかいぎちゅう)なので、終(お)わり次第(しだい)こちらから折(お)り返(かえ)しお電話(でんわ)いたします。

지금 회의 중이니 끝나는 대로 저희 쪽에서 바로 전화드리겠습니다.

N2 会社(かいしゃ)が倒(たお)れる

회사가 쓰러지다, 회사가 도산하다

経営(けいえい)が悪化(あっか)し、いつ会社(かいしゃ)が倒(たお)れるか分(わ)からない状態(じょうたい)だ。

경영이 악화되어 언제 회사가 쓰러질지 모르는 상태다.

N2 **会社がつぶれる** 회사가 망하다

父の会社がつぶれて、何年も苦しい生活が続いた。

아버지 회사가 망해서 몇 년이나 힘든 생활이 이어졌다.

N2 **買い物客を呼び込む** 쇼핑객을 불러들이다

この商店街では、買い物客を呼び込むために、駐車場の整備を行っている。

이 상가에서는 쇼핑객을 끌어들이기 위해 주차장 정비를 하고 있다.

N2 **家業を継ぐ** 가업을 잇다, 가업을 계승하다

家業を継ぎたくないけど、親に今まで迷惑かけてきたので強く言えない。

가업을 잇고 싶지 않지만, 부모에게 지금까지 폐를 끼쳤기 때문에 강하게 말할 수가 없다.

N2 **機会を与える** 기회를 주다

今回研修の機会を与えてくださって、本当にありがとうございました。

이번에 연수의 기회를 주셔서 정말 고마웠습니다.

N2 **企画を練る** 기획을 짜다, 기획을 구상하다

開発されたばかりの新素材を使って、新製品の企画を練ってほしい。

막 개발된 신소재를 사용하여, 신제품 기획을 짰으면 좋겠다.

N2 **技術を磨く** 기술을 연마하다

料理人は普段からお客様が喜ぶ料理を作ろうと、日々調理の技術を磨いている。

요리사는 평소부터 손님이 좋아하는 요리를 만들기 위해, 매일 조리 기술을 연마하고 있다.

N2 **疑問を抱く** 의문을 품다

周囲がサービス残業をしているような状況に疑問を抱かない人が多いらしい。

주위가 서비스 잔업(무보수 야근)을 하고 있는 상황에 의문을 품지 않는 사람이 많은 모양이다.

N2 **行列(ぎょうれつ)ができる** 행렬이 만들어지다, 줄 서다

駅前(えきまえ)のラーメン屋(や)はいつも長(なが)い行列(ぎょうれつ)ができている。

역 앞의 라면집은 항상 길게 줄을 서 있다.

N2 **クレームが出(で)る** 불평이 나오다

できる限(かぎ)りクレームが出(で)ないように仕事(しごと)をしたい。

가능한 한 클레임이 나오지 않도록 일을 하고 싶다.

N2 **経費(けいひ)を抑(おさ)える** 경비를 억제하다, 경비를 줄이다

無駄(むだ)な経費(けいひ)を抑(おさ)えて利益(りえき)を増(ふ)やしたい。

불필요한 경비를 줄이고 이익을 늘리고 싶다.

N2 **結果(けっか)を招(まね)く** 결과를 초래하다

何(なに)も考(かんが)えずにやったことが、最悪(さいあく)の結果(けっか)を招(まね)いてしまった。

아무 생각 없이 한 일이 최악의 결과를 초래하고 말았다.

N2 **減少傾向(げんしょうけいこう)にある** 감소 추세에 있다, 감소하는 경향을 보이다

米(こめ)の消費量(しょうひりょう)が年々(ねんねん)減少傾向(げんしょうけいこう)にあるという。

쌀 소비량이 해마다 감소하는 경향을 보이고 있다고 한다.

N2 **効果(こうか)が持続(じぞく)する** 효과가 지속되다

このスプレーは、約(やく)２４時間(にじゅうよじかん)効果(こうか)が持続(じぞく)し、室内(しつない)の蚊(か)を駆除(くじょ)します。

이 스프레이는 약 24시간 효과가 지속되어 실내 모기를 없앱니다.

N2 **効果(こうか)をあげる** 효과를 거두다

今(いま)までの少子化対策(しょうしかたいさく)は十分(じゅうぶん)な効果(こうか)をあげていない。

지금까지의 저출산 대책은 충분한 효과를 거두지 못하고 있다.

N2 広告が載る
광고가 실리다

ウェブサイトやSNSにはたくさんの広告が載っている。

웹사이트와 SNS에는 많은 광고가 실려 있다.

N2 コネを使う
연줄을 쓰다, 커넥션을 활용하다

彼は父親のコネを使ってこの会社に入ったらしい。

그는 아버지의 연줄을 이용하여 이 회사에 들어왔다는 것 같다.

N2 最優先で取り組む
최우선적으로 대처하다

災害に備えた避難施設の整備は、最優先で取り組むべき課題である。

재해에 대비한 피난 시설의 정비는, 최우선으로 대처해야 할 과제다.

N2 先に延ばす
뒤로 미루다

農場の見学は、天候不良のため１週間先に延ばすことにしました。

농장 견학은 기상 악화 때문에 1주일 뒤로 미루기로 했습니다.

N2 作業を切り上げる
작업을 일단락 짓다

今日はこの辺で作業を切り上げて、後は明日に回しましょう。

오늘은 이쯤에서 작업을 일단락 짓고 나머지는 내일로 넘깁시다.

N2 雑誌を発刊する
잡지를 발간하다

雑誌を発刊するにあたって、名前を一般から募集することにした。

잡지를 발간할 때에, 이름을 일반인들로부터 모집하기로 했다.

N2 シェアを占める
점유율을 차지하다, 점유하다

この製品は、世界市場の４０％以上のシェアを占めている。

이 제품은 세계 시장의 40% 이상의 점유율을 차지하고 있다.

N2 **四捨五入(ししゃごにゅう)する** 사사오입하다, 반올림하다

給料(きゅうりょう)を払(はら)うとき、100円単位(ひゃくえんたんい)は四捨五入(ししゃごにゅう)することになっている。

급여를 지불할 때, 100엔 단위는 반올림하도록 되어 있다.

N2 **時代遅(じだいおく)れ** 시대에 뒤떨어짐

そのような考(かんが)えは時代遅(じだいおく)れなので見直(みなお)した方(ほう)がいいでしょう。

그런 생각은 시대에 뒤떨어진 것이기 때문에 재검토하는 편이 좋을 것입니다.

N2 **指摘(してき)を受(う)ける** 지적을 받다

事業(じぎょう)の推進方式(すいしんほうしき)に問題(もんだい)があるという指摘(してき)を受(う)け、事業(じぎょう)は中止(ちゅうし)となった。

사업 추진 방식에 문제가 있다는 지적에 따라 사업이 중단되었다.

N2 **借金(しゃっきん)を抱(かか)える** 빚을 지다, 빚을 끌어안다

彼(かれ)は借金(しゃっきん)を抱(かか)えて苦(くる)しい生活(せいかつ)をしている。

그는 빚을 지고 괴로운 생활을 하고 있다.

N2 **収拾(しゅうしゅう)がつかない** 수습이 되지 않다

会議(かいぎ)は、両者(りょうしゃ)の意見(いけん)が激(はげ)しく対立(たいりつ)して、収拾(しゅうしゅう)がつかなくなった。

회의는 양측의 의견이 팽팽히 맞서 수습할 수 없게 되었다.

N2 **収入(しゅうにゅう)を得(え)る** 수입을 얻다

農作物(のうさくぶつ)の収穫(しゅうかく)は天候(てんこう)に左右(さゆう)されやすく、十分(じゅうぶん)な収入(しゅうにゅう)を得(え)るのは難(むずか)しい。

농작물의 수확은 날씨에 좌우되기 쉬워서, 충분한 수입을 얻기는 어렵다.

N2 **需要(じゅよう)が高(たか)い** 수요가 많다

この製品(せいひん)は需要(じゅよう)が高(たか)く、生産(せいさん)が追(お)いつかない状態(じょうたい)である。

이 제품은 수요가 많아서 생산이 따라가지 못하는 상태다.

N2 **シュレッダーにかける** 슈레더로 파쇄하다, 문서 세단기에 넣다

シュレッダーにかけた紙(かみ)は、「燃(も)えるごみ」に出(だ)してください。

문서 세단기에서 나온 종이는 '타는 쓰레기'로 배출해 주세요.

N2 **職(しょく)を失(うしな)う** 실직하다, 직장을 잃다

不景気(ふけいき)で職(しょく)を失(うしな)う人(ひと)が増(ふ)えている。

불경기로 일자리를 잃는 사람이 늘고 있다.

N2 **ショックを吸収(きゅうしゅう)する** 충격을 흡수하다

このシューズは、ショックを吸収(きゅうしゅう)して足(あし)への負担(ふたん)を減(へ)らしてくれます。

이 신발은 충격을 흡수하여 다리로 가는 부담을 줄여 줍니다.

N2 **資料(しりょう)を配布(はいふ)する** 자료를 배포하다

地震(じしん)や火災(かさい)など、安全対策(あんぜんたいさく)に関(かん)する資料(しりょう)が配布(はいふ)された。

지진이나 화재 등 안전 대책에 관한 자료가 배포되었다.

N2 **人員(じんいん)を減(へ)らす** 인원을 줄이다

業績(ぎょうせき)の悪化(あっか)で、人員(じんいん)を減(へ)らして人件費(じんけんひ)を減(へ)らそうとしている。

실적 악화로, 인원을 줄여 인건비를 줄이려 하고 있다.

N2 **人材(じんざい)を求(もと)める** 인재를 모집하다, 인재를 원하다

当社(とうしゃ)は、チャレンジ精神旺盛(せいしんおうせい)な人材(じんざい)を求(もと)めています。

저희 회사는 도전 정신이 왕성한 인재를 원합니다.

N2 **スマホが普及(ふきゅう)する** 스마트폰이 보급되다

スマホが普及(ふきゅう)し、何(なん)でも直(す)ぐ調(しら)べられて便利(べんり)になった。

스마트폰이 보급되어 무엇이든 바로 알아볼 수 있어 편리해졌다.

N2 **生活習慣(せいかつしゅうかん)が乱(みだ)れる** 생활 습관이 흐트러지다

家(いえ)で過(す)ごす時間(じかん)が増(ふ)えると、どうしても生活習慣(せいかつしゅうかん)が乱(みだ)れてしまう。

집에서 보내는 시간이 늘어나면 아무래도 생활 습관이 흐트러진다.

N2 **生活費(せいかつひ)を節約(せつやく)する** 생활비를 절약하다

生活費(せいかつひ)を節約(せつやく)するためには、どんな支出(ししゅつ)があるのかを知(し)る必要(ひつよう)がある。

생활비를 절약하기 위해서는, 어떤 지출이 있는지 알 필요가 있다.

N2 **生産(せいさん)を中止(ちゅうし)する** 생산을 중지하다

部品調達(ぶひんちょうたつ)ができなくなったため、当分(とうぶん)生産(せいさん)を中止(ちゅうし)します。

부품 조달이 불가능해졌기 때문에 당분간 생산을 중지합니다.

N2 **設備(せつび)が整(ととの)う** 설비가 갖추어지다

この練習場(れんしゅうじょう)は、夕方以降(ゆうがたいこう)も練習(れんしゅう)できるように照明設備(しょうめいせつび)が整(ととの)っている。

이 훈련장은 저녁 이후에도 훈련할 수 있도록 조명 시설이 갖춰져 있다.

N2 **説明会(せつめいかい)を実施(じっし)する** 설명회를 실시하다

来週(らいしゅう)から、来年(らいねん)３月(さんがつ)の卒業予定者(そつぎょうよていしゃ)を対象(たいしょう)に、会社説明会(かいしゃせつめいかい)を実施(じっし)いたします。

다음 주부터 내년 3월 졸업 예정자를 대상으로 회사 설명회를 실시합니다.

N2 **先頭(せんとう)に立(た)つ** 선두에 서다, 앞장서다

彼(かれ)には先頭(せんとう)に立(た)って周(まわ)りを引(ひ)っ張(ぱ)っていける能力(のうりょく)がある。

그에게는 앞장서서 주위를 끌고 갈 수 있는 능력이 있다.

N2 **増減(ぞうげん)を繰(く)り返(かえ)す** 증감을 반복하다

この町(まち)の児童人口(じどうじんこう)は増減(ぞうげん)を繰(く)り返(かえ)している。

이 마을의 아동 인구는 증감을 반복하고 있다.

N2 **対策を取る** 대책을 세우다

交通安全にもっと関心を持って対策を取らなければならない。

교통안전에 좀더 관심을 갖고 대책을 세워야 한다.

N2 **妥協点を見つける** 타협점을 찾다

互いに譲り合い、納得できる妥協点を見つけた。

서로 양보하고 납득할 수 있는 타협점을 찾았다.

N2 **知恵を絞る** 지혜를 짜내다

物価が上がっても給与は上がらず、知恵を絞って節約している。

물가가 올라도 급여는 오르지 않아서, 지혜를 짜내서 절약하고 있다.

N2 **力を発揮する** 힘을 발휘하다, 실력을 발휘하다

人は、夢中になると思わぬ力を発揮するようになる。

사람은 열중하면 생각지 못한 힘을 발휘하게 된다.

N2 **賃金を引き上げる** 임금을 인상하다

労働組合は、賃金を引き上げるように主張しつづけている。

노조는 임금을 인상하라고 계속 주장하고 있다.

N2 **手入れをする** 손질을 하다

仕事で忙しいので、専門の業者に庭の手入れをしてもらっている。

일 때문에 바빠서, 전문업체에 정원 손질을 맡기고 있다.

N2 **データを取る** 데이터를 확보하다

調査方法を変え、正確なデータを取ることに成功した。

조사 방법을 바꾸어 정확한 데이터를 확보하는 데 성공했다.

N2 **トラブルを起こす** 문제를 일으키다, 트러블을 일으키다

職場でトラブルを起こす人は、またトラブルを起こすケースが多いらしい。

직장에서 트러블을 일으키는 사람은 또 트러블을 일으키는 경우가 많은 모양이다.

N2 **内容を取り入れる** 내용을 도입하다

コンピューターなどの新しい教育内容を取り入れるのは当然の流れだ。

컴퓨터 등의 새로운 교육 내용을 도입하는 것은 당연한 흐름이다.

N2 **ニーズに応える** 요구에 부응하다

社会のニーズに応えられる広い視野を持った人材を育てたい。

사회의 요구에 부응할 수 있는 넓은 시야를 가진 인재를 육성하고 싶다.

N2 **日程を確認する** 일정을 확인하다

講習会への参加を希望する人は、日程を確認してから申し込んでください。

강습회 참가를 희망하는 사람은 일정을 확인하고 나서 신청해 주십시오.

N2 **荷物を載せる** 짐을 싣다

トラックに最大積載量を超えた荷物を載せて走行するのは、法律違反だ。

트럭에 최대 적재량을 초과한 짐을 싣고 주행하는 것은 법률 위반이다.

N2 **値上げをする** 값을 올리다

原料の価格が上がり、商品の値上げをせざるをえない。

원료 가격이 올라 상품 가격을 인상할 수밖에 없다.

N2 **値段が上下する** 가격이 오르내리다

農業において、野菜は不作か豊作かで値段が上下するリスクがある。

농업에 있어서 채소는 흉작인지 풍작인지에 따라 가격이 오르내리는 위험 요인이 있다.

N2 **パスワードを設定(せってい)する** 패스워드를 설정하다

サイトごとに違(ちが)ったパスワードを設定(せってい)することをお勧(すす)めします。

사이트마다 다른 비밀번호를 설정할 것을 권합니다.

N2 **話(はなし)を進(すす)める** 대화를 진행하다, 대화를 추진하다

道路(どうろ)の建設(けんせつ)のために、地域住民(ちいきじゅうみん)と話(はなし)を進(すす)めている。

도로 건설을 위해 지역 주민과 대화를 진행하고 있다.

N2 **幅(はば)を広(ひろ)げる** 폭을 넓히다

新商品(しんしょうひん)の開発(かいはつ)を成功(せいこう)させて、製品(せいひん)の幅(はば)を広(ひろ)げる。

신상품 개발을 성공시켜 제품의 폭을 넓힌다.

N2 **犯人(はんにん)を捕(つか)まえる** 범인을 잡다

警察(けいさつ)は詐欺事件(さぎじけん)の犯人(はんにん)を捕(つか)まえた。

경찰은 사기 사건의 범인을 체포했다.

N2 **反応(はんのう)を見(み)る** 반응을 보다

少量(しょうりょう)の製品(せいひん)を出(だ)して、市場(しじょう)の反応(はんのう)を見(み)ることにした。

소량의 제품을 내놓고 시장의 반응을 보기로 했다.

N2 **判(はん)を押(お)す** 도장을 찍다

この書類(しょるい)に必要事項(ひつようじこう)を記入(きにゅう)し、判(はん)を押(お)して提出(ていしゅつ)してください。

이 서류에 필요 사항을 기입한 후 도장을 찍어 제출하십시오.

N2 **ビジネスを立(た)ち上(あ)げる** 사업을 시작하다, 창업하다

この村(むら)は、観光客(かんこうきゃく)を対象(たいしょう)とする新(あたら)しいビジネスを立(た)ち上(あ)げ、成功(せいこう)した。

이 마을은 관광객을 대상으로 하는 새로운 사업을 시작해 성공했다.

N2 人手が足りない
일손이 부족하다

人手が足りないので、アルバイトを募集することにした。

일손이 모자라서 아르바이트를 모집하기로 했다.

N2 費用がかかる
비용이 들다

保証書の記載の範囲を超えた修理に関しては、費用がかかります。

보증서의 기재 범위를 초과한 수리에 관해서는 비용이 듭니다.

N2 評判がいい
평판이 좋다

このレストランは評判がよくて、予約しないと入れない。

이 레스토랑은 평판이 좋아서 예약하지 않으면 들어갈 수 없다.

N2 品質を維持する
품질을 유지하다

コストを減らしながら、同等の品質を維持するのは、容易ではない。

비용을 줄이면서 동등한 품질을 유지하는 것은 쉽지 않다.

N2 普及が進む
보급이 진행되다

予想を上回るペースで電気自動車の普及が進んでいる。

예상을 웃도는 페이스로 전기차의 보급이 진행되고 있다.

N2 負担をかける
부담을 주다

親に経済的な負担をかけないようにバイトをしています。

부모에게 경제적인 부담을 주지 않도록 아르바이트를 하고 있습니다.

N2 ポイントを置く
중점을 두다

新しいスマートフォンは、カメラ機能にポイントを置いているそうだ。

새 스마트폰은 카메라 기능에 중점을 두고 있다고 한다.

N2 誇(ほこ)りに思(おも)う
자랑으로 여기다

この団体(だんたい)の会員(かいいん)であることを誇(ほこ)りに思(おも)います。

이 단체의 회원이라는 것이 자랑스럽습니다.

N2 まとめて買(か)う
묶음으로 사다

商品(しょうひん)を5点(ごてん)まとめて買(か)うと安(やす)くなります。

상품을 5개 묶어서 사면 저렴해집니다.

N2 真(ま)に受(う)ける
정말로 믿다, 곧이듣다

冗談(じょうだん)を真(ま)に受(う)けると傷(きず)つくことが増(ふ)える。

농담을 곧이곧대로 받으면 상처받는 일이 늘어난다.

N2 丸(まる)く収(おさ)まる
원만하게 해결되다

酒(さけ)の席(せき)での騒(さわ)ぎは、相手(あいて)が謝罪(しゃざい)してきたので丸(まる)く収(おさ)まった。

술자리에서 벌어진 소동은 상대방이 사과해 왔기 때문에 원만하게 해결되었다.

N2 ミスをする
실수를 하다

人(ひと)はミスをする。しかし、大事(だいじ)なことはその後(あと)どう対応(たいおう)するかだ。

사람은 실수를 한다. 그러나 중요한 것은 그 후 어떻게 대응할 것인가이다.

N2 見積(みつ)もりを出(だ)す
견적을 내다

複数(ふくすう)の業者(ぎょうしゃ)から見積(みつ)もりを出(だ)してもらい、価格(かかく)やサービス内容(ないよう)を比較(ひかく)する。

여러 업체로부터 견적을 받아 가격이나 서비스 내용을 비교한다.

N2 実(み)を結(むす)ぶ
열매를 맺다

長年(ながねん)の苦労(くろう)がついに実(み)を結(むす)んで、新薬開発(しんやくかいはつ)に成功(せいこう)した。

오랜 노고가 마침내 결실을 맺어 신약 개발에 성공했다.

N2 **無駄を省く** 낭비를 없애다, 낭비를 줄이다

生産性を落とす無駄を省いて業務の効率化を図る。

생산성을 떨어뜨리는 낭비를 줄여 업무의 효율화를 도모한다.

N2 **面接を通る** 면접을 통과하다

転職の際、面接を通るためには、転職理由をどう伝えるのかも大事だ。

이직할 때, 면접을 통과하기 위해서는 이직 사유를 어떻게 전달하느냐도 중요하다.

N2 **役目を果たす** 역할을 다하다, 임무를 완수하다

照明は、部屋の雰囲気を決めるのに重要な役目を果たしている。

조명은 방의 분위기를 결정하는 데 중요한 역할을 하고 있다.

N2 **役割を果たす** 역할을 다하다, 임무를 완수하다

笑顔は心と体の健康に大事な役割を果たしているらしい。

웃는 얼굴은 몸과 마음의 건강에 중요한 역할을 하고 있다는 것 같다.

N2 **やるだけはやる** 할 만큼은 하다, 최선을 다하다

指示のとおりにやるだけはやったが、いい結果が出るかどうか自信がない。

지시대로 할 만큼은 했지만 좋은 결과가 나올지 어떨지 자신이 없다.

N2 **予想を上回る** 예상을 웃돌다, 예상을 상회하다

新しいパソコンは人気があって、発売日から予想を上回る売れ行きである。

새 PC는 인기가 있어서 출시일부터 예상을 뛰어넘는 판매량이다.

N2 **話題を呼ぶ** 화제를 부르다, 화제를 모으다

ある家族の生活を記録した映画が話題を呼んでいる。

어느 가족의 생활을 기록한 영화가 화제를 모으고 있다.

N1 愛顧を賜る
아껴 주다, 보살펴 주다, 성원해 주다

平素は格別のご愛顧を賜りまして、心よりお礼申し上げます。

평소 각별한 성원을 보내 주셔서 진심으로 감사의 말씀을 드립니다.

N1 隘路がある
애로가 있다, 장애가 되는 것이 있다

駅前商店街の活性化は、様々な隘路があり、なかなか進まない。

역 앞 상가의 활성화는 여러 가지 애로가 있어서 좀처럼 진행되지 않는다.

N1 当たってみる
부딪혀 보다, 시도해 보다

安いチケットを探すため、いくつかの予約サイトに当たってみた。

저렴한 티켓을 찾기 위해 몇몇 예약 사이트에 시도해 보았다.

N1 アップする
오르다, 향상되다

働きやすい環境を作ることにより、会社の業績もアップする。

일하기 좋은 환경을 조성함으로써 회사의 실적도 향상된다.

N1 危なげなく演じる
무난하게 연기하다

主演女優は、悲劇のヒロインをまったく危なげなく演じていた。

주연 여배우는 비극의 여주인공을 아주 무난하게 연기하고 있었다.

N1 アポを取る
약속을 잡다

▶ アポ는 アポイントメント의 줄임 말이에요.

取引先の担当者に会いに行くときは、必ずアポを取ってください。

거래처 담당자를 만나러 갈 때는 반드시 약속을 잡으세요.

N1 歩みを刻む
발자취를 새기다

当社は５０年の歩みを刻んできました。

당사는 50년의 발자취를 새겨 왔습니다.

N1 **安直に考える** 안이하게 생각하다, 가볍게 생각하다

ストレスが低い職場がよい職場だと安直に考えてはいけない。

스트레스가 낮은 직장이 좋은 직장이라고 안이하게 생각해서는 안 된다.

N1 **暗黙のルール** 암묵적인 규칙

電車では、「降りる人が優先」というのが暗黙のルールである。

전철에서는 '내리는 사람이 우선'이라는 것이 암묵적인 규칙이다.

N1 **いい値段だ** 가격이 비싸다

このネクタイ、やっぱりブランド品だけあっていい値段だね。

이 넥타이, 역시 명품인 만큼 가격이 비싸군.

N1 **勢いが弱まる** 기세가 약해지다

政府は、国内における景気回復の勢いが弱まっているとの評価を出した。

정부는 국내의 경기 회복세가 약화되고 있다는 평가를 내놓았다.

N1 **育児と仕事を両立する** 육아와 일을 병행하다

育児と仕事を両立させるのはかなり大変なことだ。

육아와 일을 양립시키는 것은 상당히 힘든 일이다.

N1 **一丸となる** 하나가 되다, 혼연일체가 되다

我が社では、業務の効率化を図るため、社員一丸となって努力しています。

우리 회사에서는, 업무의 효율화를 도모하기 위해, 사원이 하나가 되어 노력하고 있습니다.

N1 **意図を捉える** 의도를 이해하다

面接官の質問の意図を捉えて回答を行うことは、容易なことではない。

면접관의 질문 의도를 파악하여 답변을 하는 것은 쉬운 일이 아니다.

N1 インチキなやり方 사기 수법

あの人はインチキなやり方で莫大な利益を上げた。

그 사람은 사기 수법으로 막대한 이익을 올렸다.

N1 インパクトに欠ける 임팩트가 부족하다

お菓子はあまりにも定番ギフトなので、インパクトに欠ける気がする。

과자는 너무 일반적인 선물이라, 임팩트가 부족하다는 느낌이 든다.

N1 裏目に出る 엉뚱한 결과가 되다, 역효과가 나다

積極的な多角化が裏目に出て経営不振に陥った企業も多い。

적극적인 다각화가 엉뚱한 결과로 나타나 경영 부진에 빠진 기업도 많다.

N1 売上が伸び悩む 매출이 늘지 않다, 매출이 주춤하다

長引く不況の影響により、店の売上が伸び悩んでいる。

계속되는 불황 여파로 가게 매출이 주춤하고 있다.

N1 映画を堪能する 영화를 즐기다

この映画館では、国内最大のスクリーンで映画を堪能できる。

이 극장에서는 국내 최대의 스크린으로 영화를 감상할 수 있다.

N1 円滑に進む 원활히 진행되다

交渉が円滑に進み、無事に契約することができた。

협상이 원활히 진행되어 무사히 계약할 수 있었다.

N1 お買い上げ 구매하심

当店では現金でお買い上げの方には一割引にいたします。

저희 매장에서는 현금으로 구매하시는 분께는 10% 할인해 드립니다.

N1 **押し売りをする**

おし うり

강매하다

年寄りに高額請求をしたり押し売りをするなど、悪質商売が増えている。

とし よ こうがくせいきゅう おし う あくしつしょうばい ふ

노인을 상대로 고액 청구를 하거나 강매를 하는 등 악질적인 판매가 늘고 있다.

N1 **会計処理が捗る**

かい けい しょ り はかど

회계 처리가 순조롭게 되어 가다

会計処理が捗って週末には税理士さんに届けられそうだ。

かいけいしょり はかど しゅうまつ ぜいりし とど

회계 처리가 순조롭게 진행되어 주말에는 세무사에게 전달할 수 있을 것 같다.

N1 **解決の糸口**

かい けつ いと ぐち

해결의 실마리

その事件はまだ解決の糸口が見つかってはいない。

じ けん かいけつ いとぐち み

그 사건은 아직 해결의 실마리가 발견되지 않고 있다.

N1 **開発に着手する**

かい はつ ちゃく しゅ

개발에 착수하다

各部署から人材を出して本格的な製品開発に着手することになった。

かく ぶ しょ じんざい だ ほんかくてき せいひんかいはつ ちゃくしゅ

각 부서에서 인력을 내보내 본격적인 제품 개발에 착수하게 되었다.

N1 **価格が高騰する**

か かく こう とう

가격이 많이 오르다

世界的な建築需要の高まりによって木材価格が高騰している。

せ かいてき けんちくじゅよう たか もくざい か かく こうとう

세계적인 건축 수요가 높아지면서 목재 가격이 많이 오르고 있다.

N1 **価格を抑える**

か かく おさ

가격을 억제하다

厳しい競争に生き残るには、価格を抑える必要がある。

きび きょうそう い のこ か かく おさ ひつよう

치열한 경쟁에서 살아남으려면 가격을 억제할 필요가 있다.

N1 **格差を是正する**

かく さ ぜ せい

격차를 시정하다

経済格差を是正するために社会保障や租税などの再分配制度がある。

けいざいかく さ ぜ せい しゃかい ほ しょう そ ぜい さいぶんぱいせい ど

경제 격차를 시정하기 위해서 사회보장이나 조세 등의 재분배 제도가 있다.

N1 加工を施す
か こう ほどこ

가공을 하다

このカーペットには撥水加工を施しておりますので、汚れにくいです。
はっすい か こう ほどこ　　　　　　　　　よご

이 카펫에는 방수 가공이 되어 있어서 잘 더러워지지 않습니다.

N1 箇条書きにする
か じょう が

조목별로 쓰다, 항목별로 쓰다

社員は要求を箇条書きにして、待遇改善を会社に求めた。
しゃいん ようきゅう か じょう が　　　　　たいぐうかいぜん　　かいしゃ　もと

사원들은 요구를 항목별로 적어서 처우 개선을 회사에 요구했다.

N1 カスタマイズする

주문 제작하다, 원하는 대로 맞추다

色やデザインをカスタマイズして、自分の好みの家具を作ってもらった。
いろ　　　　　　　　　　　　　　じ ぶん この　　か ぐ つく

색깔과 디자인을 맞춤 제작하여, 자신의 취향에 맞는 가구를 만들었다.

N1 環境が一変する
かん きょう いっ ぺん

환경이 아주 달라지다

引っ越しで生活環境が一変した。
ひ こ　　　せいかつかんきょう　いっぺん

이사로 생활 환경이 완전히 달라졌다.

N1 完成にこぎつける
かん せい

완성되기에 이르다

新しい工場は、当初の目標よりも1か月ほど早く完成にこぎつけた。
あたら　　こうじょう　　とうしょ もくひょう　　　いっ げつ　　はや　かんせい

새 공장은 당초 목표보다 한 달가량 빨리 완공에 이르렀다.

N1 期限を過ぎる
き げん す

기한을 넘기다

うっかり忘れて申告の期限を過ぎないように注意しましょう。
わす　　しんこく　き げん す　　　　　　ちゅう い

깜빡 잊고 신고 기한을 넘기지 않도록 주의합시다.

N1 期待が膨らむ
き たい ふく

기대가 커지다

政府の景気対策により、経済回復への期待が膨らんでいる。
せい ふ　けい き たいさく　　　　けいざいかいふく　　き たい ふく

정부의 경기 부양으로 경제 회복에 대한 기대가 커지고 있다.

N1 軌道に乗る
궤도에 오르다

開業３年目になって、やっと事業が軌道に乗ってきた。

개업 3년째가 돼서야 사업이 궤도에 올랐다.

N1 機動力に富む
기동력이 뛰어나다

機動力に富んだ当社の警備員が、施設の安全を守ります。

기동력이 뛰어난 당사의 경비원이 시설의 안전을 지킵니다.

N1 機能を満載する
기능을 가득 탑재하다

今回発売されたスマホは、多彩な機能を満載し、使い勝手がいい。

이번에 출시된 스마트폰은 다양한 기능을 가득 탑재하여 사용하기 편리하다.

N1 業界随一
업계 제일

この分野での当社の技術力は、業界随一を誇ると自負しております。

이 분야에서의 당사의 기술력은 업계 제일을 자랑한다고 자부하고 있습니다.

N1 業績が悪化する
실적이 악화되다

新型コロナウイルス感染拡大の影響で、業績が悪化した企業が多い。

신종 코로나바이러스 감염증 확산의 영향으로 실적이 악화된 기업이 많다.

N1 業績が上向く
실적이 향상되다

新製品がヒットし、業績が上向き始めた。

신제품이 히트를 치면서 실적이 오르기 시작했다.

N1 業績が落ち込む
실적이 나빠지다

客が減少し、業績が落ち込んでいる今、経営の改善が必要です。

고객이 감소하여 실적이 침체된 지금, 경영 개선이 필요합니다.

N1 業績が低迷する
실적이 부진하다

不景気の影響によって消費が落ち込み、業績が低迷している。

불경기의 여파로 소비가 침체되어 실적이 부진하다.

N1 拠点を設ける
거점을 마련하다

事業拡大の一環として、ロンドンにビジネス拠点を設けた。

사업 확대의 일환으로 런던에 비즈니스 거점을 마련했다.

N1 岐路に立つ
기로에 서다

農業人口の高齢化や減少で、日本の農業は大きな岐路に立っている。

농업 인구의 고령화와 감소로 일본의 농업은 큰 기로에 서 있다.

N1 経営が波に乗る
경영이 물살을 타다

経営が波に乗ってきても、むやみに人数を増やすのは避けるべきだ。

경영이 물살을 타기 시작해도 무작정 인원을 늘리는 것은 피해야 한다.

N1 経営を再建する
경영을 재건하다

我が社の経営を再建するためには、子会社を売却するしかない。

우리 회사의 경영을 재건하기 위해서는 자회사를 매각하는 수밖에 없다.

N1 計画に盛り込む
계획에 반영하다

ご意見を参考にし、来年度の計画に盛り込んでいきたいと思います。

의견을 참고하여 내년도 계획에 반영해 나가려고 합니다.

N1 傾向が見られる
경향이 보이다

景気はわずかながら回復傾向が見られる。

경기는 조금이나마 회복세를 보이고 있다.

N1 経済に影響する
けい ざい　えい きょう

경제에 영향을 주다

文化や芸術が経済に影響することについて様々な研究が行われている。
ぶん か　げい じゅつ　けい ざい　えい きょう　　　　　　　　　　　　さま ざま　けん きゅう　おこな

문화와 예술이 경제에 영향을 미치는 것에 대한 다양한 연구가 이루어지고 있다.

N1 研究に没頭する
けん きゅう　ぼっ とう

연구에 몰두하다

休む暇もなく研究に没頭し、論文を書き上げた。
やす　ひま　　　　　けん きゅう　ぼっ とう　　　ろん ぶん　か　あ

쉴 틈 없이 연구에 몰두해 논문을 완성했다.

N1 見地から見る
けん ち　　　　み

관점에서 보다

統計的な見地から見ると、この調査の結果は納得できない。
とう けい てき　けん ち　　　み　　　　　　　　ちょう さ　けっ か　なっ とく

통계적 관점에서 보면 이 조사 결과는 납득할 수 없다.

N1 検討の余地がある
けん とう　よ ち

검토할 여지가 있다

海外支店の設置については、まだ検討の余地がある。
かい がい し てん　せっ ち　　　　　　　　　　けん とう　よ ち

해외 지점 설치에 대해서는 아직 검토할 여지가 있다.

N1 高級志向が進む
こう きゅう し こう　すす

고급을 지향하게 되다

冷蔵庫やエアコンなどの大型家電の高級志向が進んでいる。
れい ぞう こ　　　　　　　　　　おお がた か でん　こう きゅう し こう　すす

냉장고, 에어컨 등 대형 가전의 고급을 지향하는 경향이 늘고 있다.

N1 構想を練る
こう そう　ね

여러모로 구상하다, 구상을 짜다

彼は起業するために、様々な構想を練っている。
かれ　き ぎょう　　　　　　　　　さま ざま　こう そう　ね

그는 창업하기 위해 여러모로 구상하고 있다.

N1 効率化を図る
こう りつ か　　はか

효율화를 꾀하다

情報システムの導入により、業務の効率化を図ろうとしている。
じょう ほう　　　　　　　どう にゅう　　　　　ぎょう む　こう りつ か　はか

정보 시스템의 도입으로 업무의 효율화를 도모하고 있다.

N1 **顧客を引き付ける** 고객을 끌어들이다
こ きゃく ひ つ

より多くの顧客を引き付けるためには、広告を出す必要がある。
おお こ きゃく ひ つ こうこく だ ひつよう

더 많은 고객을 끌어들이기 위해서는 광고를 낼 필요가 있다.

N1 **コストがかかる** 비용이 들다

店を経営していくためには、様々なコストがかかる。
みせ けいえい さまざま

가게를 운영해 나가려면 다양한 비용이 든다.

N1 **コストを削減する** 비용을 삭감하다
さく げん

コストを削減する方法を見つけるために、コンサルティングを依頼する。
さくげん ほうほう み い らい

비용을 절감할 방법을 찾기 위해 컨설팅을 의뢰한다.

N1 **小回りが利く** 민첩하게 행동하다
こ まわ き

一般的に、中小企業は意思決定が早く小回りが利くといわれている。
いっぱんてき ちゅうしょう き ぎょう い し けってい はや こ まわ き

일반적으로 중소기업은 의사 결정이 빠르고, 민첩하게 행동하는 것으로 알려져 있다.

N1 **在庫を一掃する** 재고를 전부 처리하다
ざい こ いっ そう

在庫を一掃するために大幅な値下げを行う。
ざい こ いっそう おおはば ね さ おこな

재고를 전부 처리하기 위해서 대폭적인 가격 인하를 실시한다.

N1 **採算が取れる** 채산이 맞다
さい さん と

バス会社は、採算が取れないという理由で、路線の廃止を発表した。
がいしゃ さいさん と り ゆう ろ せん はい し はっぴょう

버스 회사는 채산이 맞지 않는다는 이유로 노선 폐지를 발표했다.

N1 **採用が伸びる** 채용이 늘어나다
さい よう の

最近、広告業界で理系採用が伸びているという。
さいきん こうこくぎょうかい り けいさいよう の

최근 광고업계에서 이과 계열의 채용이 늘어나고 있다고 한다.

N1 **先送りにする** 뒤로 미루다

面倒なことは先送りにしてしまいがちだ。

귀찮은 일은 뒤로 미루어 버리기 일쑤다.

N1 **左遷される** 좌천되다

部長は営業成績不振のため、地方の支店へと左遷されることになった。

부장님은 영업 성적 부진으로 지방 지점으로 좌천되게 되었다.

N1 **差別化を図る** 차별화를 꾀하다

競争の激しい市場では、他社との差別化を図る必要がある。

경쟁이 치열한 시장에서는 타사와의 차별화를 도모할 필요가 있다.

N1 **時間を稼ぐ** 시간을 벌다

国は伝染病の拡大を抑え、治療薬の開発まで時間を稼ぐ戦略を発表した。

정부는 전염병 확산을 억제하여, 치료제 개발까지 시간을 버는 전략을 발표했다.

N1 **支給を打ち切る** 지급을 중단하다

退学、休学、留年の際は、奨学金の支給を打ち切ります。

퇴학, 휴학, 유급 시에는 장학금 지급을 중단합니다.

N1 **事業を縮小する** 사업을 축소하다

経営合理化のため、事業を縮小しなければならない。

경영 합리화를 위해 사업을 축소해야 한다.

N1 **事業を多角化する** 사업을 다각화하다

事業を多角化する最大のメリットは、リスクを分散できる点にある。

사업을 다각화하는 가장 큰 장점은 리스크를 분산할 수 있다는 점에 있다.

N1 **資金繰りに詰まる** 자금 융통이 어려워지다

資金は十分なので、資金繰りに詰まることはないだろう。

자금은 충분하기 때문에 자금 융통이 어려워지는 일은 없을 것이다.

N1 **仕事に打ち込む** 일에 몰두하다

彼は仕事に打ち込んで、嫌な出来事を忘れようとしている。

그는 일에 몰두해서 싫은 일을 잊으려 하고 있다.

N1 **仕事をこなす** 일을 잘 처리하다

彼は、ものすごいスピードと集中力で次々に仕事をこなしていった。

그는 엄청난 스피드와 집중력으로 차례차례 일을 처리해 나갔다.

N1 **時代に取り残される** 시대에 뒤처지다

環境の変化に対応できないと、時代に取り残されてしまう危険性がある。

환경 변화에 대응하지 못하면 시대에 뒤처질 위험성이 있다.

N1 **社会保障制度を改革する** 사회보장제도를 개혁하다

少子高齢化に対応できるように社会保障制度を改革する必要がある。

저출산 고령화에 대응할 수 있도록 사회보장제도를 개혁할 필요가 있다.

N1 **弱点を補う** 약점을 보완하다

営業においては、自分の弱点を補うための適切な訓練が必要である。

영업에 있어서는 자신의 약점을 보완하기 위한 적절한 훈련이 필요하다.

N1 **出費がかさむ** 지출이 늘어나다

食費や交際費などで出費がかさんで月末はいつも苦しい。

식비나 교제비 등으로 지출이 늘어나 월말은 늘 괴롭다.

N1 出費(しゅっぴ)を抑(おさ)える　지출을 억제하다

無駄(むだ)な**出費(しゅっぴ)を抑(おさ)えて**貯金(ちょきん)を増(ふ)やしたい。

쓸데없는 지출을 억제하고 저금을 늘리고 싶다.

N1 主導権(しゅどうけん)を握(にぎ)る　주도권을 쥐다

沈黙(ちんもく)には意外(いがい)な効果(こうか)があり、会話(かいわ)の**主導権(しゅどうけん)を握(にぎ)る**手段(しゅだん)にもなりうる。

침묵에는 의외의 효과가 있고 대화의 주도권을 잡는 수단이 될 수도 있다.

N1 商業主義(しょうぎょうしゅぎ)に載(の)せられる　상업주의에 놀아나다

バレンタインチョコなんか**商業主義(しょうぎょうしゅぎ)に載(の)せられて**いるに過(す)ぎないと思(おも)う。

밸런타인 초콜릿 같은 건 상업주의에 놀아나는 것에 지나지 않는다고 생각한다.

N1 状況(じょうきょう)を鑑(かんが)みる　상황을 감안하다

花火大会(はなびたいかい)は、この度(たび)の台風(たいふう)の被害(ひがい)**状況(じょうきょう)を鑑(かんが)み**、中止(ちゅうし)とさせていただきます。

불꽃놀이는 이번 태풍의 피해 상황을 감안하여 중지하도록 하겠습니다.

N1 商店街(しょうてんがい)が寂(さび)れる　상가가 쇠퇴하다

大型商業施設(おおがたしょうぎょうしせつ)が次々(つぎつぎ)にオープンし、昔(むかし)からの**商店街(しょうてんがい)は寂(さび)れて**いく一方(いっぽう)だ。

대형 상업 시설이 속속 문을 열면서 옛 상가는 쇠퇴해 가기만 한다.

N1 常套手段(じょうとうしゅだん)を使(つか)う　상투적인 수단을 쓰다

会社側(かいしゃがわ)は、責任(せきにん)を被害者側(ひがいしゃがわ)に転嫁(てんか)する**常套手段(じょうとうしゅだん)を使(つか)って**いる。

회사 측은 책임을 피해자 측에 전가하는 상투적인 수단을 쓰고 있다.

N1 正念場(しょうねんば)を迎(むか)える　중요한 국면을 맞이하다

合併(がっぺい)に向(む)けた両社(りょうしゃ)の交渉(こうしょう)は**正念場(しょうねんば)を迎(むか)えて**いる。

합병을 위한 양사의 협상은 중대 국면을 맞이하고 있다.

N1 **商品が出回る** 상품이 나돌다

ネットショップで安価なコピー商品が出回っているので、注意が必要だ。

인터넷 쇼핑몰에서 저렴한 복제품이 나돌고 있기 때문에 주의가 필요하다.

N1 **商品を補充する** 상품을 보충하다

売れた分だけ、棚に商品を補充しなければいけない。

팔린 만큼 선반에 상품을 보충해야 한다.

N1 **情報に振り回される** 정보에 휘둘리다

ネットでは情報が溢れ、間違った情報に振り回されることも多い。

인터넷에서는 정보가 넘쳐 나서, 잘못된 정보에 휘둘리는 경우도 많다.

N1 **人材を募る** 인재를 모집하다

当社では、正社員として一緒に働くことのできる人材を募っています。

당사에서는 정규직으로 함께 일할 수 있는 인재를 모집하고 있습니다.

N1 **信頼関係が薄い** 신뢰 관계가 약하다

上司と部下の間の信頼関係が薄いと、部下は本音を言いにくい。

상사와 부하 사이의 신뢰 관계가 약하면, 부하는 속내를 말하기 어렵다.

N1 **ストライキも辞さない** 파업도 불사하다

労使間の交渉がまとまらず、労組側はストライキも辞さない構えだ。

노사 간 협상이 마무리되지 않자 노조 측은 파업도 불사할 태세다.

N1 **スムーズに進む** 순조롭게 진행되다

本社ビルの建設工事はスムーズに進んでいる。

본사 건물의 건설 공사는 순조롭게 진행되고 있다.

N1 生産(せいさん)が難航(なんこう)する
생산이 난항을 겪다

このところの原材料(げんざいりょう)や原油(げんゆ)価格(かかく)の高騰(こうとう)で、部品(ぶひん)の生産(せいさん)が難航(なんこう)している。

최근 원자재와 유가 상승으로 부품 생산이 난항을 겪고 있다.

N1 世間知(せけんし)らず
세상 물정을 모르다

理想(りそう)と現実(げんじつ)が違(ちが)うことくらい、世間知(せけんし)らずの僕(ぼく)でも分(わ)かる。

이상과 현실이 다른 것 정도는 세상 물정을 모르는 나라도 안다.

N1 選択(せんたく)を迫(せま)られる
선택을 강요당하다

赤字続(あかじつづ)きの工場(こうじょう)を運営(うんえい)し続(つづ)けるかどうか、厳(きび)しい選択(せんたく)を迫(せま)られている。

적자가 계속되는 공장을 계속 운영할지 말지 어려운 선택을 해야 한다.

N1 前面(ぜんめん)に押(お)し出(だ)す
전면에 내세우다

インスタント食品(しょくひん)は、安(やす)さや便利(べんり)さを前面(ぜんめん)に押(お)し出(だ)している。

인스턴트 식품은 저렴함과 편리함을 전면에 내세우고 있다.

N1 底(そこ)を割(わ)る
바닥을 깨다, 저점을 깨다

この会社(かいしゃ)の株価(かぶか)は、底(そこ)を割(わ)って下落(げらく)していく可能性(かのうせい)も十分(じゅうぶん)ある。

이 회사 주가는 저점을 깨고 하락할 가능성도 충분히 있다.

N1 組織(そしき)に縛(しば)られる
조직에 매이다

組織(そしき)に縛(しば)られない自由(じゆう)な生活(せいかつ)を希望(きぼう)している人(ひと)が多(おお)い。

조직에 매이지 않는 자유로운 생활을 희망하는 사람이 많다.

N1 存続(そんぞく)が危(あや)ぶまれる
존속이 위태롭다

昔(むかし)ながらの祭(まつ)りなどは若者(わかもの)の担(にな)い手(て)が減(へ)り、存続(そんぞく)が危(あや)ぶまれている。

옛 축제 등은 담당할 청년들이 줄어 존속이 위태로워지고 있다.

N1 ターゲットにする
타깃으로 삼다, 겨냥하다

この店では、若者をターゲットにした商品を販売している。

이 가게에서는 젊은 층을 겨냥한 상품을 판매하고 있다.

N1 ターゲットを絞る
타깃을 좁히다

広告はターゲットを絞り、情報を発信する対象を明確にする必要がある。

광고는 타깃을 좁혀 정보를 발신하는 대상을 명확히 할 필요가 있다.

N1 対抗馬となる
대항마가 되다, 강력한 경쟁자가 되다

再選を目指す現職議員に対し、新人の森氏が有力な対抗馬となっている。

재선을 목표로 하는 현직 의원에 대해, 신인인 모리 씨가 유력한 대항마가 되고 있다.

N1 対象を絞る
대상을 좁히다

新しい飲料の企画は、若い女性に対象を絞ることにした。

새 음료 기획은 젊은 여성으로 대상을 좁히기로 했다.

N1 大々的に広告をする
대대적으로 광고를 하다

商品の発売に合わせて、雑誌やテレビなどで大々的に広告をした。

상품 출시에 맞춰 잡지나 TV 등에서 대대적으로 광고를 했다.

N1 高くつく
돈이 많이 들다, 비싸게 먹히다

個別に送ると高くつきますが、一つにまとめて送ると節約できます。

개별적으로 보내면 비싸지만, 하나로 묶어서 보내면 절약할 수 있습니다.

N1 タクシーを手配する
택시를 준비하다, 택시를 확보해 두다

ホテルのスタッフに頼んでタクシーを手配してもらった。

호텔 직원에게 부탁해 택시를 잡았다.

N1 タブー視する
터부시하다, 금기시하다

家庭も学校も性をタブー視すると、子供は誤った情報に頼ることになる。

가정도 학교도 성을 금기시하면 아이들은 잘못된 정보에 의존하게 된다.

N1 緻密に分析する
치밀하게 분석하다

会社側は製品不良の原因を緻密に分析している。

회사 측은 제품 불량의 원인을 치밀하게 분석하고 있다.

N1 注文が殺到する
주문이 쇄도하다

予想を上回る注文が殺到し、生産が追いつかない状況である。

예상을 뛰어넘는 주문이 쏟아지면서 생산이 따라가지 못하는 상황이다.

N1 帳消しになる
상쇄되다

株式は、これまでの上昇が帳消しになるほど大幅に下落した。

주식은 그동안의 상승이 상쇄될 정도로 큰 폭으로 하락했다.

N1 頂点に達する
정점에 도달하다, 최고조에 달하다

政府に対する国民の怒りは頂点に達している。

정부에 대한 국민의 분노는 정점에 달해 있다.

N1 挑発に乗る
도발에 응하다

討論では相手の挑発に乗らないように心掛けることが重要だ。

토론에서는 상대방의 도발에 대응하지 않도록 유의하는 것이 중요하다.

N1 賃上げを行う
임금 인상을 실행하다

今年度は多くの企業が賃上げを行うことになりそうだ。

금년도는 많은 기업이 임금 인상을 할 것으로 보인다.

N1 積み荷が落ちる 적재한 짐이 떨어지다

高速道路でトラックの積み荷が落ちて後ろの車に当たってしまった。

고속도로에서 트럭에 실은 짐이 떨어져 뒷차에 부딪히고 말았다.

N1 定評がある 정평이 나 있다

このレストランの料理は定評があり、何を食べてもおいしい。

이 레스토랑의 요리는 정평이 나 있어 무엇을 먹어도 맛있다.

N1 データに裏付けられる 데이터로 뒷받침되다

データに裏付けられた情報をもとに、売上を向上させるための施策を考える。

데이터로 뒷받침된 정보를 바탕으로 매출을 향상시키기 위한 시책을 생각한다.

N1 転機を迎える 전기를 맞이하다, 전환점을 맞이하다

電気自動車の登場により、自動車産業は大きな転機を迎えている。

전기차의 등장으로 자동차 산업은 큰 전기를 맞고 있다.

N1 途中経過を報告する 도중 경과를 보고하다

会議でプロジェクトの途中経過を報告した。

회의에서 프로젝트의 도중 경과를 보고했다.

N1 トップに躍り出る 1위로 뛰어오르다

新商品が大ヒットして業界トップに躍り出た。

신상품이 대히트를 쳐서 업계 정상으로 올라섰다.

N1 飛ぶように売れる 날개 돋친 듯 팔리다, 불티나게 팔리다

今回発売されたゲーム機は人気があり、飛ぶように売れている。

이번에 출시된 게임기는 인기가 있어서, 불티나게 팔리고 있다.

N1 取り組みを行う

적극적으로 대응하다

品質を継続的に改善できるように様々な取り組みを行っている。

품질을 계속적으로 개선할 수 있도록 다양한 노력을 하고 있다.

N1 努力を怠る

노력을 게을리하다

ビジネスに必要な知識を得るための努力を怠らず、日々勉強を続ける。

비즈니스에 필요한 지식을 얻기 위한 노력을 게을리하지 않고 매일 공부를 계속한다.

N1 流れに逆行する

흐름에 역행하다

水道に民間の参入を認める政府の改正案は世界の流れに逆行するものだ。

수도에 민간의 참가를 허용하는 정부의 개정안은 세계 흐름에 역행하는 것이다.

N1 悩みを打ち明ける

고민을 털어놓다

親友の山田さんに、自分の悩みを打ち明けた。

친한 친구인 야마다 씨에게 자신의 고민을 털어놓았다.

N1 荷物を梱包する

짐을 꾸리다, 짐을 포장하다

自宅で荷物を梱包して、コンビニへ持っていった。

집에서 짐을 포장하여 편의점으로 가져갔다.

N1 人間関係を重視する

인간관계를 중시하다

アンケートの結果、高い収入より、人間関係を重視する傾向がみられた。

설문 조사 결과, 높은 수입보다 인간관계를 중시하는 경향이 나타났다.

N1 値上げに踏み切る

인상을 단행하다

鉄道会社は、１０年ぶりに運賃の値上げに踏み切った。

철도 회사는 10년 만에 운임 인상을 단행했다.

N1 **値が張る** 가격이 비싸다

家具は長く使うので、多少値が張っても品質の良い物をお勧めします。

가구는 오래 사용하기 때문에 가격이 다소 비싸더라도 품질이 좋은 것을 추천합니다.

N1 **農業を営む** 농업을 영위하다, 농업을 경영하다

この村で農業を営んでいる人のほとんどが、高齢者であるという。

이 마을에서 농업을 영위하고 있는 사람 대부분이 고령자라고 한다.

N1 **ノルマを達成する** 목표를 달성하다, 할당량을 채우다

販売ノルマを達成するため、自社製品を購入するケースもあるらしい。

판매 할당량을 달성하기 위해 자사 제품을 구입하는 경우도 있다고 한다.

N1 **バカ受けする** 매우 호평을 받다, 매우 인기가 있다

今回発売した商品がバカ受けしている。

이번에 출시한 상품이 엄청난 인기를 얻고 있다.

N1 **バカ買いする** (무분별하게) 잔뜩 사다

デパートのセールで、両手に抱えきれないほどバカ買いしてしまった。

백화점 세일에서 두 손에 다 들 수 없을 정도로 잔뜩 사 버렸다.

N1 **話し合いがつく** 교섭이 성립되다, 대화가 이루어지다

ビルの建設予定地の住民と建設会社の話し合いがついた。

빌딩 건설 예정지의 주민과 건설 회사의 논의가 이루어졌다.

N1 **場にそぐわない** 상황에 맞지 않는다

面接の場にそぐわない服装は避けた方がいい。

면접 자리에 맞지 않는 복장은 피하는 게 좋다.

N1 バブルが崩壊(ほうかい)する

버블이 붕괴되다

この国(くに)の地価(ちか)は、バブルが崩壊(ほうかい)して以降(いこう)、下落(げらく)を続(つづ)けている。

이 나라 땅값은 버블이 붕괴된 이후 계속 하락하고 있다.

N1 販売(はんばい)が振(ふ)るわない

판매가 부진하다

景気低迷(けいきていめい)により、新車販売(しんしゃはんばい)が振(ふ)るわない状況(じょうきょう)が続(つづ)いている。

경기 침체로 신차 판매가 부진한 상황이 이어지고 있다.

N1 ピークを迎(むか)える

피크를 맞이하다, 최고조에 달하다

夏(なつ)、電力(でんりょく)の使用(しよう)は外気温度(がいきおんど)が上昇(じょうしょう)する午後(ごご)1時(いちじ)から4時頃(よじごろ)ピークを迎(むか)える。

여름철 전력 사용은 외기 온도가 상승하는 오후 1시부터 4시쯤 절정을 이룬다.

N1 一足先(ひとあしさき)に現地(げんち)に着(つ)く

한발 앞서 현지에 도착하다

ボランティア活動当日(かつどうとうじつ)の朝8時(あさはちじ)、他(ほか)の参加者(さんかしゃ)より一足先(ひとあしさき)に現地(げんち)に着(つ)いた。

봉사 활동 당일 아침 8시 다른 참가자들보다 한발 앞서 현지에 도착했다.

N1 不備(ふび)がある

미비한 점이 있다

提出書類(ていしゅつしょるい)に不備(ふび)があった場合(ばあい)は、再提出(さいていしゅつ)をお願(ねが)いすることになります。

제출 서류에 미비한 점이 있는 경우에는 다시 제출을 부탁하게 됩니다.

N1 振(ふ)り出(だ)しに戻(もど)る

원점으로 돌아가다

もう少(すこ)しで終(お)わるはずの仕事(しごと)が、彼(かれ)の失敗(しっぱい)で振(ふ)り出(だ)しに戻(もど)ってしまった。

거의 끝나가던 일이 그의 실수로 원점으로 돌아가 버렸다.

N1 分析(ぶんせき)に取(と)りかかる

분석에 착수하다

現在(げんざい)、アンケートを集計(しゅうけい)し、データ分析(ぶんせき)に取(と)りかかっている。

현재 설문 조사를 집계해 데이터 분석에 들어갔다.

N1 **補助金が下りる** 보조금이 내려오다

学校のスクールバスは市から補助金が下りているため、無料です。

학교 스쿨버스는 시에서 보조금이 내려오기 때문에 무료입니다.

N1 **ボツになる** 거부되다, 채택되지 못하다

せっかくいい企画を立てたのに、予算不足でボツになるかもしれない。

모처럼 좋은 기획을 세웠는데 예산 부족으로 채택되지 않을지도 모른다.

N1 **本題に入る** 본론으로 들어가다

ビジネスメールでは、本題に入る前に挨拶や感謝の一文を添える。

비즈니스 메일에서는 본론으로 들어가기 전에 인사말이나 감사의 한 문장을 곁들인다.

N1 **前倒しになる** 앞당겨지다

来週予定していた会議は、部長の都合で、明日に前倒しになった。

다음 주로 예정했던 회의는 부장의 사정으로 내일로 앞당겨졌다.

N1 **前向きに考える** 긍정적으로 생각하다

前向きに考えられれば人生が楽しくなります。

긍정적으로 생각할 수 있으면 인생이 즐거워집니다.

N1 **まめに連絡を入れる** 꾸준히 연락을 넣다, 착실하게 연락을 넣다

私は、いつも母にはまめに連絡を入れるようにしている。

나는 항상 어머니에게 꾸준히 연락을 넣도록 하고 있다.

N1 **マンネリ化を防ぐ** 매너리즘에 빠지는 것을 막다

仕事のマンネリ化を防ぐには、少し高めの目標を設定するのもいい。

업무상 매너리즘에 빠지는 것을 막으려면 조금 높은 목표를 설정하는 것도 좋다.

N1 **右肩上がり** 점진적인 상승

家計に占める教育費の割合はここ数年右肩上がりの状況が続いている。

가계에서 차지하는 교육비 비중은 최근 몇 년째 상승세를 이어가고 있다.

N1 **見込みがない** 전망이 없다, 가망이 없다

このプロジェクトは成功の見込みがない。

이 프로젝트는 성공할 가망이 없다.

N1 **乱れが出る** 혼란이 발생하다

台風の影響で電車の運行に乱れが出ている。

태풍의 영향으로 전철 운행에 혼란이 생기고 있다.

N1 **目処が立つ** 목표가 서다, 전망이 보이다

長年取り組んできた研究が、とうとう実用化の目処が立った。

오랜 세월 노력해 온 연구가 마침내 실용화의 전망이 보인다.

N1 **問題をクリアする** 문제를 해결하다

新しい技術を導入し、時間とコストの問題をクリアした。

신기술을 도입하여 시간과 비용 문제를 해결했다.

N1 **問題を引き起こす** 문제를 일으키다

安価な加工食品の普及は、肥満率の上昇という問題を引き起こしている。

값싼 가공식품의 보급은 비만율 상승이라는 문제를 일으키고 있다.

N1 **役作りを工夫する** 배역에 대해 연구하다

俳優の彼は、いかに主人公を演じるか、役作りを工夫しているらしい。

배우인 그는 어떻게 주인공을 연기할지 배역에 대해 연구하고 있는 것 같다.

N1 安上がりになる
싸게 먹히다

旅行で使うものなら、買うよりレンタルの方が安上がりになるだろう。

여행에서 사용할 물건이라면 사는 것보다 빌리는 것이 더 싸게 먹힐 것이다.

N1 やりとりする
주고받다

社内外の人と意見をやりとりしながら業務を進めている。

사내외의 사람과 의견을 교환하면서 업무를 진행하고 있다.

N1 輸出が振るわない
수출이 부진하다

長引く貿易摩擦の影響で輸出が振るわない状態が続いている。

장기화되는 무역 갈등의 영향으로 수출이 부진한 상태가 계속되고 있다.

N1 横ばいになる
횡보하다, 거의 변화가 없다

▶ 横ばい를 横這い로 표기하기도 해요.

ここ数年、貿易収支の黒字は、横ばいになっている。

최근 몇 년간 무역 수지 흑자는 제자리걸음을 하고 있다.

N1 弱みに付け込む
약점을 이용하다, 약점을 파고들다

犯人は企業の弱みに付け込んで大金を脅し取ろうとした。

범인은 기업의 약점을 파고들어 거액을 갈취하려 했다.

N1 乱高下する
시세나 물가가 심하게 변동하다

今後の金融引き締めへの警戒感で、株価が乱高下している。

앞으로의 금융 긴축에 대한 경계심으로 주가가 요동치고 있다.

N1 リサイクル運動を推進する
리사이클 운동을 추진하다

市は住民と協力し、ゴミの減量化とリサイクル運動を推進している。

시는 주민과 협력하여 쓰레기 감량화와 재활용 운동을 추진하고 있다.

N1 **理不尽な要求** 불합리한 요구

相手の理不尽な要求に応じる気はない。

상대의 불합리한 요구에 응할 생각은 없다.

N1 **了承を得る** 승낙을 얻다

来年度の予算案は、議会の了承を得た上で、執行することになっている。

내년도 예산안은 의회의 승인을 얻어 집행하도록 되어 있다.

N1 **老朽化が進む** 노후화가 진행되다

このビルは建設から５０年以上経過し、老朽化が進んでいる。

이 건물은 건설한 지 50년 이상 지나 노후화가 진행되고 있다.

N4 頭(あたま)がいい

머리가 좋다

中山君(なかやまくん)は頭(あたま)がよくて、いろいろなことを知(し)っている人(ひと)ですね。

나카야마 군은 머리가 좋고, 많은 것을 알고 있는 사람이네요.

N4 頭(あたま)に入(はい)る

머리에 들어오다, 기억에 남다

睡眠(すいみん)をとらないと勉強(べんきょう)したことが頭(あたま)に入(はい)らない。

수면을 취하지 않으면 공부한 것이 머리에 들어오지 않는다.

N4 顔色(かおいろ)が悪(わる)い

안색이 나쁘다

顔色(かおいろ)が悪(わる)いけど、大丈夫(だいじょうぶ)？ 病院(びょういん)に行(い)ったほうがいいんじゃない？

안색이 안 좋은데 괜찮아? 병원에 가는 게 좋지 않을까?

N3 足(あし)を止(と)める

걸음을 멈추다

ここからの景色(けしき)は素晴(すば)らしく、行(ゆ)き来(き)する人(ひと)たちは足(あし)を止(と)めて眺(なが)めている。

이곳에서 보는 경치는 훌륭해서, 오가는 사람들은 걸음을 멈추고 바라본다.

N3 頭(あたま)を下(さ)げる

머리를 숙이다

人(ひと)に頭(あたま)を下(さ)げない仕事(しごと)はどこにもないと思(おも)う。

남에게 고개를 숙이지 않는 일은 어디에도 없다고 생각한다.

N3 体(からだ)を壊(こわ)す

건강을 해치다

そんなに無理(むり)をすると体(からだ)を壊(こわ)してしまいますよ。

그렇게 무리를 하면 건강을 해치고 말아요.

N3 手(て)に入(い)れる

손에 넣다, 수중에 넣다

欲(ほ)しいものをすべて手(て)に入(い)れることはできない。

원하는 것을 전부 손에 넣는 것은 불가능하다.

N3 手に入る
손에 들어오다, 제 것이 되다

映画のチケットが手に入ったけど、いっしょに行きませんか。

영화표가 생겼는데, 같이 가지 않겠습니까?

N3 手を切る
손을 떼다, 인연을 끊다

去年彼と手を切ってから、全然連絡していない。

작년에 그와 인연을 끊고 나서 전혀 연락하지 않고 있다.

N3 手を加える
손을 대다, 가공하다

ケータイで撮った風景写真に手を加えてみたら、もっときれいになった。

핸드폰으로 찍은 풍경 사진에 손을 대 보았더니 더 예뻐졌다.

N3 耳に入る
귀에 들어오다, 들리다

社長が変わるという話が耳に入った。

사장이 바뀐다는 말이 귀에 들어왔다.

N3 目を閉じる
눈을 감다

しばらく目を閉じているだけでも休息になる。

잠시 눈을 감고 있는 것만으로도 휴식이 된다.

N2 足腰に自信がある
다리와 허리가 튼튼하다, 하체가 튼튼하다

山の上は景色がいいから、足腰に自信があるなら登ってみてください。

산 위는 경치가 좋으니까, 다리와 허리에 자신이 있다면 올라가 보십시오.

N2 足を組む
다리를 꼬다

電車の中で足を組むのはマナー違反だと思う。

전철 안에서 다리를 꼬는 것은 매너 위반이라고 생각한다.

N2 足(あし)を運(はこ)ぶ
발걸음을 옮기다, 이동하다

本日(ほんじつ)は、遠(とお)くまで足(あし)を運(はこ)んでいただき、ありがとうございます。

오늘 먼 곳까지 걸음 해 주셔서 감사합니다.

N2 頭(あたま)が下(さ)がる
고개가 숙여지다

夢(ゆめ)のために努力(どりょく)している彼(かれ)の姿勢(しせい)には頭(あたま)が下(さ)がります。

꿈을 위해 노력하는 그의 자세에는 고개가 숙여집니다.

N2 頭(あたま)にくる
화가 나다

彼(かれ)に悪口(わるくち)を言(い)われて頭(あたま)にきた。

그에게 욕을 듣고서 화가 났다.

N2 頭(あたま)を使(つか)う
머리를 쓰다, 생각하다

もっと頭(あたま)を使(つか)って練習(れんしゅう)しないと、上手(じょうず)にならないよ。

더 머리를 써서 연습하지 않으면 늘지 않을 거야.

N2 顔(かお)を揃(そろ)える
모두 모이다

家族全員(かぞくぜんいん)が顔(かお)を揃(そろ)えて祖母(そぼ)の誕生日(たんじょうび)を祝(いわ)った。

온 가족이 모두 모여 할머니의 생신을 축하했다.

N2 口(くち)を締(し)める
(끈 등으로) 입구를 조이다

このバッグは、皮(かわ)のひもで口(くち)を締(し)めるタイプのものです。

이 가방은 가죽 끈으로 입구를 조이는 유형의 것입니다.

N2 手(て)が空(あ)く
손이 비다, 시간이 나다

手(て)が空(あ)いたときでいいから、これやっておいて。

시간이 날 때 해도 되니까, 이거 해 놔.

N2 **手に取る** 손에 들다

書店で本を手に取って、中身をぱらぱら見て、買うかどうかを決める。
서점에서 책을 집어 들고 내용을 훌훌 넘겨 보고, 살지 말지를 결정한다.

N2 **手間がかかる** 손이 많이 가다, 수고롭다

この料理は簡単そうに見えても、結構手間がかかる。
이 요리는 간단해 보여도 꽤 손이 많이 간다.

N2 **手を貸す** 손을 빌려주다, 도와주다

忙しいから、ちょっと手を貸してくれない？
바쁘니까 좀 도와주지 않을래?

N2 **手を出す** 손을 대다, 새롭게 일을 시작하다

素人が勉強もせずに投資に手を出すと失敗する可能性が高い。
초보자가 공부도 하지 않고 투자에 손을 대면 실패할 가능성이 높다.

N2 **手を広げる** 손을 뻗다, 활동 영역을 넓히다

あのレストランは、和食にまで手を広げて、新しい店を出すそうだ。
그 레스토랑은 일식에까지 손을 뻗어 새로운 가게를 낸다고 한다.

N2 **長い目で見る** 긴 안목으로 보다

新人だからまだ結果が出ないのは当たり前だ。長い目で見る必要がある。
신인이라 아직 결과가 나오지 않는 것은 당연하다. 긴 안목으로 볼 필요가 있다.

N2 **腹が立つ** 화가 나다

ストレスのせいか、小さなことにも腹が立つ。
스트레스 때문인지 작은 일에도 화가 난다.

N2 **身の回りのこと** 자기 주변의 일

怪我が回復して身の回りのことが自分でできるようになった。

상처가 회복되어 신변의 일들을 스스로 할 수 있게 되었다.

N2 **耳にする** 듣다

最近コミュニケーションという言葉をよく耳にする。

요즘 '커뮤니케이션'이라는 말을 많이 듣는다.

N2 **目に付く** 눈에 띄다

最近この商店街は空き店舗が目に付くようになってきた。

최근 이 상가는 빈 점포가 눈에 띄기 시작했다.

N2 **目をつぶる** 눈을 감다, 실수를 못 본 체하다

今回は目をつぶるが、次回から気をつけなさい。

이번에는 눈을 감아 주지만, 다음부터 조심해라.

N2 **目を通す** 훑어보다, 대략적으로 살펴보다

レポートなら一応目を通しましたけど、別に問題はないでしょう。

리포트라면 일단 훑어보았는데, 별 문제는 없을 겁니다.

N1 **開いた口が塞がらない** 말문이 막히다, 기가 막히다

何度も同じミスを繰り返すなんて、開いた口が塞がらないよ。

몇 번이나 같은 실수를 반복하다니, 기가 막혀.

N1 **合いの手を入れる** 추임새를 넣다

みんなは森さんの発言に合いの手を入れながら聞いている。

모두는 모리 씨의 발언에 추임새를 넣어 가면서 듣고 있다.

N1 **揚げ足を取る** 　말꼬리를 잡는다

そんな揚げ足を取るようなこと、言わないでよ。

그런 말꼬리를 잡는 듯한 말 하지 마.

N1 **顎で使う** 　거만한 태도로 사람을 부리다

年下だからといって、顎で使われたらいい気はしないだろう。

나이가 어리다고 해서, 거만한 태도로 지시를 받게 되면 기분이 좋지는 않을 것이다.

N1 **顎を出す** 　몹시 지치다, 기진맥진하다

今日はあまりにも仕事の量が多すぎて、顎を出してしまった。

오늘은 너무 업무량이 많아서 완전히 지쳐 버렸다.

N1 **足がつく** 　꼬리가 잡히다

現場に残された指紋から犯人の足がついた。

현장에 남겨진 지문에서 범인의 꼬리가 잡혔다.

N1 **足が出る** 　적자가 나다, 예산을 초과하다

たくさん買い物しすぎて足が出てしまった。

너무 많이 사서 예산을 초과해 버렸다.

N1 **足が遠のく** 　발길이 뜸해지다, 발길이 멀어지다

あまりの寒さに公園からすっかり足が遠のいていた。

너무 추워서 공원에서 완전히 발길이 멀어졌다.

N1 **足が棒になる** 　다리가 뻣뻣해지다

長い距離を歩き続けて足が棒になった。

긴 거리를 계속 걸어 다리가 뻣뻣해졌다.

N1 **足腰を鍛える** 하체를 단련하다, 신체를 단련하다

足腰を鍛えるために、毎日歩きましょう。

다리와 허리를 단련하기 위해 매일 걸읍시다.

N1 **足止めを食う** 발이 묶이다, 외출을 못하게 되다

台風で電車が動かず、足止めを食ってしまった。

태풍으로 전철이 움직이지 않아서 발이 묶여 버렸다.

N1 **足並みを揃える** 보조를 맞추다, 손발을 맞추다

チームのみんなが足並みを揃えて、頑張っていきます。

팀 모두가 보조를 맞춰 열심히 노력하고 있습니다.

N1 **足の便が悪い** 교통편이 나쁘다

市民会館は足の便が悪いので、駐車場をきちんと設置してほしい。

시민 회관은 교통편이 좋지 않으니 주차장을 제대로 설치했으면 좋겠다.

N1 **足の便を図る** 교통편을 마련하다

試験当日、受験生の足の便を図るために、臨時のバスが運行された。

시험 당일 수험생의 교통편을 마련하기 위하여 임시 버스가 운행되었다.

N1 **足元が悪い** (날씨로 인해) 걸음 하기 불편하다

本日は、お足元の悪い中、お越しいただきましてありがとうございます。

오늘 날씨가 좋지 않은 가운데, 와 주셔서 대단히 감사합니다.

N1 **足元に火が付く** 발등에 불이 떨어지다

レポートの提出は明日が締め切りなので、足元に火が付いた。

리포트 제출은 내일이 마감이어서 발등에 불이 떨어졌다.

N1 足元を見る
약점을 간파하다

相手に足元を見られないように気を付けよう。

상대방에게 약점을 보이지 않도록 조심하자.

N1 足を洗う
나쁜 일에서 손을 떼다

彼はギャンブルから足を洗って、今では真面目に働いているらしい。

그는 도박에서 손을 떼고, 지금은 성실하게 일하고 있는 것 같다.

N1 足をすくう
발목을 잡다, 남의 약점을 잡다

彼は他人の足をすくうことばかり考えているから、気を付けた方がいい。

그는 남의 발목을 잡을 생각만 하고 있으니까 조심하는 것이 좋다.

N1 足を引っ張る
발목을 잡다

エネルギー価格の高騰が日本経済の足を引っ張っている。

에너지 가격 상승이 일본 경제의 발목을 잡고 있다.

N1 頭打ちになる
한계점에 달하다

スマホ市場はすでに頭打ちになっているので、これからは新しい技術が登場するだろう。

스마트폰 시장은 이미 포화 상태이기 때문에 앞으로는 새로운 기술이 등장할 것이다.

N1 頭が上がらない
머리를 들 수 없다

自分をここまで育ててくれた両親には頭が上がらない。

자신을 여기까지 키워 준 부모님께는 머리를 들 수가 없다.

N1 頭が固い
고지식하다

彼は新しいやり方を受け入れない頭が固い人だ。

그는 새로운 방식을 받아들이지 않는 고지식한 사람이다.

N1 頭隠して尻隠さず
머리만 감추고 꼬리는 감추지 못하다

▶ '눈 가리고 아웅 하다'와 비슷한 말이에요.

現場に犯人の手帳が残っていた。まさに頭隠して尻隠さずである。

현장에 범인의 수첩이 떨어져 있었다. 정말이지 눈 가리고 아웅이다.

N1 頭を痛める
골치를 앓다

世界中が地球温暖化の問題に、頭を痛めている。

전 세계가 지구온난화 문제로 골치를 앓고 있다.

N1 頭を抱える
머리를 감싸다, 고민하다

いいアイディアが浮かばなくて、頭を抱えている。

좋은 아이디어가 떠오르지 않아 고민하고 있다.

N1 後足で砂をかける
뒷발로 모래를 끼얹다

▶ 신세를 져 놓고 떠날 때 폐를 끼치고 간다는 뜻이에요.

お世話になった人に後足で砂をかけるような行為はしてはいけない。

신세를 진 사람에게 뒷발로 모래를 끼얹는 듯한 행위는 해서는 안 된다.

N1 あばたもえくぼ
마마 자국도 보조개, 제 눈에 안경

▶ 상대가 마음에 들면 마마 자국도 보조개로 보일 만큼 단점도 좋게 보인다는 뜻이에요.

好きになると、あばたもえくぼで、すべてが素敵に見えてくる。

좋아하게 되면 곰보도 보조개로 보여 모든 것이 멋져 보인다.

N1 後ろ髪を引かれる
미련이 남다

後ろ髪を引かれる思いで故郷を出た。

미련이 남는 심정으로 고향을 떠났다.

N1 打つ手がない
うて

어찌할 도리가 없다, 손을 쓸 수 없다

このような事態になってしまっては、上司に相談しても打つ手はないだろう。
じたい　　　　　　　　　　　　じょうし　そうだん　　　　　　　　う　て

이런 사태가 되어 버려서는, 상사에게 상담해도 어쩔 수 없을 것이다.

N1 腕が鳴る
うで　な

(실력을 자랑하고 싶어서) 좀이 쑤시다

週末の試合を前に、今から腕が鳴ってしかたがない。
しゅうまつ　しあい　まえ　　いま　　うで　な

주말 시합을 앞두고 지금부터 좀이 쑤셔서 견딜 수가 없다.

N1 腕に覚えがある
うで　おぼ

(솜씨, 실력에) 자신이 있다

年は取ってもテニスなら腕に覚えがある。
とし　と　　　　　　　　　　　うで　おぼ

나이는 들어도 테니스라면 자신이 있다.

N1 腕を上げる
うで　あ

(솜씨, 실력을) 향상시키다

今年こそ料理の腕を上げたい。
ことし　りょうり　うで　あ

올해야말로 요리 실력을 향상시키고 싶다.

N1 腕を振るう
うで　ふ

실력을 발휘하다

このレストランでは、シェフが腕を振るった料理を楽しめます。
うで　ふ　りょうり　たの

이 레스토랑에서는 요리사가 솜씨를 발휘한 요리를 즐길 수 있습니다.

N1 腕を磨く
うで　みが

솜씨를 연마하다, 실력을 갈고 닦다

我がチームは試合で勝つために腕を磨いている。
わ　　　　　しあい　か　　　　　うで　みが

우리 팀은 시합에서 이기기 위해 실력을 연마하고 있다.

N1 腕を見せる
うで　み

솜씨를 자랑하다, 실력을 발휘하다

日本料理店の店主は見事な料理の腕を見せた。
に ほんりょうりてん　てんしゅ　みごと　りょうり　うで　み

일식집 주인은 훌륭한 요리 솜씨를 발휘했다.

N1 大きな顔をする
잘난 체하다

彼は新入社員のくせに大きな顔をしている。

그는 신입 사원 주제에 잘난 체하고 있다.

N1 大目玉を食う
호되게 꾸중을 듣다

またミスをし、上司に大目玉を食った。

또 실수를 해서 상사에게 호되게 꾸중을 들었다.

N1 大目に見る
너그럽게 봐주다

素人のやることですから、大目に見てください。

아마추어가 하는 일이니까 너그럽게 봐주세요.

N1 奥歯にものが挟まる
석연치 않다, 무언가 숨기다

奥歯にものが挟まったような言い方をしないで、はっきりいってほしい。

무언가 숨기는 것처럼 말하지 말고 확실히 말해 줬으면 좋겠다.

N1 お手上げだ
속수무책이다

駅前に巨大スーパーができたら、うちの店もお手上げだ。

역 앞에 거대 슈퍼마켓이 생기면 우리 가게도 속수무책이다.

N1 お腹が鳴る
배에서 꼬르륵 소리가 나다

授業中、お腹が鳴ってしまって困った。

수업 중에 배에서 꼬르륵 소리가 나서 난처했다.

N1 お腹を壊す
배탈이 나다

辛いカレーを食べすぎてお腹を壊してしまった。

매운 카레를 너무 먹어서 배탈이 나고 말았다.

N1 **顔色(かおいろ)をうかがう** 안색을 살피다, 눈치를 보다

社長(しゃちょう)の決断(けつだん)で企画(きかく)が決(き)まるので、社員(しゃいん)は社長(しゃちょう)の顔色(かおいろ)をうかがっている。

사장의 결단으로 기획이 결정되기 때문에 사원은 사장의 눈치를 보고 있다.

N1 **顔(かお)が利(き)く** 얼굴이 통하다, 인맥이 통하다

石原社長(いしはらしゃちょう)は、地元(じもと)の有力者(ゆうりょくしゃ)であり、政界(せいかい)にも顔(かお)が利(き)いている。

이시하라 사장은 그 지역의 유력자이며, 정계에도 얼굴이 통한다.

N1 **顔(かお)が広(ひろ)い** 발이 넓다

田中(たなか)さんは顔(かお)が広(ひろ)いので、街(まち)を歩(ある)いていると誰(だれ)かが必(かなら)ず挨拶(あいさつ)する。

다나카 씨는 발이 넓어서, 거리를 걷고 있으면 누군가가 반드시 인사를 한다.

N1 **顔(かお)から火(ひ)が出(で)る** 얼굴이 화끈거리다

漢字(かんじ)を読(よ)み違(ちが)えて顔(かお)から火(ひ)が出(で)るほどはずかしかった。

한자를 잘못 읽어서 얼굴이 화끈거릴 정도로 부끄러웠다.

N1 **顔(かお)に泥(どろ)を塗(ぬ)る** 얼굴에 먹칠을 하다

親(おや)の顔(かお)に泥(どろ)を塗(ぬ)るようなことはしたくない。

부모 얼굴에 먹칠을 하는 일은 하고 싶지 않다.

N1 **顔(かお)を立(た)てる** 체면을 세우다

上司(じょうし)の意見(いけん)に賛成(さんせい)しないが、上司(じょうし)の顔(かお)を立(た)てるため一歩(いっぽ)引(ひ)いた。

상사의 의견에 찬성하지 않지만, 상사의 체면을 세우기 위해 한발 물러섰다.

N1 **肩(かた)の荷(に)が下(お)りる** 어깨의 짐이 내려오다, 부담으로부터 해방되다

大(おお)きなプロジェクトが無事(ぶじ)終(お)わり、肩(かた)の荷(に)が下(お)りた。

큰 프로젝트가 무사히 끝나 부담으로부터 해방되었다.

N1 **肩身が狭い** 주눅이 들다, 떳떳하지 못하다

遅刻して皆を待たせてしまい、肩身が狭い思いをした。

지각해서 모두를 기다리게 만들어서 주눅이 들었다.

N1 **肩を並べる** 어깨를 나란히 하다, 상대방과 대등하다

この会社の技術力は、大企業と肩を並べている。

이 회사의 기술력은 대기업과 어깨를 나란히 하고 있다.

N1 **肩を持つ** 역성을 들다, 편을 들다

両親はいつも弟の肩を持っている。

부모님은 항상 동생 편을 든다.

N1 **体が持たない** 몸이 견디지 못하다

毎日夜遅くまで仕事をしては、体が持たない。

매일 밤 늦게까지 일을 해서는 몸이 견디지 못한다.

N1 **体の不調を訴える** 몸 상태가 좋지 않음을 호소하다

体の不調を訴えて保健室に来る生徒が以前より増えてきた。

몸 상태가 좋지 않다며 보건실로 오는 학생이 예전보다 늘었다.

N1 **眼をつける** 째려보다

道を歩いていると、変な人が「眼をつけただろう」と言ってきたので逃げた。

길을 걷고 있었는데 이상한 사람이 '째려봤지?'라고 말을 걸어 도망쳤다.

N1 **木で鼻をくくる** 쌀쌀맞게 대하다

あの政治家の、相手を見下すような木で鼻をくくった態度には腹が立つ。

저 정치인의 상대를 깔보는 듯한 무뚝뚝한 태도에는 화가 난다.

N1 肝に銘じる
명심하다, 가슴에 새기다

今、私が話したことは、しっかり肝に銘じておいてください。

지금 내가 한 말은, 꼭 가슴에 새겨 두세요.

N1 肝を冷やす
간 떨어질 뻔하다, 간담이 서늘해지다

車を運転してたら、いきなり目の前に子供が飛び出してきて肝を冷やした。

차를 운전하고 있었는데, 갑자기 눈앞에 아이가 튀어나와 간 떨어질 뻔했다.

N1 口裏を合わせる
말을 맞추다

あの二人は、口裏を合わせて、自分たちのミスを隠そうとしている。

저 두 사람은 입을 맞춰 자신들의 실수를 숨기려 하고 있다.

N1 口が堅い
입이 무겁다

彼女は口が堅いから何でも安心して相談できる。

그녀는 입이 무겁기 때문에 무엇이든 안심하고 상담할 수 있다.

N1 口が軽い
입이 가볍다

あの人は口が軽いから気をつけなければいけないよ。

저 사람은 입이 가벼우니까 조심하지 않으면 안 돼.

N1 口数が少ない
말수가 적다

世間には口数が少なくても好かれる人がいる。

세상에는 말수가 적어도 호감을 사는 사람이 있다.

N1 口が酸っぱくなる
입에서 신물이 나다, 입이 닳다

車に注意しなさいと、子供に口が酸っぱくなるほど言った。

차를 조심하라고 아이에게 입이 닳도록 말했다.

N1 口が滑る
입을 잘못 놀리다, 말실수하다

口が滑って余計なことを言ってしまった。

입을 잘못 놀려서 쓸데없는 말을 해 버렸다.

N1 口から先に生まれる
말이 매우 많다, 입만 살았다

口から先に生まれたと、最近よく言われるので、少し言動を慎もうと思う。

입만 살았다는 말을 요즘 많이 들어서 언행을 좀 삼가려고 한다.

N1 口コミを見る
입소문을 보다, 후기를 확인하다

インターネットの口コミを見て店を予約した。

인터넷 후기를 보고 가게를 예약했다.

N1 口に合う
입에 맞다, 입맛에 맞다

お口に合うかどうか分かりませんが、召し上がってください。

입맛에 맞을지 어떨지 모르겠습니다만, 드십시오.

N1 口に出す
말을 꺼내다

心の中で思ったことをそのまま口に出してはいけないよ。

마음속으로 생각한 것을 그대로 입 밖에 내서는 안 돼.

N1 口八丁手八丁
말도 잘하고 일도 잘한다

彼は口八丁手八丁で、営業成績も常にトップクラスなんだ。

그는 말도 잘하고 일도 잘해서, 영업 성적도 항상 톱클래스야.

N1 口は禍の元
입이 화근

口は禍の元だから、不用意にぺらぺらしゃべってはいけない。

입이 화근이니까, 부주의하게 거침없이 말해서는 안 된다.

N1 口を出す

말참견하다

他人の趣味に口を出すのはやめてほしい。

남의 취미에 참견하지 않았으면 좋겠다.

N1 口を糊する

입에 풀칠을 하다, 겨우 살아가다

▶ 口に糊する라고 하기도 해요.

彼は原稿を書いたり校正を行ったりして、なんとか口を糊してきた。

그는 원고를 쓰거나 교정을 해서 겨우 입에 풀칠을 해 왔다.

N1 口を挟む

말참견하다, 끼어들다

誰かが話しているときに口を挟むのは礼儀正しくない。

누군가 말하고 있을 때 끼어드는 것은 예의가 아니다.

N1 口を割る

입을 열다, 자백하다

容疑者は、自分の犯行についてなかなか口を割らなかった。

용의자는 자신의 범행에 대해 좀처럼 입을 열지 않았다.

N1 首が回らない

(빚이 많아) 꼼짝 못하다

借金が多くて首が回らないけど、誰にも相談できない。

빚이 많아서 꼼짝도 못하지만, 아무에게도 상담할 수 없다.

N1 首にする

해고하다

会社の一方的な都合で、社員を首にすることはできない。

회사의 일방적인 사정으로 직원을 해고할 수는 없다.

N1 首になる

해고되다

彼は遅刻が多くて、会社を首になった。

그는 지각이 많아서 회사에서 해고되었다.

N1 **首をかしげる** 고개를 갸웃하다

予想外の試合結果に、みんな首をかしげている。

예상 밖의 경기 결과에 다들 고개를 갸웃거리고 있다.

N1 **首を縦に振る** 고개를 끄덕이다, 승낙하다

企画案を立てたが、課長が首を縦に振るかどうか心配だ。

기획안을 세웠지만 과장님이 고개를 끄덕일지 걱정이다.

N1 **首を長くする** 학수고대하다

息子は母の帰りを首を長くして待っていた。

아들은 어머니가 돌아오기를 학수고대하고 있었다.

N1 **首を横に振る** 고개를 가로젓다, 거부하다

部長は私の提案を聞いて首を横に振った。

부장은 내 제안을 듣고 고개를 가로저었다.

N1 **腰が低い** 겸손하다

山田さんは誰に対してもとても丁寧で腰が低い人です。

야마다 씨는 누구에게나 매우 정중하고 겸손한 사람입니다.

N1 **腰を抜かす** 깜짝 놀라다

玄関から突然犬が飛び出してきたので、腰を抜かしてしまった。

현관에서 갑자기 개가 뛰어나와서 깜짝 놀라고 말았다.

N1 **地獄耳** 남의 비밀을 재빨리 입수함, 정보통

彼女は地獄耳だから下手に噂話をしない方がいい。

그녀는 정보통이니까 섣불리 소문 얘기를 하지 않는 편이 좋다.

N1 舌鼓を打つ
입맛을 다시다

見ているだけで舌鼓を打ってしまいそうな料理が並んでいる。

보기만 해도 입맛을 다실 만한 요리가 즐비하다.

N1 舌を巻く
혀를 내두르다, 몹시 놀라다

彼の力強い演説を聴いて、思わず舌を巻いてしまった。

그의 힘찬 연설을 듣고 자신도 모르게 혀를 내둘렀다.

N1 尻すぼみになる
용두사미가 되다, 흐지부지되다

駅前駐車場の建設は、行政の支援不足で尻すぼみになってしまった。

역 앞 주차장의 건설은 행정 지원 부족으로 인해 흐지부지되어 버렸다.

N1 尻に火がつく
발등에 불이 떨어지다

レポートの提出期限が近づいて、尻に火がついた。

보고서 제출 기한이 다가오면서 발등에 불이 떨어졌다.

N1 体調を崩す
몸의 상태가 나빠지다, 컨디션을 해치다

季節の変わり目は体調を崩しやすいので注意が必要です。

환절기에는 몸 상태가 나빠지기 쉬우므로 주의가 필요합니다.

N1 血も涙もない
피도 눈물도 없다

駅で倒れた人を見て見ぬふりをする血も涙もない人は意外と多い。

역에서 쓰러진 사람을 못 본 척하는 피도 눈물도 없는 사람은 의외로 많다.

N1 爪に火をともす
매우 절약하다, 매우 인색하다

▶ ともすは点すで표기하기도 해요.

爪に火をともすような生活をして、やっとマイホームを手に入れた。

절약하는 생활을 하다가 마침내 내 집을 손에 넣었다.

N1 手(て)当(あ)たり次第(しだい)に

닥치는 대로

若(わか)い時(とき)は知識欲(ちしきよく)で、手(て)当(あ)たり次第(しだい)に本(ほん)を読(よ)んだ。

젊었을 때는 지식욕으로 닥치는 대로 책을 읽었다.

N1 手(て)が込(こ)む

정성이 담기다, 복잡하다

このレストランの料理(りょうり)はデザートまで手(て)が込(こ)んでいる。

이 레스토랑 음식은 디저트까지 정성이 담겨 있다.

N1 手(て)が回(まわ)らない

손이 못 미치다

体調(たいちょう)が悪(わる)くて家事(かじ)にも全然(ぜんぜん)手(て)が回(まわ)らない状態(じょうたい)だ。

몸이 아파서 집안일에도 전혀 손이 못 미치는 상태다.

N1 手(て)ぐすねを引(ひ)く

만반의 준비를 하다

選手(せんしゅ)たちは手(て)ぐすねを引(ひ)いて試合(しあい)の日(ひ)を待(ま)っている。

선수들은 만반의 준비를 하고 시합 날을 기다리고 있다.

N1 手応(てごた)えがある

보람이 있다, 반응이 좋다

面接(めんせつ)の手応(てごた)えがあっても不合格(ふごうかく)になる可能性(かのうせい)はある。

면접의 반응이 좋아도 불합격할 가능성은 있다.

N1 手塩(てしお)にかける

손수 돌보다, 정성 들여 키우다

手塩(てしお)にかけて育(そだ)てた娘(むすめ)が無事(ぶじ)に大学(だいがく)を卒業(そつぎょう)し、社会(しゃかい)に出(で)る。

정성 들여 키운 딸이 무사히 대학을 졸업하여 사회에 나간다.

N1 手助(てだす)けする

돕다, 거들다

おもちゃは子供(こども)の成長(せいちょう)を手助(てだす)けする役割(やくわり)がある。

장난감은 아이의 성장을 돕는 역할이 있다.

N1 手玉に取る
농락하다, 마음대로 조종하다

▶ 곡예에서 쓰는 공을 手玉라고 해요.

国民を手玉に取ってだまし続けた政治家を許すことはできない。
국민을 농락하며 계속 속여 온 정치인을 용서할 수는 없다.

N1 手取り足取り
친절히 (보살핌)

新入社員のとき、先輩が手取り足取り面倒をみてくれた。
신입 사원일 때 선배가 친절히 보살펴 주었다.

N1 手に汗握る
손에 땀을 쥐다

結果は残念だったけど、手に汗握る素晴らしい試合だった。
결과는 아쉬웠지만 손에 땀을 쥐는 멋진 시합이었다.

N1 手に余る
힘겹다, 힘에 부치다

自分の手に余る問題なので、上司に相談しようと思う。
내 힘에 부치는 문제라서 상사와 상담하려고 한다.

N1 手に負えない
감당할 수 없다, 벅차다

庭の雑草が伸びて、一人では手に負えない状態だ。
정원의 잡초가 자라, 혼자서는 감당하기 힘든 상태다.

N1 手の平を返す
손바닥을 뒤집듯 태도를 바꾸다

▶ 같은 뜻으로 手の裏を返す도 쓸 수 있어요.

彼は計画に反対してきたのに、いきなり手の平を返して賛成に回った。
그는 계획에 반대해 왔는데, 갑자기 태도를 바꾸어 찬성으로 돌아섰다.

N1 **手放せない** 손에서 놓지 못하다

この道具を一度使ったら、あまりの便利さに手放せなくなるだろう。

이 도구를 한번 사용하면 너무 편리해서 손에서 놓지 못하게 될 것이다.

N1 **手前味噌を並べる** 자기 자랑을 늘어놓다

首相は減税政策により経済成長が促され、雇用が創出されたと手前味噌を並べた。

총리는 감세 정책으로 경제 성장이 촉진되고, 일자리가 창출됐다고 자화자찬을 늘어놓았다.

N1 **手間暇かける** 품과 시간을 들이다

おいしい料理を作るためには、手間暇かけることが大切だ。

맛있는 음식을 만들기 위해서는 노력과 시간을 들이는 것이 중요하다.

N1 **手間を取る** 수고하다, 돈과 시간을 들이다

このアプリを使えば手間を取らずに簡単に予約ができます。

이 앱을 사용하면 수고를 덜 들이고 간단하게 예약할 수 있습니다.

N1 **手も足も出ない** 손을 쓸 엄두가 나지 않다

数学のテストは、問題が難しすぎて手も足も出なかった。

수학 시험은 문제가 너무 어려워서 손을 쓸 엄두가 나지 않았다.

N1 **手を打つ** 손을 쓰다, 대책을 강구하다

今のうちに何か手を打たないと事態はますます悪化するでしょう。

지금 당장 무슨 수를 쓰지 않으면 사태는 점점 악화될 겁니다.

N1 **手を借りる** 손을 빌리다, 도움을 받다

年をとっても出来るだけ人の手を借りることなく自立して生きていきたい。

늙어서도 가능한 한 남의 손을 빌리지 않고 자립해서 살아가고 싶다.

N1 手を止める

손을 멈추다, 중단하다

野村さんは、私の質問に自分の仕事の手を止めて丁寧に教えくれた。

노무라 씨는, 나의 질문에 자신의 일을 멈추고 친절하게 가르쳐 주었다.

N1 手を抜く

일을 겉날리다, 날림으로 하다

大切な工事なので、手を抜くようなことがあってはならない。

중요한 공사이므로 날림으로 하는 일이 있어서는 안 된다.

N1 手を引く

손을 떼다

前田会長は、引退し経営から完全に手を引いた。

마에다 회장은 은퇴하고 경영에서 완전히 손을 뗐다.

N1 手を焼く

애먹다, 애를 태우다

彼女を説得するのには相当手を焼いた。

그녀를 설득하는 데는 상당히 애를 먹었다.

N1 何食わぬ顔

시치미 떼는 얼굴

彼は何食わぬ顔で嘘をつくから、そのまま信じない方がいいよ。

그는 아무렇지도 않은 얼굴로 거짓말을 하니까, 그대로 믿지 않는 편이 좋아.

N1 二の足を踏む

주저하다

外が寒すぎて外出するのに二の足を踏む。

밖이 너무 추워서 외출을 주저하게 된다.

N1 二枚舌を使う

일구이언하다, 모순된 말을 하다

二枚舌を使う人とは友達になれない。

일구이언하는 사람과는 친구가 될 수 없다.

N1 寝耳に水
ねみみ　みず

아닌 밤중에 홍두깨, 몹시 놀람

友人が転校するという話は寝耳に水だった。
ゆうじん　てんこう　　　　　　　　はなし　ねみみ　みず

친구가 전학을 간다는 말은 아닌 밤중에 홍두깨였다.

N1 喉から手が出る
のど　　て　で

너무 갖고 싶다

▶ 직역하면 '목구멍에서 손이 나오다'가 되지만 '너무 갖고 싶다'는 뜻이에요.

この時計、喉から手が出るほど欲しかったんだ。
とけい　のど　て　で　　　　ほ

이 시계, 너무 갖고 싶었어.

N1 喉元過ぎれば熱さを忘れる
のどもと す　　　あつ　　わす

목구멍을 넘어가면 뜨거움을 잊는다

▶ '화장실 갈 때 마음과 나올 때 마음이 다르다'라는 속담과 비슷한 표현이에요. 괴로움도 그때가 지나면 쉽게 잊는다는 뜻이에요.

世話になった人を裏切るなんで、まさに喉元過ぎれば熱さを忘れるだな。
せわ　　　　　ひと　うらぎ　　　　　　　　　　のどもと す　　　あつ　　わす

신세 진 사람을 배신하다니, 정말이지 목구멍만 지나면 뜨거운 걸 잊어버린다는 말 그대로네.

N1 歯が立たない
は　た

당해 낼 수 없다, 감당할 수 없다

あのチームはとても強くて歯が立たない。
つよ　　は　た

저 팀은 너무 강해서 당해 낼 수가 없다.

N1 歯ぎしりをする
は

이를 갈다, 분하게 여기다

延長戦の末、１点差で負け、悔しくて歯ぎしりをした。
えんちょうせん　すえ　いってんさ　ま　　くや　　　　は

연장전 끝에 1점 차이로 져서 분해서 이를 갈았다.

N1 歯切れが悪い
は　ぎ　　わる

말이 모호하다, 말이 분명하지 않다

配置転換についての課長の説明はどうも歯切れが悪く、すっきりと納得で
はいちてんかん　　　　　かちょう　せつめい　　　　　は　ぎ　　わる　　　　　　　　なっとく
きない。

배치 전환에 대한 과장의 설명은 왠지 모호해서, 시원하게 납득할 수가 없다.

N1 **歯ごたえがある** 보람이 있다

歯ごたえのある仕事がしたい。

보람 있는 일을 하고 싶다.

N1 **肌で感じる** 피부로 느끼다

地震被災者の支援活動に参加し、被災者の苦しみを肌で感じた。

지진 피해자의 지원 활동에 참가하여, 피해자의 고통을 피부로 느꼈다.

N1 **初耳** 금시초문

その話は初耳です。もっと詳しく知りたいですが。

그 이야기는 금시초문입니다. 좀 더 자세히 알고 싶습니다만.

N1 **歯止めがかかる** 제동이 걸리다

消費が回復し、長い景気低迷にようやく歯止めがかかった模様だ。

소비가 살아나면서 오랜 경기 침체에 마침내 제동이 걸린 상황이다.

N1 **鼻が高い** 자랑스럽다

息子が難しい試験に合格したので、私も鼻が高い。

아들이 어려운 시험에 합격했기 때문에 나도 자랑스럽다.

N1 **鼻であしらう** 콧방귀를 뀌다

お金を借りるため、銀行を回ったが、どこも鼻であしらう態度だった。

돈을 빌리기 위해 은행을 돌았지만, 어디든 콧방귀를 뀌는 태도였다.

N1 **鼻にかける** 내세우다, 자랑으로 여기다

彼は成績が良いのを鼻にかけているので、あまり好きではない。

그는 성적이 좋은 것을 자랑으로 여기고 있어서 별로 좋아하지 않는다.

N1 鼻(はな)につく
싫어지다, 진력이 나다

彼(かれ)の知(し)ったかぶりする話(はな)し方(かた)が鼻(はな)につく。

그의 아는 척하는 말투가 싫증난다.

N1 鼻持(はなも)ちならない
역겹다, 몹시 불쾌하다

あの人(ひと)は自尊心(じそんしん)ばかり強(つよ)く、鼻持(はなも)ちならない人(ひと)だ。

저 사람은 자존심만 세서, 역겨운 사람이다.

N1 鼻(はな)をあかす
허를 찌르다, 기겁하게 만들다

今度(こんど)こそテストで満点(まんてん)をとって、ライバルの鼻(はな)をあかしてやりたい。

이번에야말로 시험에서 만점을 받아 라이벌을 놀라게 해 주고 싶다.

N1 腹(はら)が黒(くろ)い
뱃속이 검다, 음흉하다

彼(かれ)はやさしそうに見(み)えても、腹(はら)が黒(くろ)い人(ひと)だから気(き)をつけた方(ほう)がいい。

그는 착해 보여도 음흉한 사람이니까 조심하는 것이 좋다.

N1 腹(はら)が据(す)わる
배짱이 두둑하다

リーダーの腹(はら)が据(す)わっていないと、グループはまとまらない。

리더가 배짱이 없으면 그룹은 단합이 되지 않는다.

N1 腹(はら)を探(さぐ)る
상대방의 속마음을 떠보다

誰(だれ)が次(つぎ)の課長(かちょう)になるのか、僕(ぼく)が人事部長(じんじぶちょう)に当(あ)たって腹(はら)を探(さぐ)ってみよう。

누가 다음 과장이 될지 내가 인사 부장을 만나 속을 떠봐야겠다.

N1 腹(はら)を立(た)てる
화를 내다

彼(かれ)は細(こま)かいことにすぐ腹(はら)を立(た)ててしまう。

그는 사소한 일에 쉽게 화를 내 버린다.

N1 **腹を割る** 마음을 터놓다

腹を割って話せる友達が欲しい。

속마음을 터놓고 이야기할 친구가 있었으면 좋겠다.

N1 **膝が笑う** 무릎이 후들거리다

長時間山登りをしたら、膝が笑ってきた。

장시간 등산을 했더니 무릎이 후들거리기 시작했다.

N1 **膝を打つ** 무릎을 치다

▶ '생각이 떠오르다', '감탄하다'의 뜻으로 쓰이는 표현이에요.

膝を打つような素晴らしいアイディアを君に期待しているよ。

무릎을 칠 만한 멋진 아이디어를 자네에게 기대하고 있어.

N1 **額に汗する** 땀 흘려 일하다

▶ '이마에 땀을 흘리다'라는 뜻으로, '땀 흘려 일하다', '열심히 일하다'의 비유적 표현이에요.

額に汗して働く人が報われる社会を作るべきだ。

땀 흘려 일하는 사람이 보답받는 사회를 만들어야 한다.

N1 **人の口に戸は立てられぬ** 남의 입에 문을 세울 수는 없다

▶ 자신에게 불리한 말을 한다고 남의 입을 막을 수는 없다는 뜻이에요.

人の口に戸は立てられぬというように、噂はあっという間に広がってしまう。

남의 입에 문을 세울 수 없다고 하듯, 소문은 순식간에 퍼져 버린다.

N1 **人目を引く** 남의 이목을 끌다

華やかに着飾った彼女の姿は人目を引いた。

화려하게 차려입은 그의 모습은 사람들의 눈길을 끌었다.

N1 へそで茶を沸かす

몹시 우습다, 배꼽을 잡다

君がダイエットするなんてへそで茶を沸かすよ。

네가 다이어트를 하다니 너무 웃긴다.

N1 へそを曲げる

심통을 부리다

彼はへそを曲げたらしばらくは口もきかない。

그는 심통을 부리면 한동안 말도 하지 않는다.

N1 頬が落ちる

너무 맛있다

▶ 직역하면 '볼이 떨어지다'이지만 '너무 맛있어서 둘이 먹다가 하나가 죽어도 모른다'는 뜻이에요. ほっぺたが落ちる라고도 해요.

焼き上がったばかりの餃子は頬が落ちるほどおいしかった。

갓 구워진 만두는 둘이 먹다가 하나가 죽어도 모를 정도로 맛있었다.

N1 骨折り損のくたびれ儲け

애쓴 보람 없는 헛수고

ゲーム機を買うため、あちこち探し回ったが、どこも売り切れていて骨折り損のくたびれ儲けだった。

게임기를 사기 위해 여기저기 찾아다녔지만 어디나 매진이어서 헛수고였다.

N1 骨が折れる

매우 힘들다

▶ 직역하면 '뼈가 부러지다'이지만 그 정도로 힘들다는 뜻을 나타내요.

海外出張の取材というのは、なかなか骨が折れる仕事だ。

해외 출장 취재란 상당히 힘든 일이다.

N1 目の当たりにする

목격하다, 눈앞에서 직접 보다

実際に事故現場を目の当たりにして、本当に怖かった。

실제로 사고 현장을 눈앞에서 보고 정말 무서웠다.

N1 **眉をひそめる** 눈살을 찌푸리다

先生は鈴木君の勝手な行動に眉をひそめた。

선생님은 스즈키 군의 이기적인 행동에 눈살을 찌푸렸다.

N1 **身動きができない** 옴짝달싹 못하다, 꼼짝 못하다

仕事がたまりすぎて身動きができない状態だ。

일이 너무 밀려서 꼼짝 못하는 상태이다.

N1 **身から出た錆** 자업자득

▶ '자신의 잘못으로 인한 화'를 말해요.

お酒の飲みすぎで体を壊した。身から出た錆としか言いようがない。

과음으로 몸이 망가졌다. 자업자득이라고 할 수밖에 없다.

N1 **身に余る** 분에 넘치다, 과분하다

このような名誉ある賞をいただき、身に余る光栄です。

이런 명예로운 상을 받게 되어 분에 넘치는 영광입니다.

N1 **身に覚えがない** 기억이 없다

知人に、身に覚えのない事を言いふらされて傷ついた。

지인이 기억에도 없는 말을 퍼뜨려 상처받았다.

N1 **身に染みる** 절실히 느끼다, 사무치다

病気になって初めて平凡な暮らしのありがたさが身に染みた。

병이 난 뒤에야 평범한 삶의 고마움을 뼈저리게 느꼈다.

N1 **身につく** 몸에 배다, 터득되다

外国に住んでいると、その国の習慣が知らず知らず身につくものだ。

외국에 살다 보면 그 나라의 관습이 자신도 모르게 몸에 배는 법이다.

N1 身につける
익히다, 터득하다

販売員は、商品をわかりやすく説明するスキルも身につける必要がある。

판매원은 상품을 알기 쉽게 설명하는 스킬도 익힐 필요가 있다.

N1 耳が痛い
귀가 아프다, 듣기 거북하다

友達の忠告を聞くのは耳が痛いが、その忠告に感謝しなければならない。

친구의 충고를 듣는 것은 듣기 거북하지만, 그 충고에 감사해야 한다.

N1 耳が早い
소문에 빠르다

彼女は耳が早いから、もう知ってるだろう。

그녀는 소문에 빠르니까 이미 알고 있을 것이다.

N1 耳にたこができる
귀에 못이 박이다

君のその自慢話は耳にたこができるほど聞かされたよ。

너의 그 자랑은 귀에 못이 박이도록 들었어.

N1 耳を傾ける
귀를 기울이다

生徒たちは先生の話に真剣に耳を傾けている。

학생들은 선생님의 말에 진지하게 귀 기울이고 있다.

N1 身を置く
몸담다, 종사하다

私は１０年以上広告業界に身を置いている。

나는 10년 이상 광고업계에 몸담고 있다.

N1 身を削る
뼈를 깎다, 몹시 고생하다

行政サービスといえども身を削るような努力を惜しんではならない。

행정 서비스라 할지라도 뼈를 깎는 노력을 아껴서는 안 된다.

N1 身を立てる
출세하다, 성공하다

私は歌手として身を立てたいと思っている。

나는 가수로 성공하고 싶다.

N1 身を乗り出す
솔깃하다

興味のある映画の話だったので、身を乗り出して聞いてしまった。

관심 있는 영화 이야기였기 때문에, 솔깃해서 듣고 말았다.

N1 胸が痛む
가슴이 아프다

戦争で死んでいく人のことを思うと胸が痛みます。

전쟁으로 죽어가는 사람을 생각하면 가슴이 아픕니다.

N1 胸が一杯になる
가슴이 벅차다

受験に合格して、喜びと期待で胸が一杯になった。

입시에 합격하여 기쁨과 기대감으로 가슴이 벅찼다.

N1 胸が詰まる
가슴이 메다

被災者たちが協力し合う姿を見て胸が詰まる思いだった。

이재민들이 서로 협력하는 모습을 보고 가슴이 먹먹했다.

N1 胸に刻む
가슴에 새기다, 명심하다

鈴木先生のご助言を胸に刻んで頑張っていきたいと思います。

스즈키 선생님의 조언을 가슴에 새기고 노력해 나가려고 생각합니다.

N1 胸に迫る
가슴에 와닿다

この小説は、読んでるうちに、涙が出るほど胸に迫るところがある。

이 소설은 읽다 보면 눈물이 날 정도로 가슴에 와닿는 데가 있다.

N1 胸に秘める

마음에 간직하다

卒業生として母校の誇りを胸に秘めて、社会で頑張ってください。

졸업생으로서 모교의 긍지를 마음에 간직하고, 사회에서 열심히 해 주세요.

N1 胸を熱くする

흥분되다, 두근거리다

この映画は、見る者の胸を熱くしてくれるだろう。

이 영화는 보는 이의 가슴을 뜨겁게 해 줄 것이다.

N1 胸をなでおろす

가슴을 쓸어내리다, 안심하다

彼が無事だという話を聞いて胸をなでおろした。

그가 무사하다는 말을 듣고 가슴을 쓸어내렸다.

N1 胸を張る

가슴을 펴다, 자신만만하다

学校の代表として、胸を張って堂々と試合に臨んでください。

학교 대표로서 가슴을 펴고 당당하게 경기에 임해 주시기 바랍니다.

N1 目が肥える

눈이 높다, 안목이 높다

この頃のお客さんは目が肥えているから、質の悪い物は売れない。

요즘 손님들은 안목이 높아서 질 나쁜 물건은 팔리지 않는다.

N1 目が冴える

눈이 말똥말똥하다, 잠이 안 오다

疲れているのに、ベッドに入ると目が冴えてしまって眠れない。

피곤한데도 침대에 들어가면 눈이 말똥말똥해져서 잠을 잘 수가 없다.

N1 目が覚める

잠이 깨다

夜中に目が覚めたまま寝られなかった。

한밤중에 잠에서 깬 채 잘 수가 없었다.

N1 目頭が熱くなる

눈시울이 뜨거워지다

賞をもらった時には、感激のあまり、目頭が熱くなりました。

상을 받았을 때는 감격한 나머지 눈시울이 뜨거워졌습니다.

N1 目がない

사족을 못 쓰다, 너무 좋아하다

▶ 주로 음식에 대해 쓰는 표현이에요.

父はお酒に目がない。

아버지는 술을 너무 좋아한다.

N1 目が回る

눈이 핑핑 돌다, 매우 바쁘다

今年は就職活動と卒業論文の準備で目が回るほど忙しい。

올해는 취업 활동과 졸업 논문 준비로 정신없이 바쁘다.

N1 目から鼻に抜ける

매우 영리하다, 매우 판단력이 빠르다

彼は目から鼻に抜けるような人で、困った状況でもすぐに解決してしまう。

그는 매우 영리한 사람이라 곤란한 상황에서도 금방 해결을 한다.

N1 目と鼻の先

엎어지면 코 닿을 데

家から駅までは目と鼻の先です。

집에서 역까지는 엎어지면 코 닿을 데입니다.

N1 目に余る

눈꼴 사납다, 묵과할 수 없다

あの学生の授業中の態度は目に余るものがある。

저 학생의 수업 중 태도는 묵과할 수가 없다.

N1 目に障る

눈에 거슬리다

彼にとって私は目に障る存在でしょう。

그에게 있어서 나는 눈에 거슬리는 존재일 겁니다.

N1 目(め)にする

목격하다, 보다

私(わたし)たちは身(み)の回(まわ)りで様々(さまざま)な商品広告(しょうひんこうこく)を目(め)にしている。

우리는 주변에서 다양한 상품 광고를 보고 있다.

N1 目(め)の上(うえ)のこぶ

눈 위의 혹, 눈엣가시

▶ こぶ는 한자로는 瘤로 표기하며 たんこぶ라고 읽기도 해요.

サラリーマンにとって、うるさい上司(じょうし)は目(め)の上(うえ)のこぶのような存在(そんざい)だ。

직장인에게 시끄러운 상사는 눈엣가시 같은 존재다.

N1 目(め)を三角(さんかく)にする

눈을 부라리다, 노발대발하다

いつも遅刻(ちこく)する私(わたし)に、友人(ゆうじん)は目(め)を三角(さんかく)にして怒(おこ)った。

늘 지각하는 나에게 친구는 눈을 부릅뜨고 화를 냈다.

N1 目(め)を白黒(しろくろ)させる

(괴로워서) 눈을 희번덕거리다, 몹시 당황하다

「テストのトップは君(きみ)だ」と言(い)われて、僕(ぼく)は一瞬(いっしゅん)目(め)を白黒(しろくろ)させた。

'시험 1등은 너야'라는 말을 듣고 나는 순간 몹시 당황했다.

N1 目(め)を背(そむ)ける

시선을 돌리다, 회피하다

我々(われわれ)はどこに住(す)んでいても、気候変動(きこうへんどう)から目(め)を背(そむ)けてはならない。

우리는 어디에 살든 기후 변화를 외면해서는 안 된다.

N1 目(め)を付(つ)ける

주목하다, 눈독을 들이다

▶ 目(め)는 眼(め)로 표기하기도 해요.

前(まえ)から目(め)を付(つ)けていたコートをセールで安(やす)く買(か)った。

전부터 눈독을 들이고 있던 코트를 세일에서 싸게 샀다.

N2 色眼鏡(いろめがね)で見(み)る

색안경을 끼고 보다, 편견을 갖고 보다

人(ひと)を色眼鏡(いろめがね)で見(み)る態度(たいど)はよくない。

사람을 색안경을 끼고 보는 태도는 좋지 않다.

N2 甲斐(かい)がある

보람이 있다

頑張(がんば)った甲斐(かい)があって、試験(しけん)に合格(ごうかく)できた。

열심히 노력한 보람이 있어서 시험에 합격할 수 있었다.

N2 勝(か)ち目(め)がない

승산이 없다

価格競争(かかくきょうそう)では大手企業(おおてきぎょう)に勝(か)ち目(め)がないので、どうしても避(さ)けたい。

가격 경쟁으로는 대기업에 승산이 없기 때문에 어떻게든 피하고 싶다.

N2 切(き)りがいい

끝맺기 좋다

仕事(しごと)の切(き)りがいいところで一休(ひとやす)みしよう。

일이 매듭짓기 좋은 때에 잠깐 쉬자.

N2 切(き)りがない

끝이 없다

こんな仕事(しごと)をいつまでやっていても、切(き)りがない。

이런 일을 언제까지 하고 있어도 끝이 없다.

N2 心(こころ)に刻(きざ)む

마음에 새기다

皆様(みなさま)の温(あたた)かい言葉(ことば)を心(こころ)に刻(きざ)んで仕事(しごと)に励(はげ)みたいと思(おも)います。

여러분의 따뜻한 말씀을 마음에 새기고 힘써 일하고 싶습니다.

N2 五十歩百歩(ごじっぽひゃっぽ)

오십보백보

両社(りょうしゃ)のスマホを見比(みくら)べてみたが、性能(せいのう)は五十歩百歩(ごじっぽひゃっぽ)だった。

두 회사의 스마트폰을 비교해 보았지만 성능은 오십보백보였다.

N2 勝利を収める

승리를 거두다

選挙の結果、新人候補が勝利を収めた。

선거 결과, 신인 후보가 승리를 거두었다.

N2 ねじを巻く

나사를 조이다

▶ 느슨해진 태도나 행동을 다잡는다는 뜻으로 쓰여요.

どうも気が緩みがちだから、ここらでねじを巻いて頑張らなければ。

아무래도 느슨해지기 십상이니까 이쯤에서 나사를 조여 열심히 해야지.

N2 ひどい目に遭う

봉변을 당하다

海外旅行中、財布をすられるというひどい目に遭った。

해외여행 중 지갑을 소매치기 당하는 봉변을 당했다.

N2 世を渡る

세상을 살아가다

彼は、世を渡ることは苦手だが、仕事は有能だ。

그는 처세는 서툴지만 업무는 유능하다.

N1 ああ言えばこう言う

이리저리 변명만 하다

この子は、ああ言えばこう言うで、少しも人の言うことを聞こうとしない。

이 아이는 저렇게 말하면 이렇게 말하는 식으로 조금도 남이 하는 말을 들으려고 하지 않는다.

N1 相槌を打つ

맞장구치다

▶ つち(槌)란 망치를 말해요. 대장간에서 대장장이가 쇠를 두드릴 때 조수나 제자가 맞은편에서 함께 두드리던 것에서 유래되었어요.

彼は真剣に相槌を打ちながら彼女の話を聞いていた。

그는 진지하게 맞장구를 치며 그녀의 이야기를 듣고 있었다.

N1 あうんの呼吸(こきゅう)

찰떡 호흡, 한 마음

チームでやるスポーツはあうんの呼吸(こきゅう)がとても大切(たいせつ)だ。

팀으로 하는 스포츠는 호흡이 맞는 것이 매우 중요하다.

N1 青菜(あおな)に塩(しお)

풀 죽은 모양, 의기소침함

彼(かれ)は試合(しあい)の最後(さいご)で逆転(ぎゃくてん)負(ま)けし、青菜(あおな)に塩(しお)のようになっている。

그는 시합 막바지에 역전패해 풀이 죽어 있다.

N1 青(あお)は藍(あい)より出(い)でて藍(あい)より青(あお)し

청출어람이 청어람

あの小説家(しょうせつか)の門下(もんか)からノーベル賞受賞者(しょうじゅしょうしゃ)が出(で)た。まさに「青(あお)は藍(あい)より出(い)でて藍(あい)より青(あお)し」である。

그 소설가의 문하에서 노벨상 수상자가 나왔다. 정말이지 '청출어람이 청어람'이다.

N1 赤子(あかご)の手(て)を捻(ひね)る

갓난아기의 손을 비틀다, 아주 쉽다

あんな練習不足(れんしゅうぶそく)のチームと対戦(たいせん)するのは、赤子(あかご)の手(て)を捻(ひね)るようなものだ。

저런 연습 부족인 팀과 대전하는 것은 아주 쉬운 일이다.

N1 秋(あき)の日(ひ)は釣瓶落(つるべお)とし

가을 해는 두레박 떨어지듯 빨리 진다

秋(あき)の日(ひ)は釣瓶落(つるべお)としで、あっという間(ま)に真(ま)っ暗(くら)になってしまった。

가을 해는 두레박 떨어지는 것과 같다더니, 눈 깜짝할 사이에 캄캄해져 버렸다.

N1 悪事千里(あくじせんり)を走(はし)る

악사천리

▶ 나쁜 일에 대한 소문은 빠르게 널리 퍼진다는 뜻이에요.

彼(かれ)が浮気(うわき)していることを、もうみんな知(し)っているなんて、まさに「悪事千里(あくじせんり)を走(はし)る」だ。

그가 바람 피우고 있는 것을 이미 모두가 알고 있다니, 정말 '악사천리'다.

N1 悪銭(あくせん)身(み)に付(つ)かず
부정하게 얻은 재물은 오래 못 간다

宝(たから)くじでお金(かね)を得(え)ても、「悪銭(あくせん)身(み)に付(つ)かず」ですぐに使(つか)い果(は)たしてしまうだろう。

복권으로 돈이 생겨도 '부정하게 얻은 재물은 오래 못 간다'고 금세 다 써 버리고 말 것이다.

N1 挙(あ)げ句(く)の果(は)てに
끝끝내, 급기야

会議(かいぎ)で言(い)い争(あらそ)っていた二人(ふたり)は、挙(あ)げ句(く)の果(は)てにつかみ合(あ)いの喧嘩(けんか)になった。

회의에서 말다툼을 벌이던 두 사람은 끝끝내 주먹다짐을 하는 싸움이 되었다.

N1 味(あじ)も素(そ)っ気(け)もない
멋대가리 없다, 무미건조하다

彼(かれ)の文章(ぶんしょう)は事実(じじつ)を列挙(れっきょ)しているばかりで味(あじ)も素(そ)っ気(け)もない。

그의 글은 사실을 열거하고 있을 뿐이어서 무미건조하다.

N1 悪貨(あっか)は良貨(りょうか)を駆逐(くちく)する
악화는 양화를 구축한다

▶ 경제 속담에서 유래되어 '나쁜 것이 좋은 것을 몰아낸다'는 뜻으로 쓰이게 되었어요. 여기에서 '구축하다'는 '몰아낸다'는 뜻이에요.

次第(しだい)にコンテンツの質(しつ)が下(さ)がっていくのは、まさに「悪貨(あっか)は良貨(りょうか)を駆逐(くちく)する」というものである。

차츰 콘텐츠 질이 떨어지는 것은 바로 '악화는 양화를 구축한다'는 것이다.

N1 当(あ)てがない
정처 없다, 대책이 없다

次(つぎ)の職(しょく)の当(あ)てがないまま退職(たいしょく)するなんて無謀(むぼう)じゃないか。

다음 일자리의 대책도 없이 퇴직하다니 무모하잖아.

N1 後(あと)の祭(まつ)り
행차 후의 나팔, 사후약방문

クリックをした直後(ちょくご)に間違(まちが)いだったことに気(き)づいたが、もう後(あと)の祭(まつ)りだった。

클릭을 한 직후에 실수였다는 것을 알았지만 이미 사후약방문이다.

N1 穴があったら入りたい
취구멍이라도 들어가고 싶다

学生のときの下手な作文を子供たちに見られ、穴があったら入りたい気分だった。

학생 시절의 서툰 작문을 아이들이 보고 말아, 쥐구멍이라도 있으면 들어가고 싶은 심정이었다.

N1 危ない橋を渡る
위험한 모험을 하다

お金は欲しいが、危ない橋を渡ってまでしてお金を得ようとは思わない。

돈은 원하지만 위험한 모험까지 하며 돈을 얻고자 하지는 않는다.

N1 虻蜂取らず
두 마리 토끼를 잡지 못함

▶ 직역하면 '등에와 벌을 동시에 잡을 수 없다'는 뜻이지만, 우리말의 '두 마리 토끼를 잡으려다 한 마리도 못 잡는다'와 같은 표현으로 욕심부리다가 하나도 얻지 못한다는 뜻이에요.

あれこれ手を出したが、結局虻蜂取らずになってしまった。

이것저것 손을 댔지만 결국 하나도 얻지 못하고 말았다.

N1 油を売る
노닥거리다

そんなところで油を売っていないで、ちょっと手伝ってください。

그런 데서 노닥거리고 있지 말고 좀 도와주세요.

N1 油をしぼる
호되게 꾸짖다

授業をサボって遊びに行ったことがバレてしまい、父にたっぷり油をしぼられた。

수업을 빼먹고 놀러 간 것을 들켜서 아버지에게 호되게 야단맞았다.

N1 天邪鬼
심술쟁이, 청개구리

彼は天邪鬼だから、いつも人の意見に反対する。

그는 심술쟁이라서 항상 남의 의견에 반대한다.

N1 **雨降って地固まる** 비 온 뒤에 땅이 굳어진다

あれだけ反目しあっていた二人が固い友情で結ばれるなんて、まさに「雨降って地固まる」だ。

그토록 반목하고 있던 두 사람이 굳건한 우정으로 엮이다니 정말 '비 온 뒤에 땅이 굳어진다'는 말이 맞다.

N1 **蟻の穴から堤も崩れる** 개미구멍으로 둑도 무너진다

「蟻の穴から堤も崩れる」というから、どんな小さなミスも放置してはならない。

'개미구멍으로 둑도 무너진다'고 하니 어떤 작은 실수도 방치해서는 안 된다.

N1 **泡を食う** 몹시 놀라 당황하다, 허둥거리다

いきなり入ってきた捜査官たちに、犯人たちは泡を食って逃げ出そうとした。

갑자기 들어온 수사관들 때문에 범인은 허둥거리며 도망가려 했다.

N1 **案の定** 생각대로, 예상대로

空が曇ってきたと思ったら、案の定雨が降り出した。

하늘이 흐려졌다 했더니, 아니나 다를까 비가 내리기 시작했다.

N1 **勢いに乗る** 기세를 타다, 기회를 잘 활용하다

私たちのチームは最初の試合で大勝利し、勢いに乗ってそのまま決勝戦まで進んだ。

우리 팀은 첫 시합에서 크게 승리하여, 여세를 몰아 그대로 결승전까지 갔다.

N1 **息が合う** 호흡이 맞다, 손발이 맞다

二人の演奏は、とても息が合って、耳に心地よかった。

두 사람의 연주는 매우 호흡이 잘 맞아서 듣기 좋았다.

N1 **息が切れる** 숨이 차다, 숨 가쁘다

駅の階段を上がっただけなのに息が切れた。

역 계단을 올랐을 뿐인데 숨이 찼다.

N1 **息をつく暇もない** 숨 돌릴 틈도 없다

この店は週末となると、息をつく暇もないほど忙しくなる。

이 가게는 주말이면 숨 돌릴 틈도 없이 바빠진다.

N1 **いざ鎌倉** 긴급 상황

日ごろの訓練を怠っていると、いざ鎌倉というときに対処できないだろう。

평소 훈련을 게을리 하면, 정작 긴급 상황이 되었을 때에 대처할 수 없을 것이다.

N1 **いざという時** 만일의 경우, 유사시

いざという時に備えて、防災グッズを用意する。

만일의 경우에 대비하여 방재 용품을 준비한다.

N1 **石の上にも三年** 참고 견디면 복이 온다

「石の上にも三年」というように、語学もコツコツ努力すれば、必ずできるようになります。

'참고 견디면 복이 온다'고 하듯, 어학도 꾸준히 노력하면 반드시 잘하게 됩니다.

N1 **石橋を叩いて渡る** 돌다리를 두드려 보고 건너다

彼は石橋を叩いて渡るような用心深い人だ。

그는 돌다리도 두드려 보고 건널 만큼 조심스러운 사람이다.

N1 **医者の不養生** 의사가 자신의 건강은 돌보지 않음

ダイエットコーチが甘いもの好きだなんて、まさに「医者の不養生」だ。

다이어트 코치가 단것을 좋아하다니, 정말 '의사가 자신의 건강은 돌보지 않는' 격이다.

N1 意地を張る

고집을 부리다

そんなつまらないことに意地を張らないでください。

그런 하찮은 일에 고집 부리지 마세요.

N1 急がば回れ

급하면 돌아가라

日本語が上手になりたいなら、「急がば回れ」というように、基礎に力を入れるべきだ。

일본어를 잘하게 되고 싶으면, '급하면 돌아가라'고 하듯, 기초에 주력해야 한다.

N1 いたちごっこ

다람쥐 쳇바퀴 돌듯함, 조금도 진전이 없음

いくらセキュリティーを強めてもさらに強力なウイルスが出てくるのは、まさにいたちごっこだ。

아무리 보안을 강화해도 더 강력한 바이러스가 나오는 것은, 정말 다람쥐 쳇바퀴 도는 것과 같다.

N1 板に付く

잘 어울리다, 제격이다

人前に出るのを怖がっていた彼女も、教師になって１年もすると、先生らしさが板に付いてきた。

남 앞에 나서는 것을 두려워하던 그녀도 교사가 되고 1년이 되니 선생님다운 모습이 되었다.

N1 一か八か

흥하든 망하든, 모 아니면 도

無理かもしれないが、一か八かやってみよう。

무리일지도 모르겠지만, 어떻게 되든지 해 보자.

N1 一事が万事

하나를 보면 열을 안다, 늘 그렇다

父は、私があああ言うとこう言い、こう言うとああ言う。一事が万事この調子だ。

아버지는 내가 저렇게 말하면 이렇게 말하고, 이렇게 말하면 저렇게 말한다. 늘 그렇듯 이런 식이다.

N1 一年の計は元旦にあり

일년의 계획은 설날에 세워라

「一年の計は元旦にあり」ということで、年初に日本語学習の計画を立てた。

'일년의 계획은 새해 첫날에 세우는 것'이라고 하여, 연초에 일본어 학습 계획을 세웠다.

N1 一目置く

한 점 놓다, 인정하다

▶ 자신보다 실력이 나은 사람으로 인정하여 경의를 표한다는 뜻이에요.

北山課長は、新入社員の頃から一目置かれる存在だったらしい。

기타야마 과장은 신입 사원 때부터 인정받는 존재였다고 한다.

N1 一夜漬け

벼락치기

一夜漬けの勉強でテストに臨むのはあまり勧めたくない。

벼락치기 공부로 시험에 임하는 것은 별로 권하고 싶지 않다.

N1 一翼を担う

일익을 담당하다

彼は、研究に邁進して半導体産業の一翼を担いたいと語っている。

그는 연구에 매진하여 반도체 산업의 일익을 담당하고 싶다고 말하고 있다.

N1 一巻の終わり

끝장

この取引で失敗したら、わが社は一巻の終わりだ。

이 거래에서 실패하면 우리 회사는 끝장이다.

N1 一騎打ち

맞대결, 일대일 승부

今度の市長選は、現職と新人候補との一騎打ちとなった。

이번 시장 선거는 현직과 신인 후보와의 맞대결로 치러지게 되었다.

N1 一国一城の主

일국의 주인, 자수성가한 사람

彼は自分の家を持てて、一国一城の主になった気分だった。

그는 자신의 집을 가질 수 있게 되어서 일국의 주인이 된 기분이었다.

N1 一寸先は闇 (いっすんさきはやみ)

한 치 앞을 모름

今年のビジネスは順調だったが、一寸先は闇というから、来年どうなるか分からない。

올해 비즈니스는 순조로웠지만 한 치 앞을 모른다고 하니 내년에 어떻게 될지 모른다.

N1 一寸の虫にも五分の魂 (いっすんのむしにもごぶのたましい)

지렁이도 밟으면 꿈틀한다

「一寸の虫にも五分の魂」だ。新人だからといって、見くびってはならない。

지렁이도 밟으면 꿈틀한다. 신참이라고 얕보아서는 안 된다.

N1 一石を投じる (いっせきをとうじる)

파문을 일으키다

会議における彼の提案は、会社のあり方に一石を投じた。

회의에서의 그의 제안은 회사의 경영 방침에 파문을 일으켰다.

N1 一線を画す (いっせんをかくす)

선을 긋다, 확실히 다르다

彼女の演奏は、他の出演者とは一線を画した素晴らしいものだった。

그녀의 연주는 다른 출연자들과는 확연히 다른 훌륭한 것이었다.

N1 一端を担う (いったんをになう)

한 부분을 담당하다

その企業は、代替エネルギーの開発により環境保全の一端を担っている。

그 기업은 대체 에너지의 개발로 인해 환경 보전의 한 부분을 담당하고 있다.

N1 いつまでもあると思うな親と金

부모와 돈은 언제까지나 있는 것이 아니다

「いつまでもあると思うな親と金」というように、現在の状況は永遠に続くものではない。

'부모와 돈은 언제까지나 있는 것이 아니다'라고 하듯이, 현재 상황은 영원히 지속되는 것이 아니다.

N1 **居(い)ても立(た)ってもいられない** 안절부절못하다

入学試験(にゅうがくしけん)の結果(けっか)が心配(しんぱい)で、居(い)ても立(た)ってもいられない気持(きも)ちだった。

입학시험 결과가 걱정돼 안절부절못하는 기분이었다.

N1 **井戸端会議(いどばたかいぎ)** 우물가 회의, 주부들의 수다, 쑥덕공론

近所(きんじょ)の公園(こうえん)で母親(ははおや)たちが井戸端会議(いどばたかいぎ)をしている。

인근 공원에서 어머니들이 쑥덕공론을 하고 있다.

N1 **糸(いと)を引(ひ)く** 뒤에서 조종하다

この事件(じけん)は誰(だれ)かが裏(うら)で糸(いと)を引(ひ)いているに違(ちが)いない。

이 사건은 누군가가 뒤에서 조종하고 있는 것이 틀림없다.

N1 **犬(いぬ)も歩(ある)けば棒(ぼう)に当(あ)たる** 개도 쏘다니면 몽둥이에 맞는다

▶ '뜻하지 않은 행운을 만나다'라는 뜻과 '주제넘은 일을 하다 봉변을 당하다'라는 두 가지 뜻이 있어요.

「犬(いぬ)も歩(ある)けば棒(ぼう)に当(あ)たる」というから、あまりいろいろな所(ところ)に首(くび)を突(つ)っ込(こ)まない方(ほう)がいい。

'개도 쏘다니면 몽둥이에 맞는다'고 하니, 너무 여기저기 관여하지 않는 것이 좋다.

N1 **命(いのち)あっての物種(ものだね)** 목숨이 제일이다

自然災害(しぜんさいがい)により家(いえ)と財産(ざいさん)を失(うしな)ったが、家族(かぞく)みんな無事(ぶじ)だったので、「命(いのち)あっての物種(ものだね)」と気(き)を取(と)り直(なお)すことにした。

자연재해로 인해 집과 재산을 잃었지만, 가족이 모두 무사했기 때문에, '목숨이 제일이다'라고 고쳐 생각하고 다시 기운을 내기로 했다.

N1 **井(い)の中(なか)の蛙大海(かわずたいかい)を知(し)らず** 우물 안 개구리 큰 바다를 모르다

「井(い)の中(なか)の蛙大海(かわずたいかい)を知(し)らず」という状態(じょうたい)にならないよう、いつも世界(せかい)に関心(かんしん)を持(も)っている必要(ひつよう)がある。

'우물 안 개구리 큰 바다를 모르는' 상황이 되지 않도록, 항상 세계에 관심을 갖고 있을 필요가 있다.

N1 茨(いばら)の道(みち)

가시밭길, 고난의 길

たとえ茨(いばら)の道(みち)を歩(あゆ)むことになっても、志(こころざし)をなしとげたい。

설령 가시밭길을 걷게 되더라도 뜻을 이루고 싶다.

N1 芋(いも)づる式(しき)

관련된 것들이 딸려 옴

詐欺事件(さぎじけん)の関係者(かんけいしゃ)が芋(いも)づる式(しき)に逮捕(たいほ)された。

사기 사건 관계자가 줄줄이 체포되었다.

N1 芋(いも)を洗(あら)うようだ

많은 사람이 모여 북적이다

連休(れんきゅう)とあって、遊園地(ゆうえんち)は芋(いも)を洗(あら)うような混雑(こんざつ)ぶりだった。

연휴여서 놀이공원은 발 디딜 틈도 없이 붐볐다.

N1 色(いろ)めき立(た)つ

술렁이다, 활기를 띠다

社内(しゃない)は人事異動(じんじいどう)の噂(うわさ)で色(いろ)めき立(た)っている。

사내는 인사이동 소문으로 술렁이고 있다.

N1 言(い)わぬが花(はな)

말하지 않는 것이 낫다

映画(えいが)はとても面白(おもしろ)かったが、どのように面白(おもしろ)かったかは、言(い)わぬが花(はな)だろう。

영화는 무척 재미있었지만, 어떻게 재미있었는지는 말하지 않는 것이 좋을 것이다.

N1 因縁(いんねん)を付(つ)ける

생트집을 잡다, 시비를 걸다

変(か)わった風貌(ふうぼう)の人(ひと)がいたので何(なん)の気(き)なしに目(め)を遣(や)ったら、なぜ見(み)ると因縁(いんねん)を付(つ)けられた。

특이한 모습을 한 사람이 있어서 별생각 없이 쳐다보았더니, 왜 보냐고 시비를 걸었다.

N1 魚心(うおごころ)あれば水心(みずごころ)

오는 정이 있으면 가는 정이 있다

「魚心(うおごころ)あれば水心(みずごころ)」というから、こちらから相手(あいて)に好意(こうい)のまなざしを向(む)けることが大切(たいせつ)だろう。

'오는 정이 있으면 가는 정이 있다'고 하니, 이쪽에서 상대방에게 호의의 눈길을 보내는 것이 중요할 것이다.

N1 **浮(う)かない顔(かお)をする** 시무룩한 얼굴을 하다

面接(めんせつ)から帰(かえ)ってきた彼(かれ)は、ずっと浮(う)かない顔(かお)をしている。

면접에서 돌아온 그는 줄곧 시무룩한 얼굴을 하고 있다.

N1 **浮(う)き沈(しず)みが激(はげ)しい** 기복이 심하다

感情(かんじょう)の浮(う)き沈(しず)みが激(はげ)しい人(ひと)と付(つ)き合(あ)うのは大変(たいへん)だ。

감정의 기복이 심한 사람과 사귀는 것은 힘들다.

N1 **浮(う)き彫(ぼ)りになる** 부각되다, 명확히 드러나다

今回(こんかい)の選挙(せんきょ)によって、国論(こくろん)が二分(にぶん)されていることが浮(う)き彫(ぼ)りになった。

이번 선거로 인해 국론이 둘로 나뉘어 있음이 명확히 드러났다.

N1 **雨後(うご)の竹(たけ)の子(こ)** 우후죽순

経済(けいざい)が回復(かいふく)し、新規事業(しんきじぎょう)が雨後(うご)の竹(たけ)の子(こ)のように起(お)こってきた。

경제가 회복되어 신규 사업이 우후죽순처럼 생겨났다.

N1 **牛(うし)の歩(あゆ)み** 소걸음, 일의 진행 속도가 더딤

現在日本語(げんざいにほんご)を勉強(べんきょう)しているが、上達(じょうたつ)のしかたは牛(うし)の歩(あゆ)みだ。

현재 일본어를 공부하고 있지만, 향상되는 정도는 너무 더디다.

N1 **後(うし)ろ指(ゆび)を指(さ)される** 손가락질을 받다

後(うし)ろ指(ゆび)を指(さ)されるような行動(こうどう)は何(なに)もしていません。

손가락질 받을 만한 행동은 아무것도 하지 않았습니다.

N1 **嘘(うそ)から出(で)たまこと** 거짓말이나 농담이 진실이 됨

自分(じぶん)は教師(きょうし)になると冗談(じょうだん)で言(い)っていたが、嘘(うそ)から出(で)たまことで、本当(ほんとう)に教(きょう)師(し)になってしまった。

본인은 교사가 될 거라고 농담으로 말했었지만, 농담이 진실이 되는 격으로 정말로 교사가 되고 말았다.

N1 嘘八百 (うそはっぴゃく)

새빨간 거짓말

あいつが小学生(しょうがくせい)のとき勉強(べんきょう)できたなんていうのは、嘘八百(うそはっぴゃく)だ。

그 녀석이 초등학생 때 공부를 잘했다는 건 새빨간 거짓말이다.

N1 歌(うた)は世(よ)につれ世(よ)は歌(うた)につれ

노래는 세상 따라 세상은 노래 따라

「歌(うた)は世(よ)につれ世(よ)は歌(うた)につれ」というように、昔(むかし)の歌(うた)はその時代(じだい)の雰囲気(ふんいき)を感(かん)じさせてくれる。

'노래는 세상 따라 세상은 노래 따라'라고 하듯, 옛날 노래는 그 시대의 분위기를 느끼게 해 준다.

N1 有頂天(うちょうてん)になる

기뻐서 어쩔 줄 모르다

妹(いもうと)は希望(きぼう)の会社(かいしゃ)に採用(さいよう)されて有頂天(うちょうてん)になっている。

여동생은 희망하는 회사에 채용되어 기뻐서 어쩔 줄 몰라하고 있다.

N1 うつつを抜(ぬ)かす

넋을 잃다, 마음을 빼앗기다

明日(あした)テストなのだから、ＳＮＳ(エスエヌエス)にうつつを抜(ぬ)かしている場合(ばあい)ではない。

내일 시험이라 SNS에 넋을 잃고 있을 때가 아니다.

N1 うってつけ

안성맞춤

この公園(こうえん)は散歩(さんぽ)するのにはうってつけの場所(ばしょ)だ。

이 공원은 산책하기에 안성맞춤인 장소이다.

N1 うつ伏(ぶ)せになる

엎드리다

机(つくえ)にうつ伏(ぶ)せになって寝(ね)るのは、体(からだ)によくないらしい。

책상에 엎드려 자는 것은 몸에 좋지 않다는 것 같다.

N1 うなぎ上(のぼ)り

급상승

今年(ことし)に入(はい)ってから国際穀物価格(こくさいこくもつかかく)がうなぎ上(のぼ)りに高騰(こうとう)している。

올해 들어 국제 곡물 가격이 급상승하고 있다.

N1 鵜の真似をする烏

분수를 모름

▶ 직역하면 '가마우지 흉내 내는 까마귀'인데, '뱁새가 황새 따라가다 가랑이가 찢어진다'와 비슷한 표현이에요.

君が投資家の真似をしたって、鵜の真似をする烏だ。大損するのが関の山さ。

자네가 투자자 흉내를 내 봤자, 분수를 모르는 거야. 큰 손해를 볼 게 뻔해.

N1 鵜呑みにする

곧이곧대로 믿다

▶ 가마우지가 물고기를 통째로 삼키는 데서 유래된 말이에요.

証券会社の担当者の話を鵜呑みにするのは愚かなことだ。

증권회사 담당자의 말을 곧이곧대로 믿어 버리는 것은 어리석은 일이다.

N1 馬が合う

마음이 맞다, 의기투합하다

新しい上司とは馬が合い、仕事以外の付き合いもしている。

새로운 상사와는 마음이 맞아서 일 외에 어울리기도 하고 있다.

N1 馬の耳に念仏

쇠귀에 경 읽기

彼にいくらアドバイスしても馬の耳に念仏で、一向に状況はよくならない。

그에게 아무리 조언을 해도 쇠귀에 경 읽기 같아서 전혀 상황이 나아지지 않는다.

N1 海千山千

산전수전 겪음

海千山千のネゴシエイター相手に交渉するのは、大変なことだ。

산전수전을 다 겪은 협상가를 상대로 협상하는 것은 힘든 일이다.

N1 海のものとも山のものとも分からない

정체를 알 수 없다

▶ '사물의 정체나 본질을 알 수 없다, 앞날을 예측할 수 없다'는 뜻이에요.

海のものとも山のものとも分からない人を採用するより、知り合いにいい人を紹介してもらった方が安全だ。

정체를 알 수 없는 사람을 채용하는 것보다 아는 사람에게 좋은 사람을 소개받는 편이 안전하다.

N1 **裏をかく** 의표를 찌르다, 허를 찌르다

あの選手は相手の裏をかいてゴールを決めるのが得意だ。

저 선수는 상대방의 허를 찔러 골을 결정하는 것이 특기다.

N1 **売り言葉に買い言葉** 가는 말이 고와야 오는 말이 곱다

売り言葉に買い言葉で、つい口が滑って失礼なことを言ってしまった。

가는 말이 고와야 오는 말이 곱다고, 나도 모르게 말이 헛나가 무례한 말을 하고 말았다.

N1 **瓜二つ** 꼭 닮음, 똑같이 생김

彼は父親と瓜二つだ。

그는 아버지를 꼭 닮았다.

N1 **噂をすれば影がさす** 호랑이도 제 말하면 온다

「噂をすれば影がさす」っていうけれど、本当に噂してたら当人が現れて、びっくりした。

'호랑이도 제 말하면 온다'고 하지만, 정말로 이야기를 하고 있는데 당사자가 나타나 깜짝 놀랐다.

N1 **雲泥の差** 하늘과 땅 차이, 천양지차

都会と田舎では生活費に雲泥の差がある。

도시와 시골의 생활비는 하늘과 땅 차이다.

N1 **栄冠を手にする** 영예를 차지하다

優勝の栄冠を手にするために、練習に励んでいる。

우승의 영예를 차지하기 위해 연습에 힘쓰고 있다.

N1 **悦に入る** 기뻐하다, 흡족해하다

彼女は自分で撮った写真を見ながら、一人悦に入った表情をしている。

그녀는 자신이 찍은 사진을 보며, 혼자 흡족한 표정을 짓고 있다.

N1 江戸(えど)の敵(かたき)を長崎(ながさき)で討(う)つ　종로에서 뺨 맞고 한강에서 눈 흘긴다

仕事(しごと)のイライラを家族(かぞく)にぶつけるのは、江戸(えど)の敵(かたき)を長崎(ながさき)で討(う)つようなものだ。

일에 대한 짜증을 가족에게 화풀이하는 것은 종로에서 뺨 맞고 한강에서 눈 흘기는 격이다.

N1 絵(え)に描(か)いた餅(もち)　그림의 떡

立派(りっぱ)な計画(けいかく)を立(た)てても、実行(じっこう)が伴(ともな)わないために絵(え)に描(か)いた餅(もち)に終わってしまうことがある。

훌륭한 계획을 세워도, 실행이 따르지 않아 그림의 떡으로 끝나 버리는 일이 있다.

N1 海老(えび)で鯛(たい)を釣(つ)る　새우로 도미를 낚다

▶ 적은 밑천으로 큰 이익을 얻는다는 뜻이에요.

自動販売機(じどうはんばいき)のコーヒー１杯(いっぱい)で契約(けいやく)を得(え)ようなんて、海老(えび)で鯛(たい)を釣(つ)ろうとするようなものだ。

자판기 커피 한 잔으로 계약을 따려고 하다니, 새우로 도미를 낚으려는 격이다.

N1 襟(えり)を正(ただ)す　자세를 바로 하다

▶ '옷차림이나 태도를 단정하게 하다, 마음을 가다듬다'라는 뜻이에요.

聴衆(ちょうしゅう)は、襟(えり)を正(ただ)してその講師(こうし)の話(はなし)を聞(き)いていた。

청중은 자세를 바로 하고 그 강사의 이야기를 듣고 있었다.

N1 延長線上(えんちょうせんじょう)にある　연장선상에 있다

現在(げんざい)は過去(かこ)の歴史(れきし)の延長線上(えんちょうせんじょう)にある。

현재는 과거의 연장선상에 있다.

N1 縁(えん)の下(した)の力持(ちからも)ち　숨은 공로자, 든든한 조력자

彼(かれ)はその会社(かいしゃ)の縁(えん)の下(した)の力持(ちからも)ちとして活躍(かつやく)してきた。

그는 그 회사의 든든한 조력자로서 활약해 왔다.

N1 お誂え向き

안성맞춤

ここは花見をするのにお誂え向きの場所です。

이곳은 꽃구경하기에 안성맞춤인 장소입니다.

N1 老いの一徹

노인의 옹고집

祖父は「老いの一徹」で、一度思い込んだら家族の意見など耳に入らない。

할아버지는 '노인의 옹고집'으로 한 번 그렇게 생각하면 가족의 의견 따위 귀에 들어오지 않는다.

N1 驕る平家は久しからず

교만한 자는 오래 못 간다

▶ 여기서 おごる는 '거만하다, 교만하다'라는 뜻이에요.

その大企業は繁栄から倒産まで何年もかからなかった。まさに「驕る平家は久しからず」を地で行くものだった。

그 대기업은 번영에서 도산까지 몇 년 안 걸렸다. 정말 '교만한 자는 오래 못 간다'는 말을 실제로 보여 주는 것이었다.

N1 押し問答

승강이, 입씨름

期日が来ても連絡が来ないので確認したら、申請書が受理されておらず、電話口で押し問答になった。

기일이 되어도 연락이 없어서 확인해 보았더니 신청서가 수리되어 있지 않아 전화로 입씨름을 했다.

N1 お墨付き

확실한 보증, 신뢰할 수 있음

このレストランは有名評論家お墨付きの店だ。

이 레스토랑은 유명 평론가가 보증하는 가게다.

N1 お茶を濁す

적당히 얼버무리다

嫌いな上司との飲み会に誘われたので、急用があると答えてお茶を濁した。

싫어하는 상사와의 술자리에 초대받아서, 급한 일이 생겼다고 하고 적당히 얼버무렸다.

N1 衰えを止める 　　　　　　　　　　　　　　　　　　　쇠퇴를 멈추다
おとろ　　と

体力を維持し、身体の衰えを止めるには運動を習慣化することだ。
たいりょく　いじ　　　　しんたい　おとろ　　と　　　　　うんどう　しゅうかん か

체력을 유지하고 신체가 쇠약해지는 것을 방지하려면 운동을 습관화해야 한다.

N1 同じ釜の飯を食う 　　　　　　　　　　　　　한솥밥을 먹다, 동고동락하다
おな　かま　めし　く

彼とは長年同じ釜の飯を食った仲だから、良い信頼関係を築いている。
かれ　　ながねんおな　かま　めし　く　　なか　　　　　よ　しんらいかんけい　きず

그와는 오랜 세월 한솥밥을 먹은 사이라서 좋은 신뢰 관계를 쌓고 있다.

N1 鬼に金棒 　　　　　　　　　　　　　　　　　　　　　　　범에 날개
おに　かなぼう

英語の得意な清水さんがツアーに加わってくれれば、鬼に金棒です。
えいご　とくい　しみず　　　　　　　　くわ　　　　　　　　　おに　かなぼう

영어를 잘하는 시미즈 씨가 투어에 함께해 준다면 범에 날개를 단 것과 마찬가지입니다.

N1 鬼の居ぬ間に洗濯 　　　　　　　　　　　무서운 사람이 없을 때 편히 쉼
おに　い　ま　せんたく

先生がしばらく教室を空けているあいだ、学生たちは「鬼の居ぬ間に洗濯」
せんせい　　　　　　きょうしつ　あ　　　　　　　　　がくせい　　　　　おに　い　ま　せんたく
とばかり、漫画を読んだり雑談をしたりしていた。
　　　　　まんが　よ　　　　ざつだん

선생님이 잠시 교실을 비운 사이에 학생들은 마치 '도깨비 없을 때 빨래'하듯 만화를 읽거나 잡담을 하고 있었다.

N1 帯に短し襷に長し 　　　　　　　　　　　　　　　　　　　어중간하다
おび　みじか　たすき　なが

▶ 직역하면 '기모노의 띠로 쓰기에는 짧고 어깨띠로 쓰기에는 길다'인데, 어중간해서 쓸모가 없다는 뜻이에요.

本屋に行って自分に合った教材を探したが、どれも帯に短し襷に長しで、
ほんや　い　　じぶん　あ　きょうざい　さが　　　　　　　おび　みじか　たすき　なが
なかなかいいものが見つからなかった。
　　　　　　　　　み

서점에 가서 나에게 맞는 교재를 찾았지만, 다 어중간하고 좀처럼 좋은 것이 눈에 띄지 않았다.

N1 溺れる者は藁をもつかむ 　　　　　　　물에 빠진 자는 지푸라기라도 잡는다
おぼ　もの　わら

お金が無くなってしまったので、溺れる者は藁をもつかむ思いで友人に助
かね　な　　　　　　　　　　　おぼ　もの　わら　　　　　　おも　　ゆうじん　たす
けを求めた。
　もと

돈이 다 떨어져서, 지푸라기라도 잡는 심정으로 친구에게 도움을 청했다.

N1 思(おも)い当(あ)たる　　짐작이 가다

失敗(しっぱい)の原因(げんいん)をいくら考(かんが)えても思(おも)い当(あ)たる節(ふし)がなかった。

실패의 원인을 아무리 생각해도 짐작 가는 데가 없었다.

N1 思(おも)い立(た)ったが吉日(きちじつ)　　생각났을 때가 가장 좋을 때

「思(おも)い立(た)ったが吉日(きちじつ)」だから、今日(きょう)からダイエットを始(はじ)めよう。

생각났을 때가 가장 좋을 때이니까, 오늘부터 다이어트를 시작하자.

N1 思(おも)いの外(ほか)　　뜻밖에, 예상과 달리

今回(こんかい)のテストはまったく自信(じしん)がなかったが、思(おも)いの外(ほか)、いい点(てん)が取(と)れた。

이번 시험은 전혀 자신이 없었지만 뜻밖에 좋은 점수를 받았다.

N1 思(おも)う壺(つぼ)　　의도한 대로임

広告(こうこく)の値下(ねさ)げ商品(しょうひん)を買(か)いすぎた。結局(けっきょく)お店(みせ)の思(おも)う壺(つぼ)になってしまった。

광고하는 가격 인하 상품을 너무 많이 샀다. 결국 가게가 의도한 대로 되어 버렸다.

N1 親思(おやおも)う心(こころ)に勝(まさ)る親心(おやごころ)　　부모 생각하는 마음보다 강한 부모의 마음

▶ 자식이 부모를 생각하는 것보다 부모가 자식을 생각하는 마음이 훨씬 강하다는 뜻이에요.

親思(おやおも)う心(こころ)に勝(まさ)る親心(おやごころ)というが、自分(じぶん)が親(おや)になって初(はじ)めてその気持(きも)ちが分(わ)かるものだ。

부모 생각하는 마음보다 강한 부모의 마음이라는데, 자신이 부모가 되어서야 비로소 그 마음을 알 수 있는 법이다.

N1 親孝行(おやこうこう)したい時(とき)に親(おや)は無(な)し　　효도하고 싶을 때 부모는 없다

親孝行(おやこうこう)したい時(とき)に親(おや)は無(な)しというから、後悔(こうかい)しないために、今(いま)すぐ親孝行(おやこうこう)しよう。

효도하고 싶을 때 부모는 없다고 하니, 후회하지 않기 위해서 지금 바로 효도하자.

N1 親(おや)の心(こころ)子(こ)知(し)らず

부모의 마음을 자식은 모른다

彼(かれ)は「親(おや)の心(こころ)子(こ)知(し)らず」で、自由気(じゆうき)ままに行動(こうどう)して親(おや)を心配(しんぱい)させた。

그는 '부모의 마음을 자식은 모른다'고, 제 마음대로 행동하여 부모를 걱정시켰다.

N1 親(おや)のすねをかじる

부모에게 얹혀 살다

いつまでも親(おや)のすねをかじっていないで、就職(しゅうしょく)した方(ほう)がいいですよ。

언제까지고 부모에게 얹혀 살지 말고, 취직하는 편이 좋아요.

N1 親(おや)の七光(ななひかり)

부모의 후광을 입음, 금수저

▶ 여기서 한자 七(칠)은 '일곱'을 나타내는 것이 아니라 '큰 수, 많음'을 의미해요.

彼(かれ)は親(おや)の七光(ななひかり)で政治家(せいじか)になれただけで、人望(じんぼう)や実力(じつりょく)があったわけではない。

그는 부모의 후광으로 정치가가 되었을 뿐 인망이나 실력이 있었던 것은 아니다.

N1 終(お)わり良(よ)ければ全(すべ)て良(よ)し

끝이 좋으면 다 좋다

練習(れんしゅう)はミスも多(おお)かったが、試合(しあい)には勝(か)てたので終(お)わり良(よ)ければ全(すべ)て良(よ)しだ。

연습은 실수도 많았지만 시합에는 이길 수 있었으니까 끝이 좋으면 다 좋은 것이다.

N1 恩(おん)を仇(あだ)で返(かえ)す

은혜를 원수로 갚다

面倒(めんどう)を見(み)てくれた上司(じょうし)の悪口(わるくち)を言(い)って回(まわ)るなんて、恩(おん)を仇(あだ)で返(かえ)す態度(たいど)だ。

자신을 돌봐 준 상사를 욕하고 다니다니 은혜를 원수로 갚는 태도다.

N1 飼(か)い犬(いぬ)に手(て)を咬(か)まれる

믿는 도끼에 발등 찍히다

親身(しんみ)に面倒(めんどう)を見(み)てきた部下(ぶか)だけに、ライバル社(しゃ)に転職(てんしょく)されたのは、飼(か)い犬(いぬ)に手(て)を咬(か)まれる思(おも)いだった。

내가 가족처럼 챙겨 주던 부하인 만큼 경쟁사로 이직한 것은 믿는 도끼에 발등 찍힌 기분이었다.

甲斐性がある

의욕이 있다, 생활력이 있다

<ruby>彼<rt>かれ</rt></ruby>は<ruby>何<rt>なん</rt></ruby>でも<ruby>前向<rt>まえむ</rt></ruby>きに<ruby>処理<rt>しょり</rt></ruby>していく<ruby>実<rt>じつ</rt></ruby>に<ruby>甲斐性<rt>かいしょう</rt></ruby>のある<ruby>人物<rt>じんぶつ</rt></ruby>だ。

그는 무엇이든 긍정적으로 처리해 나가는 실로 의욕적인 있는 인물이다.

垣間見る

슬쩍 훔쳐보다

<ruby>今回<rt>こんかい</rt></ruby>のプレゼンで<ruby>彼<rt>かれ</rt></ruby>の<ruby>成長<rt>せいちょう</rt></ruby>を<ruby>垣間見<rt>かいまみ</rt></ruby>ることができた。

이번 프리젠테이션으로 그의 성장을 엿볼 수 있었다.

隗より始めよ

쉬운 일부터 시작하라

「<ruby>隗<rt>かい</rt></ruby>より<ruby>始<rt>はじ</rt></ruby>めよ」ということで、まず<ruby>我々<rt>われわれ</rt></ruby>が<ruby>市場調査<rt>しじょうちょうさ</rt></ruby>に<ruby>乗<rt>の</rt></ruby>り<ruby>出<rt>だ</rt></ruby>すことにした。

'쉬운 일부터 시작하라'는 말처럼, 우선 우리가 시장 조사에 나서기로 했다.

学問に王道なし

학문에 왕도는 없다

<ruby>勉強<rt>べんきょう</rt></ruby>するときは、「<ruby>学問<rt>がくもん</rt></ruby>に<ruby>王道<rt>おうどう</rt></ruby>なし」であるうえに、まともな<ruby>習得<rt>しゅうとく</rt></ruby>を<ruby>阻<rt>はば</rt></ruby>む<ruby>道<rt>みち</rt></ruby>もあるので、<ruby>気<rt>き</rt></ruby>を<ruby>付<rt>つ</rt></ruby>けなければならない。

공부할 때는, 학문에 왕도는 없을 뿐 아니라, 정상적인 습득을 방해하는 길도 있으므로 조심해야 한다.

禍根を残す

화근을 남기다

こちらの<ruby>主張<rt>しゅちょう</rt></ruby>を<ruby>一方的<rt>いっぽうてき</rt></ruby>に<ruby>押<rt>お</rt></ruby>し<ruby>付<rt>つ</rt></ruby>けるのは、<ruby>後々<rt>あとあと</rt></ruby><ruby>禍根<rt>かこん</rt></ruby>を<ruby>残<rt>のこ</rt></ruby>すことになるだろう。

이쪽 주장을 일방적으로 밀어붙이는 것은 두고두고 화근을 남기게 될 것이다.

風穴を開ける

(조직, 사상 등에) 새바람을 불어넣다

その<ruby>改革<rt>かいかく</rt></ruby>は、<ruby>閉塞<rt>へいそく</rt></ruby>した<ruby>社会<rt>しゃかい</rt></ruby>に<ruby>風穴<rt>かざあな</rt></ruby>を<ruby>開<rt>あ</rt></ruby>けることができるだろうか。

그 개혁은 폐쇄된 사회에 새바람을 불어넣을 수 있을까?

舵を取る

키를 잡다, 잘 이끌어 가다

<ruby>彼<rt>かれ</rt></ruby>は２０<ruby>年間<rt>にじゅうねんかん</rt></ruby><ruby>経営<rt>けいえい</rt></ruby>の<ruby>舵<rt>かじ</rt></ruby>を<ruby>取<rt>と</rt></ruby>って<ruby>会社<rt>かいしゃ</rt></ruby>を<ruby>大<rt>おお</rt></ruby>きくしてきた。

그는 20년간 경영의 키를 잡아 회사를 키워 왔다.

N1 **風の便り** 풍문, 소문

海外移住して消息の途絶えていた友人が元気で活躍していることを、風の便りで知った。

해외 이주로 소식이 끊겼던 친구가 건강하게 활약하고 있다는 것을 풍문으로 알게 됐다.

N1 **片っ端から** 닥치는 대로 모조리

音量ボタンを押しても音が小さくならないので、他のボタンも片っ端から押してみた。

음량 버튼을 눌러도 소리가 작아지지 않아서 다른 버튼도 닥치는 대로 다 눌러 봤다.

N1 **片棒を担ぐ** 가담하다, 협력하다

その検事は、法律の知識を悪用して犯罪の片棒を担いでいた。

그 검사는 법률 지식을 악용하여 범죄에 가담하고 있었다.

N1 **火中の栗を拾う** 남의 이익을 위해 위험을 무릅쓰다

次期会長に推薦されたとき、彼はあえて火中の栗を拾いたくないという考えから、その申し出を断った。

차기 회장에 추천되었을 때 그는 굳이 남의 이익을 위해 위험을 무릅쓰고 싶지 않다는 생각에 그 제안을 거절했다.

N1 **勝って兜の緒を締めよ** 이기고 나서도 방심하지 마라

彼は合格通知を受け取った日も、夜中まで勉強していた。「勝って兜の緒を締めよ」というわけである。

그는 합격 통지를 받은 날도 밤중까지 공부하고 있었다. 이기고 나서도 방심하지 않겠다는 것이다.

N1 **河童の川流れ** 원숭이도 나무에서 떨어진다

日本語の達人で知られるキムさんが初級文法を間違えるなんて、河童の川流れだ。

일본어 달인으로 알려진 김 씨가 초급 문법을 틀리다니, 원숭이도 나무에서 떨어지는 격이다.

N1 角が立つ

불화가 생기다, 분란이 생기다

彼が独善に陥っていることを、なるべく角が立たないように、穏やかな言葉で指摘した。

그가 독선에 빠져 있는 것을 가급적 분란이 생기지 않도록 부드러운 말로 지적했다.

N1 兜を脱ぐ

항복하다, 상대의 우위를 인정하다

その新入生の素晴らしいピアノの演奏には、先輩たちも兜を脱いだ。

그 신입생의 멋진 피아노 연주는 선배들도 인정했다.

N1 壁にぶつかる

벽에 부딪히다

目標を達成するためには、壁にぶつかっても諦めないという意思が必要です。

목표를 달성하기 위해서는 벽에 부딪혀도 포기하지 않는 의지가 필요합니다.

N1 壁に耳あり障子に目あり

낮말은 새가 듣고 밤말은 쥐가 듣는다

「壁に耳あり障子に目あり」というから、もう少し慎重に話しましょう。

'낮말은 새가 듣고 밤말은 쥐가 듣는다'고 하니까, 좀 더 신중히 얘기합니다.

N1 壁を超える

벽을 넘다, 장애물을 넘다

その劇団の海外公演は、言葉の壁を越えて聴衆を感動させた。

그 극단의 해외 공연은 언어의 장벽을 넘어 청중을 감동시켰다.

N1 果報は寝て待て

결과는 차분하게 기다려라

試験の結果を心配してもしかたない。「果報は寝て待て」というではないか。

시험 결과를 걱정해 봐야 어쩔 수 없어. 결과는 차분히 기다리라고 하잖아.

N1 蚊帳の外

무시당함, 배제당함

当事者を蚊帳の外に置いたまま議論が進められた。

당사자를 배제한 채 의론이 진행되었다.

N1 **烏の行水**
까마귀 미역감기

息子の入浴は烏の行水で、風呂に入ったらすぐ出てくる。

아들의 목욕은 까마귀 미역감기라서 욕실에 들어가면 금방 나온다.

N1 **可愛い子には旅をさせよ**
귀여운 자식은 여행을 시켜라

可愛い子には旅をさせよというように、いろんなことを体験させるのもいいと思う。

귀여운 아이에게는 여행을 시키라고 하는 것처럼, 여러 가지 일을 체험하게 하는 것도 좋다고 생각한다.

N1 **眼光紙背に徹す**
문장 이면의 깊은 뜻을 이해하다

▶ 여기서 徹する는 徹す의 연체형이에요.

そういう表面的な解釈でなく、眼光紙背に徹する読み方が必要だ。

그런 표면적인 해석 말고, 문장 이면의 깊은 뜻을 이해하는 독서법이 필요하다.

N1 **黄色い声**
새된 목소리, 날카로운 목소리

ロックバンドのコンサートが始まると、会場から女性ファンたちが黄色い声をあげた。

록밴드의 콘서트가 시작되자 공연장에서 여성 팬들이 날카로운 소리를 질렀다.

N1 **気が置けない**
허물없다

気の置けない友人との会話は、とても楽しいものだ。

허물없는 친구와의 대화는 매우 즐겁다.

N1 **機が熟す**
기회가 무르익다

その計画の実行は機が熟すまで待とう。

그 계획의 실행은 기회가 무르익을 때까지 기다리자.

N1 鬼気迫る

소름 끼치다, 끔찍하다

決意を表明する彼の表情には鬼気迫るものがあった。

결의를 표명하는 그의 표정에는 소름이 끼쳤다.

N1 聞くは一時の恥聞かぬは一生の恥

질문하기를 두려워 마라

聞くは一時の恥聞かぬは一生の恥なのだから、なんでも聞きなさい。

묻는 것은 한때의 수치, 묻지 않는 것은 일생의 수치이니까 무엇이든 물어보렴.

N1 机上の空論

탁상공론

十分な予算が得られない現状では、この企画は机上の空論でしかない。

충분한 예산을 얻을 수 없는 지금 상황에서는, 이 기획은 탁상공론에 불과하다.

N1 脚光を浴びる

각광을 받다, 주목을 받다

彼女は人気ドラマの主役を演じたことにより、一躍脚光を浴びた。

그녀는 인기 드라마의 주역을 맡아 일약 각광을 받았다.

N1 杞憂

기우, 쓸데없는 걱정

杞憂かもしれませんが、その案件は一度上司に相談なさってはいかがでしょう。

기우일지도 모르겠습니다만, 그 안건은 일단 상사와 상담하시는 것이 어떨까요?

N1 九死に一生を得る

구사일생하다, 겨우 살아나다

泊まっていたホテルが火事になったが、建物の外に避難し、九死に一生を得た。

머물던 호텔에 불이 났지만 건물 밖으로 대피해 구사일생으로 살았다.

N1 **牛耳る** 좌지우지하다

石田元社長は、引退こそしたが、いまだにこの会社を牛耳っている。

이시다 전 사장은 은퇴는 했지만 아직도 이 회사를 좌지우지하고 있다.

N1 **窮すれば通ず** 궁하면 통한다

その会社は倒産の危機に見舞われたが、「窮すれば通ず」で、何とか活路を見出した。

이 회사는 도산의 위기에 처했지만, 궁하면 통한다고 간신히 활로를 찾았다.

N1 **窮鼠猫を嚙む** 쥐도 궁지에 몰리면 고양이를 문다

「窮鼠猫を嚙む」というから、敵を追い詰めるときは気をつけた方がいい。

쥐도 궁지에 몰리면 고양이를 문다고 하니, 적을 몰아붙일 때는 조심하는 것이 좋다.

N1 **窮余の一策** 궁여지책

窮余の一策として開発した製品がヒットし、危機を乗り切ることができた。

궁여지책으로 개발한 제품이 히트를 쳐서 위기를 극복할 수 있었다.

N1 **興を削ぐ** 흥을 깨다

楽しく映画を見ているところへ脇で解説を入れられ、大いに興を削がれた。

재미있게 영화를 보고 있는데 옆에서 해설을 하는 바람에 완전히 흥이 깨졌다.

N1 **漁夫の利** 어부지리

この事件は、ライバル会社同士が争っているあいだに後発の企業が漁夫の利を得る、という結果に終わった。

이 사건은 라이벌 회사끼리 경쟁하는 사이에 후발 기업이 어부지리를 챙기는 결과로 끝났다.

N1 **奇をてらう** 진기함을 뽐내다

▶ てらう는 '자랑하여 일부러 보이다'라는 뜻이에요.

奇をてらったデザインは、長く使っていると飽きてしまいやすい。

특이한 디자인은 오래 사용하면 싫증나 버리기 쉽다.

N1 **釘付けになる** 꼼짝 못 하다

夕べは一晩中テレビの開票速報に釘付けになっていた。

어젯밤은 밤새 텔레비전의 개표 속보를 꼼짝 않고 지켜 보았다.

N1 **釘を刺す** 못을 박다, 굳게 약속하다

彼はよく遅刻するので、明日の会議は絶対遅刻しないようにと釘を刺しておいた。

그는 자주 지각하기 때문에 내일 회의는 절대 지각하지 않도록 못을 박아 두었다.

N1 **臭い物に蓋をする** 냄새 나는 물건에 뚜껑을 덮다

不祥事が起こったとき臭い物に蓋をする態度では、問題は解決できない。

불상사가 일어났을 때, 냄새 나는 물건에 뚜껑을 덮는 식의 태도로는 문제를 해결할 수 없다.

N1 **腐っても鯛** 썩어도 준치

「腐っても鯛」というように、名門校出身者は劣等生でも有能な人材になる。

'썩어도 준치'라고 하듯이, 명문교 출신자는 열등생이라도 유능한 인재가 된다.

N1 **草の根を分けて探す** 샅샅이 뒤져서 찾다

捜査本部では、失踪した犯人を草の根を分けて探している。

수사본부에서는 실종된 범인을 샅샅이 뒤져서 찾고 있다.

N1 口車に乗る
감언이설에 넘어가다

店員の口車に乗って高い買い物をしてしまった。

점원의 감언이설에 넘어가 비싼 쇼핑을 하고 말았다.

N1 くちばしが黄色い
풋내기이다, 미숙하다

あいつはくちばしが黄色いくせに言うことだけは一人前だ。

저 녀석은 풋내기 주제에 말하는 건 제법이다.

N1 くちばしを入れる
말참견하다

あの人は、他の人がやってることにくちばしを入れるのが玉にきずだ。

저 사람은 남이 하는 일에 말참견하는 것이 옥에 티다.

N1 口火を切る
말문을 열다, 포문을 열다, 시작하다

一人が不満の口火を切ると、次から次へと不満の声が上がった。

한 사람이 불만을 터뜨리자 연달아 불만의 소리가 나왔다.

N1 苦肉の策
고육지책

委員会が代表に彼を起用したのは苦肉の策だった。

위원회가 대표로 그를 기용한 것은 고육지책이었다.

N1 蜘蛛の子を散らす
뿔뿔이 흩어지다, 흩어져 도망치다

パトカーが到着すると、喧嘩をしていた学生たちは蜘蛛の子を散らすように逃げ去った。

경찰차가 도착하자 싸우고 있던 학생들은 거미 새끼 흩어지듯 뿔뿔이 흩어져 달아났다.

N1 食わず嫌い
(시도해 보지도 않고) 무작정 싫어함

彼がセロリを嫌いなのは、単なる食わず嫌いだ。

그가 셀러리를 싫어하는 것은 그저 먹어 보지도 않고 무작정 싫어하는 것이다.

N1 芸が細かい

기예가 꼼꼼하다, 세심하게 배려되어 있다

あの店のラーメンは、鶏のだしと豚骨スープを混ぜたり、ゆで卵の黄身を半熟にするなど、芸が細かい。

저 가게 라면은, 닭고기 국물과 돼지 뼈 국물을 섞는다든지, 삶은 달걀의 노른자를 반숙으로 하는 등 세심하게 배려되어 있다.

N1 景観を損なう

경관을 해치다

モノレールの建設は、街の景観を損なう恐れがある。

모노레일 건설은 도시의 경관을 해칠 우려가 있다.

N1 警鐘を鳴らす

경종을 울리다

彼は、核の危険性について世界に警鐘を鳴らすべきだと訴えた。

그는 핵의 위험성에 대하여 세계에 경종을 울려야 한다고 호소했다.

N1 芸は身を助ける

취미로 익혀 둔 재주가 생계에 도움을 준다

「芸は身を助ける」で、趣味のパン作りで生計が成り立つようになった。

취미로 익혀 둔 재주가 생계에 도움을 준다고, 취미로 하던 제빵으로 생계가 꾸려지게 되었다.

N1 怪我の功名

요행수로 얻어걸림, 의도하지 않은 것이 좋은 결과가 됨

寝坊したおかげで事故に巻き込まれなかったのは、怪我の功名だった。

늦잠을 잔 덕분에 사고에 휘말리지 않은 것은 다행스러운 일이었다.

N1 下駄を預ける

일임하다

▶ 下駄를 상대방에게 맡기고 나면 자신은 더 이상 자유롭게 움직일 수 없기 때문에 모든 것을 맡긴다는 뜻이에요.

旅行の日程については、高山君に下駄を預けることにした。

여행 일정에 대해서는 다카야마 군에게 일임하기로 했다.

N1 下駄を履かせる
실제보다 과장하다, 실제보다 좋게 보이게 하다

▶ 下駄를 신겨 키가 커 보이게 한 것에서 유래된 말이에요.

出張費に下駄を履かせて報告していたことが発覚した。

출장비를 과다하게 산정하여 보고한 것이 발각되었다.

N1 けちをつける
헐뜯다, 트집 잡다

人の趣味にけちをつけるのはおかしいと思う。

남의 취미를 헐뜯는 것은 이상하다고 생각해.

N1 煙に巻く
연막을 치다, 현혹시키다

都合の悪い話になると相手を煙に巻くのは、彼の悪い癖だ。

자신에게 불편한 이야기가 되면 상대에게 연막을 치는 것은 그의 나쁜 버릇이다.

N1 けりがつく
결말이 나다

▶ けり란 어떤 일의 끝, 결말이라는 뜻이에요.

長年かかったプロジェクトも、今日でやっとけりがついた。

오랫동안 진행된 프로젝트도 오늘로 마침내 마무리됐다.

N1 けりをつける
결말을 짓다

この件における社長の経営責任は大変重い。ここは辞任というかたちでけりをつけるべきだ。

이 건에 있어서의 사장의 경영 책임은 매우 무겁다. 이 사태는 사임이라는 형태로 매듭지어야 한다.

N1 犬猿の仲
견원지간, 사이가 나쁨

あの二人は犬猿の仲だから、一緒に仕事をさせない方がいい。

저 두 사람은 견원지간이라서 함께 일을 시키지 않는 편이 좋다.

`N1` **喧嘩両成敗**
けん か りょうせい ばい

싸웠을 경우 양쪽 모두 처벌함

子供のころは、兄弟げんかをすると喧嘩両成敗ということで、二人とも叱られた。
こ ども　　　　　　きょうだい　　　　　　　　　　けん か りょうせいばい　　　　　　　　　　ふたり　　　しか

어릴 때는 형제 간에 싸우면 쌍방 처벌로 둘 다 꾸중을 들었다.

`N1` **言質を取る**
げん ち　と

언질을 잡다

▶ 협상 등의 증거나 꼬투리가 될 만한 말을 확보한다는 뜻이에요.

不用意な発言で言質を取られないよう、十分気を付ける必要がある。
ふ ようい　　はつげん　げん ち　と　　　　　　　　　　じゅうぶん き　つ　　　ひつよう

부주의한 발언으로 꼬투리가 잡히지 않도록 주의할 필요가 있다.

`N1` **験を担ぐ**
げん　かつ

길흉을 따지다

受験の前日、験を担いでカツ丼を食べた。
じゅけん　ぜんじつ　げん　かつ　　　どん　た

수험 전날 길흉을 따져 가쓰동을 먹었다.

`N1` **後悔先に立たず**
こう かい さき　た

후회막급, 후회해도 소용없다

若いときにもっと勉強すればよかったと悔やんだが、「後悔先に立たず」だ。
わか　　　　　　　　べんきょう　　　　　　　　　く　　　　　　　こうかいさき　た

今からでも勉強を始めるしかない。
いま　　　　　　べんきょう　はじ

젊었을 때 더 공부했더라면 하고 후회했지만, 후회해도 소용없다. 지금부터라도 공부를 시작하는 수밖에 없다.

`N1` **公然の秘密**
こう ぜん　ひ みつ

공공연한 비밀

あの二人の関係は、社内では公然の秘密となっている。
ふたり　かんけい　　しゃない　　こうぜん　ひ みつ

저 두 사람의 관계는 사내에서는 공공연한 비밀이 되었다.

`N1` **弘法にも筆の誤り**
こう ぼう　　ふで　あやま

원숭이도 나무에서 떨어진다

漢字博士の田中先生が「休」を誤って「体」と書き、慌てて消した。あれは
かん じ はかせ　た なかせんせい　きゅう　あやま　　たい　か　　あわ　け

まさしく「弘法にも筆の誤り」だ。
こうぼう　　ふで　あやま

한자 박사인 다나카 선생님이 '休'를 잘못해서 '体'로 써서 황급히 지웠다. 그건 정말 '원숭이도 나무에서 떨어진다'는 말 그대로다.

N1 **功を奏する** 보람이 나타나다, 성과를 가져오다

▶ 같은 뜻으로 効を奏する라고 쓰기도 해요.

新しい企画が功を奏し、売り上げが飛躍的に伸びた。

새로운 기획이 성과를 내어, 매출이 비약적으로 늘었다.

N1 **黒白を争う** 흑백을 가리다, 시비를 가리다, 결판을 내다

このまま話し合いを続けても埒が明かないので、法廷で黒白を争うことにした。

이대로 대화를 계속해도 해결되지 않을 테니 법정에서 시비를 가리기로 했다.

N1 **虎穴に入らずんば虎子を得ず** 호랑이 굴에 들어가야 호랑이를 잡는다

「虎穴に入らずんば虎子を得ず」ということで、意を決して挑戦することにした。

'호랑이 굴에 들어가야 호랑이를 잡는다'고, 작정하고 도전하기로 했다.

N1 **沽券に関わる** 체면에 관계되다

▶ 옛날의 토지 소유권 증서를 沽券이라고 했는데, 의미가 변하여 '체면, 체통'이라는 뜻으로 쓰이게 되었어요.

粗悪品を売っているという噂が立ったら、会社の沽券に関わる。

조악한 상품을 팔고 있다는 소문이 나면 회사의 체면에 관계된다.

N1 **木っ端微塵になる** 산산조각이 나다

ガス爆発事故で窓ガラスが木っ端微塵になっていた。

가스 폭발 사고로 유리창이 산산조각 나 있었다.

N1 **コツを覚える** 요령을 터득하다

面倒な家の掃除もコツを覚えれば簡単にできます。

귀찮은 집 안 청소도 요령을 익히면 쉽게 할 수 있습니다.

N1 事なきを得る

일이 무사히 끝나다

後ろから車がこちらへ突進してきたが、とっさに気がついて避け、事なきを得た。

뒤에서 차가 이쪽으로 돌진해 왔지만 순간적으로 알아채고 피해서 무사했다.

N1 言葉の綾

말의 기교, 비유

昨日言ったことは、単なる言葉の綾だ。深い意味はないから気にしないでほしい。

어제 말한 것은 단지 비유야. 깊은 의미는 없으니까 신경 쓰지 않았으면 좋겠어.

N1 言葉を濁す

말끝을 흐리다

彼は言葉を濁してばかりいて、質問にまともに答えなかった。

그는 말끝을 흐리기만 하고 질문에 제대로 답하지 않았다.

N1 ゴマをする

아첨하다, 아부하다

▶ 한자로 표기할 때는 胡麻を擂る라고 해요. 직역하면 '깨를 갈다'인데 남에게 잘 보이려고 아첨하는 것을 말해요.

彼は上司にゴマをするので、同僚たちから嫌われている。

그는 상사에게 아첨하기 때문에 동료들이 싫어한다.

N1 小耳に挟む

언뜻 듣다

社食で配膳の列に並んでいたとき、ふと山田さんが結婚するという話を小耳に挟んだ。

직원 식당에서 줄을 서 있을 때 우연히 야마다 씨가 결혼한다는 이야기를 언뜻 들었다.

N1 これ見よがしに

보란 듯이, 뽐내듯이

彼女はブランド品のバッグを、これ見よがしに持って歩いていた。

그녀는 명품 가방을 보란 듯이 들고 다녔다.

N1 転(ころ)ばぬ先(さき)の杖(つえ)　　넘어지기 전에 지팡이, 유비무환

「転(ころ)ばぬ先(さき)の杖(つえ)」ということだし、明日(あした)の会議(かいぎ)の資料(しりょう)をもう一度(いちど)確認(かくにん)しておこう。

'유비무환'이라고 하니, 내일 회의 자료를 다시 한번 확인해 두자.

N1 転(ころ)んでもただでは起(お)きない　　넘어져도 그냥은 일어나지 않는다

▶ 어떤 경우에도 반드시 이익은 챙긴다는 뜻이에요.

彼(かれ)は、転(ころ)んでもただでは起(お)きない人(ひと)だ。仕事(しごと)でミスをしても、その経験(けいけん)を成功(せいこう)に活(い)かしている。

그는 넘어져도 그냥은 일어나지 않는 사람이다. 일에서 실수를 해도 그 경험을 성공에 활용하고 있다.

N1 采配(さいはい)を振(ふ)る　　지휘봉을 휘두르다, 앞장서다

このプロジェクトは社長自(しゃちょうみずか)らが采配(さいはい)を振(ふ)っている。

이 프로젝트는 사장이 직접 지휘하고 있다.

N1 先(さき)が思(おも)いやられる　　장래가 염려되다, 앞날이 걱정되다

このくらいのことで弱音(よわね)を吐(は)くようでは先(さき)が思(おも)いやられる。

이 정도 일로 약한 소리를 한다면 앞날이 걱정된다.

N1 先(さき)を見越(みこ)す　　앞날을 내다보다, 미래를 예측하다

当社(とうしゃ)では先(さき)を見越(みこ)しての生産設備(せいさんせつび)などの投資(とうし)を積極的(せっきょくてき)に行(おこな)っています。

당사에서는 미래를 예측한 생산 설비 등의 투자를 적극적으로 실시하고 있습니다.

N1 避(さ)けて通(とお)れない　　피해갈 수 없다

高(たか)いレベルのサービスを提供(ていきょう)するために、運賃(うんちん)の改定(かいてい)は避(さ)けて通(とお)れない。

높은 수준의 서비스를 제공하기 위해 운임 개정은 피해 갈 수 없다.

N1 砂上の楼閣

사상누각

基礎研究を疎かにする成長は、砂上の楼閣のようなものだ。そのうち行き詰まってくるにちがいない。

기초 연구를 소홀히 하는 성장은 사상누각 같은 것이다. 머지않아 벽에 부딪힐 것이 틀림없다.

N1 匙を投げる

숟가락을 던지다, 가망이 없어 포기하다

彼女の病気は、名医も匙を投げるほどの難病だった。

그녀의 병은 명의도 포기할 정도의 난치병이었다.

N1 鯖を読む

수량을 속이다

一般に男性は身長、女性は体重や年齢の鯖を読むことが多いらしい。

일반적으로 남성은 신장, 여성은 체중이나 연령을 속이는 경우가 많은 것 같다.

N1 猿も木から落ちる

원숭이도 나무에서 떨어진다

今まで大きな失敗もなく人生を乗り切ってきたが、「猿も木から落ちる」というから、いつだって油断はできない。

지금까지 큰 실패도 없이 인생을 살아왔지만, '원숭이도 나무에서 떨어진다'고 하니, 언제고 방심할 수는 없다.

N1 触らぬ神に祟りなし

건드리지 않으면 탈이 없다

部長は機嫌が悪そうだから、「触らぬ神に祟りなし」ということで、今日はおとなしくしていよう。

부장님은 몹시 기분이 나쁜 것 같으니, 긁어 부스럼 만들지 말고 오늘은 얌전히 있어야지.

N1 慚愧に堪えない

부끄럽기 짝이 없다

このような事態を引き起こしてしまったこと、慚愧に堪えません。

이런 사태를 일으킨 것에 대해 부끄럽기 짝이 없습니다.

N1 山椒は小粒でもぴりりと辛い

작은 고추가 맵다

あの子は、体は小さいがよく機転が利く。「山椒は小粒でもぴりりと辛い」という言葉そのままだ。

저 아이는 몸집은 작지만 재치가 있다. '작은 고추가 맵다'는 말 그대로다.

N1 三度目の正直

세 번째는 잘될 것이다

「三度目の正直」というから、今度こそ勝ちたい。

'세 번째는 잘될 것'이라고 하니 이번에야말로 이기고 싶다.

N1 三人寄れば文殊の知恵

셋이 모이면 문주보살의 지혜

私一人の判断に任せるのでなく、一緒に考えてみませんか。「三人寄れば文殊の知恵」といいますし。

저 한 사람의 판단에 맡길 것이 아니라 같이 생각해 보지 않겠습니까? '셋이 모이면 문주보살의 지혜'라고 하니까요.

N1 試金石

시금석, 평가 기준

今回のプロジェクトで成功するか否かは、会社の運命を占う試金石となる。

이번 프로젝트로 성공하느냐 마느냐는 회사의 운명을 점치는 시금석이 될 것이다.

N1 親しき仲にも礼儀あり

친한 사이에도 예의를 지켜야 한다

親しき仲にも礼儀ありというように、友達同士でも言葉づかいには気をつけるべきだ。

친한 사이에도 예의가 있듯 친구들끼리도 말투를 조심해야 한다.

N1 舌の根も乾かぬうちに

입에 침도 마르기 전에

首相は、増税はしないと明言したにもかかわらず、その舌の根も乾かないうちに、増税の必要性を主張し始めた。

수상은 증세는 하지 않겠다고 단언했음에도 불구하고 그 입에 침도 마르기 전에 증세의 필요성을 주장하기 시작했다.

N1 **しっくりこない** 잘 이해되지 않다, 안 어울리다

彼の説明は、どうもしっくりこなかった。彼自身もよく知らないのではないか、と疑った。

그의 설명은 도저히 이해가 안 되었다. 그 자신도 잘 모르는 게 아닌가 하고 의심했다.

N1 **失態を演じる** 추태를 부리다

歓迎会で飲みすぎ、失態を演じてしまった。

환영회에서 과음하여 추태를 부리고 말았다.

N1 **失敗は成功のもと** 실패는 성공의 어머니

▶ 같은 뜻으로 失敗は成功の母라는 표현도 있어요.

「失敗は成功のもと」というから、今回の失敗を活かして次に備えよう。

'실패는 성공의 어머니'라고 하니 이번 실패를 교훈 삼아 다음에 대비하자.

N1 **尻尾を出す** 꼬리를 드러내다, 정체를 드러내다

刑事たちは総出で犯人を捜しているが、敵も手ごわいもので、なかなか尻尾を出さない。

형사들은 총출동하여 범인을 찾고 있는데 적도 만만치 않아 좀처럼 정체를 드러내지 않는다.

N1 **至難の業** 지난한 일, 지극히 어려운 일

テストで満点を取り続けるのは至難の業だ。

시험에서 계속 만점을 맞는 것은 지극히 어려운 일이다.

N1 **しのぎを削る** 격전을 벌이다, 맹렬하게 싸우다

全世界の企業が参入してしのぎを削り合っている業界で勝ち続けることは、生やさしいことではない。

전 세계의 기업이 참가하여 격전을 벌이고 있는 업계에서 계속 이기는 것은 쉬운 일이 아니다.

N1 釈迦に説法

공자 앞에서 문자 쓰기

こんなことを言うのは釈迦に説法だとは重々承知していますが、一言だけ言わせてください。

이런 말을 하는 것은 공자 앞에서 문자 쓰기라는 것은 잘 압니다만, 한 말씀만 드리겠습니다.

N1 杓子定規

획일적인 잣대

学生を平等に扱わなければならないとはいえ、すべての学生を杓子定規に扱うのはよくない。

학생을 평등하게 다루어야 한다고는 하지만 모든 학생을 획일적으로 다루는 것은 좋지 않다.

N1 癪に障る

화가 나다, 약이 오르다

何でも知っているような彼の話し方は、何とも癪に障る。

뭐든지 알고 있는 것 같은 그의 말투는 정말 짜증이 난다.

N1 終止符を打つ

종지부를 찍다, 결말을 내다

外交努力により、その紛争に終止符を打つことができた。

외교적 노력으로 그 분쟁에 종지부를 찍을 수 있었다.

N1 重箱の隅をつつく

꼬치꼬치 캐다

▶ 직역하면 '찬합의 구석까지 후비다'인데, 대수롭지 않은 일을 꼬치꼬치 캐는 것을 말해요.

会議や打ち合わせのとき、重箱の隅をつつくような質問をする人がいる。

회의나 미팅 때 대수롭지 않은 것을 꼬치꼬치 따져 묻는 사람이 있다.

N1 朱に交われば赤くなる

근주자적

朱に交われば赤くなるというように、人は周りの環境に影響されやすい。

근주자적이라는 말처럼, 사람은 주변 환경에 영향을 받기 쉽다.

N1 順調な滑り出し

순조로운 출발

この製品は発売開始から**順調な滑り出し**を見せている。

이 제품은 출시부터 순조로운 출발을 보이고 있다.

N1 上々だ

아주 좋다, 최고다

この電気自動車の乗り心地は**上々だ**と思う。

이 전기차의 승차감은 최고라고 생각한다.

N1 上手の手から水が漏れる

원숭이도 나무에서 떨어진다

私が信頼する著者の本を読んでいると、ちょっとした事実誤認があった。「**上手の手から水が漏れる**」とはこのことだ、と思った。

내가 신뢰하는 저자의 책을 읽고 있었는데 사소한 사실 오인이 있었다. 원숭이도 나무에서 떨어진다는 것은 이런 것을 두고 하는 말이라고 생각했다.

N1 少年老い易く学成り難し

소년은 늙기 쉽고 학문은 이루기 어렵다

私は何十年も日本語を学んできたが、いまだに道半ばである。「**少年老い易く学成り難し**」とは、まさにその通りだ。

나는 몇 십년이나 일본어를 배워 왔지만 아직도 갈 길이 멀다. '소년은 늙기 쉽고 학문은 이루기 어렵다'는 말은 정말 맞는 말이다.

N1 焦眉の急

초미지급, 절박한 일

度重なる不祥事を起こしたその企業にとって、信頼を回復することは**焦眉の急**であった。

거듭되는 불미스러운 사건을 일으킨 그 기업에게 신뢰를 회복하는 일은 매우 시급한 일이었다.

N1 勝負は時の運

승부는 그때그때의 운에 달렸다

「**勝負は時の運**」というように、優勝候補が予選で落ちることもよくある。

'승부는 그때그때의 운에 달렸다'고 하듯, 우승 후보가 예선에서 떨어지는 일도 종종 있다.

N1 **将を射んと欲すれば先ず馬を射よ** 장수를 쏘려면 먼저 말을 쏘아라

「将を射んと欲すれば先ず馬を射よ」というように、ビルを建てるには、まず近隣住民の支持を得る必要がある。

'장수를 쏘려면 먼저 말을 쏘라'고 하듯, 빌딩을 지으려면 우선 근린 주민들의 지지를 얻을 필요가 있다.

N1 **初心忘るべからず** 초심을 잊어서는 안 된다

彼は「初心忘るべからず」を座右の銘にして、つねに学問の研鑽を怠らない。

그는 '초심을 잊어서는 안 된다'를 좌우명으로 삼아 항상 학문의 깊은 연구를 게을리 하지 않는다.

N1 **助長する** 조장하다

労働者の待遇を改善する政策が、かえって雇用不安を助長しているのは皮肉なことである。

노동자의 대우를 개선하는 정책이 오히려 고용 불안을 조장하고 있는 것은 아이러니한 일이다.

N1 **知らぬが仏** 모르는 게 약

その話は「知らぬが仏」だ。君は聞かない方がいい。

그 이야기는 '모르는 게 약'이야. 넌 듣지 않는 게 좋아.

N1 **白羽の矢が立つ** 많은 사람 중에서 특별히 뽑히다

チームのリーダーとして彼に白羽の矢が立った。

팀의 리더로서 많은 사람 중에서 그가 뽑혔다.

N1 **尻馬に乗る** 부화뇌동하다, 덩달아 하다

事実関係も確認せずに、世間の人たちの尻馬に乗って彼を非難したことを、今になって悔いている。

사실 관계도 확인하지 않고 세상 사람들과 부화뇌동하여 그를 비난한 것을 지금에 와서 후회하고 있다.

N1 知る人ぞ知る
알 만한 사람은 다 알다

彼は、知る人ぞ知る経済学の権威である。

그는 알 만한 사람은 다 아는 경제학의 권위자다.

N1 心情を吐露する
심정을 토로하다

彼はそのインタビューで、リーダーとして苦労したときの心情を吐露した。

그는 그 인터뷰에서 리더로서 고생했을 때의 심정을 토로했다.

N1 人事を尽くして天命を待つ
진인사대천명

やるだけのことはやったのだから、あとは「人事を尽くして天命を待つ」という気持ちで泰然と構えていよう。

할 수 있는 일은 다 했으니, 나머지는 '진인사대천명'이라는 마음으로 태연하게 있자.

N1 死んでも死にきれない
죽으려야 죽을 수 없다

自分たちが世を去ったら子供はどうなるのかと思うと、彼らは死んでも死にきれない気持ちだった。

자신들이 세상을 떠나면 아이는 어떻게 되는 걸까 생각하면 그들은 죽으려야 죽을 수 없는 마음이었다.

N1 水魚の交わり
수어지교

彼らはまさに「水魚の交わり」といえる深い信頼関係で結ばれていた。

그들은 정말 '수어지교'라고 할 수 있는 깊은 신뢰 관계로 맺어져 있었다.

N1 水泡に帰す
수포로 돌아가다

台風で野外コンサートは中止となり、今までの苦労は水泡に帰した。

태풍으로 야외 콘서트는 중지되어 지금까지의 고생은 수포로 돌아갔다.

N1 酸いも甘いも噛み分ける
쓴맛 단맛 다 알다, 세상 물정을 잘 알다

鈴木部長は、酸いも甘いも噛み分けた苦労人で、部下たちの苦労や問題点を熟知している。

스즈키 부장님은 많은 고생을 겪어 세상 물정을 잘 아는 사람이라 부하들의 고생이나 문제점을 잘 알고 있다.

N1 好きこそものの上手なれ
좋아하면 잘하게 된다

▶ 여기서 ~なれ는 단정을 나타내는 ~だ와 같은 뜻이에요.

「好きこそものの上手なれ」という言葉の通り、数学マニアの彼は、クラスの中でも抜群に数学ができる。

'좋아하면 잘하게 된다'는 말처럼 수학 마니아인 그는 반에서도 특별히 수학을 잘한다.

N1 杜撰
날림, 허술함

今回の食中毒事件は、その会社の杜撰な管理体制によるものである。

이번 식중독 사건은 그 회사의 허술한 관리 시스템으로 인한 것이다.

N1 筋が通る
이치에 맞다

物価が上がっているのに、公的年金を引き下げるなんて全く筋が通らない話だ。

물가가 오르고 있는데 공적 연금을 내리다니 전혀 이치에 맞지 않는 이야기다.

N1 雀の涙
새발의 피, 쥐꼬리만큼

今月はバイトを休みがちだったので、雀の涙ほどの給料にしかならなかった。

이달은 아르바이트를 쉰 날이 많아서 쥐꼬리만큼의 급여밖에 안 되었다.

N1 図に乗る
우쭐대다

少し成績が上がったからといって図に乗るなよ。

조금 성적이 올랐다고 해서 우쭐대지 마.

N1 スポットライトを浴(あ)びる
스포트라이트를 받다, 주목받다

今回(こんかい)の受賞(じゅしょう)で、ついに彼(かれ)は世間(せけん)の**スポットライトを浴(あ)びる**ことができた。

이번 수상으로 그는 마침내 세간의 스포트라이트를 받을 수 있었다.

N1 スポットを当(あ)てる
스포트라이트를 비추다, 초점을 맞추다

田中教授(たなかきょうじゅ)は、新(あたら)しい日米関係(にちべいかんけい)に**スポットを当(あ)てて**講演(こうえん)を行(おこな)った。

다나카 교수는 새로운 미일 관계에 초점을 맞추어 강연을 했다.

N1 隅(すみ)に置(お)けない
우습게 볼 수 없다, 여간내기가 아니다

今日(きょう)のプレゼンは見事(みごと)だった。田中(たなか)さんも**隅(すみ)に置(お)けない**なあと思(おも)った。

오늘 프레젠테이션은 훌륭했다. 다나카 씨도 여간내기가 아니구나 하고 생각했다.

N1 住(す)めば都(みやこ)
정들면 고향

駅(えき)から遠(とお)くて不便(ふべん)な場所(ばしょ)だが、**住(す)めば都(みやこ)**、今(いま)ではすっかり馴染(なじ)んでいる。

역에서 멀어서 불편한 곳이지만, 정들면 고향이라고 지금은 완전히 익숙해졌다.

N1 正鵠(せいこく)を射(い)る
정곡을 찌르다, 핵심을 찌르다

会議(かいぎ)での彼(かれ)の発言(はつげん)は、**正鵠(せいこく)を射(い)て**いた。

회의에서의 그의 발언은 정곡을 찌르고 있었다.

N1 青天(せいてん)の霹靂(へきれき)
청천벽력

それまで元気(げんき)だった彼(かれ)の急死(きゅうし)は、私(わたし)たちにとってまさに**青天(せいてん)の霹靂(へきれき)**だった。

그때까지 건강했던 그의 갑작스러운 죽음은 우리에게 그야말로 청천벽력이었다.

N1 節度(せつど)がある
절도가 있다

私(わたし)たちは、感情(かんじょう)や欲望(よくぼう)に流(なが)されない**節度(せつど)のある**行動(こうどう)をとるべきである。

우리는 감정이나 욕망에 휘둘리지 않는 절도 있는 행동을 해야 한다.

N1 千秋楽
(씨름, 연극 등의) 흥행의 최종일

大相撲千秋楽のチケットを奇跡的に手に入れることができた。

프로 씨름 대회의 최종일 티켓을 기적적으로 입수할 수 있었다.

N1 先手を打つ
선수를 치다, 먼저 공격하다

相手に攻撃される前に、先手を打って相手を無力化してしまう必要がある。

상대에게 공격당하기 전에 선수를 쳐서 상대를 무력화시켜 버릴 필요가 있다.

N1 善は急げ
좋은 일은 서둘러라, 쇠뿔도 단김에 빼라

資格試験の勉強を始めようと思ったので、「善は急げ」でさっそく資料を請求した。

자격증 시험 공부를 시작하려고 생각하여, 좋은 일은 서둘러야 하기에 즉시 자료를 청구했다.

N1 前門の虎後門の狼
앞문의 호랑이 뒷문의 늑대, 진퇴양난

その企業は、経済危機の真っただ中で不祥事が起こり、「前門の虎後門の狼」さながらの状態に陥っていた。

그 기업은 경제 위기가 한창인 때에 불미스러운 일이 생겨 진퇴양난의 상태에 빠졌다.

N1 戦慄を覚える
전율을 느끼다

迫力がありながらも繊細な彼のピアノ演奏に、戦慄を覚えた。

박력이 있으면서도 섬세한 그의 피아노 연주에 전율을 느꼈다.

N1 千里の道も一歩から
천 리 길도 한 걸음부터

「千里の道も一歩から」ということで、地道に英単語を覚えている。

'천 리 길도 한 걸음부터'라고, 착실히 영어 단어를 외우고 있다.

N1 相好を崩す
싱글벙글하다

孫が大学に合格したと聞くと、彼は相好を崩した。

손자가 대학에 합격했다는 소식을 듣자 그는 싱글벙글했다.

N1 惻隠の情
측은지심, 불쌍히 여기는 마음

戦争で苦しむ人々の姿を見て、惻隠の情にたえなかった。

전쟁으로 고통받는 사람들의 모습을 보며 측은한 마음에 견딜 수 없었다.

N1 俎上に載せる
도마 위에 올리다, 문제로 삼다

委員会では彼の差別的な発言を俎上に載せた。

위원회에서는 그의 차별적인 발언을 문제 삼았다.

N1 袖の下
뇌물

専務は公務員に袖の下を渡した罪で逮捕された。

전무는 공무원에게 뇌물을 건넨 죄로 체포되었다.

N1 備えあれば患いなし
유비무환

「備えあれば患いなし」ということで、うちでは防災グッズを常備している。

'유비무환'이라고, 우리 집은 방재 용품을 상비하고 있다.

N1 そりが合わない
뜻이 맞지 않는다

兄は、父とはそりが合わず、しょっちゅう喧嘩する。

형은 아버지와는 뜻이 맞지 않아 자주 싸운다.

N1 損して得取れ
손해 보고 더 큰 이득을 취하라

「損して得取れ」といわれても、実行するのはなかなか難しい。

'손해 보고 더 큰 이득을 얻으라'고는 하지만, 실행하기는 꽤 어렵다.

N1 対岸の火事
강 건너 불구경

ライバル会社の不祥事を「対岸の火事」とするのでなく、「他山の石」と捉えるべきである。

경쟁사의 불상사를 '강 건너 불구경'이라고 생각할 것이 아니라, '타산지석'으로 삼아야 한다.

N1 太鼓判を押す
보증하다

専門家が太鼓判を押したダイエット食品と聞くと、気になるものだ。

전문가가 보증하는 다이어트 식품이라는 말을 들으면 궁금해지는 법이다.

N1 大は小を兼ねる
대는 소를 겸한다

▶ 큰 것이면 작은 것 대신으로 쓸 수 있다는 뜻이에요.

大は小を兼ねると言うから、大きめのスーツケースを買った。

대는 소를 겸한다고 하니까 큰 여행 가방을 샀다.

N1 タイミングを見計らう
타이밍을 엿보다

天気のいいタイミングを見計らって外出した。

날씨가 좋은 때를 골라 외출했다.

N1 たがが緩む
느슨해지다, 해이해지다

▶ たが란 '테'를 말해요.

息子は試験が終わってたがが緩み、家でゴロゴロしていることが多くなった。

아들은 시험이 끝나고 해이해져서, 집에서 뒹굴거리고 있는 일이 많아졌다.

N1 高嶺の花
높은 산의 꽃, 그림의 떡

その車は、私の収入では高嶺の花だ。

그 차는 내 수입으로는 그림의 떡이다.

N1 高みの見物
강 건너 불 구경

ライバル社の倒産は自社にも衝撃をもたらす可能性があるから、高みの見物をしている場合ではない。

경쟁사의 도산은 자사에도 충격을 가져올 수 있어서, 강 건너 불 구경을 하고 있을 때가 아니다.

N1 宝の持ち腐れ

보물을 가지고 썩힘

立派な調理道具をそろえたのに、家で食事をほとんどしないなんて、宝の持ち腐れだ。

훌륭한 조리 도구를 갖췄는데도 집에서 식사를 거의 하지 않는다니 보물을 썩히는 일이다.

N1 高を括る

깔보다, 우습게 보다

あのチームには楽に勝てるだろうと高を括っていたが、実際に対戦してみると、かなり手強かった。

그 팀에게는 쉽게 이길 수 있을 거라고 우습게 보고 있었는데, 실제로 대전해 보니 꽤 만만치 않았다.

N1 多岐にわたる

여러 방면에 걸치다, 다양하다

田中教授の研究分野は多岐にわたっている。

다나카 교수의 연구 분야는 다방면에 걸쳐 있다.

N1 助け舟を出す

구조선을 보내다, 도움을 주다

インタビューで意地悪な質問をされて困っていたとき、横にいた人が助け舟を出してくれた。

인터뷰에서 짓궂은 질문을 받아 난처해하고 있을 때, 옆에 있던 사람이 도와주었다.

N1 駄々をこねる

떼를 쓰다

子供が「おもちゃを買って」と駄々をこねて、その場に座り込んだ。

아이가 '장난감 사 줘' 하고 떼를 쓰며 그 자리에 주저앉았다.

N1 太刀打ちできない

대적할 수 없다, 맞설 수 없다

ワインの品質において、フランスに太刀打ちできる国はない。

와인의 품질에 있어서 프랑스에 맞설 수 있는 나라는 없다.

N1 立つ鳥跡を濁さず

떠나는 새는 뒤를 흐리지 않는다

▶ 떠날 때에는 뒤처리를 깨끗이 하라는 뜻이에요.

「立つ鳥跡を濁さず」というように、キャンプした場所を元通りにし、ゴミはすべて持ち帰ろう。

'떠나는 새는 뒤를 흐리지 않는다'는 말이 있듯이, 캠핑한 장소를 원래대로 하고 쓰레기는 전부 가지고 가자.

N1 立て板に水

청산유수, 막힘 없이 말함

普段は無口な彼だが、野球のことになると立て板に水のように話し出す。

평소에는 과묵한 그이지만, 야구 얘기가 나오면 청산유수가 된다.

N1 棚から牡丹餅

선반에서 떨어진 떡, 굴러온 호박

彼にとって、その仕事は「棚から牡丹餅」だった。

그에게 있어 그 일은 '굴러온 호박'이었다.

N1 棚に上げる

자신에게 불리한 일을 모른 체하다

彼は、自分の不始末は棚に上げて、人のことばかり指摘している。

그는 자신의 부주의는 모른 체하고 남에 대해서만 지적하고 있다.

N1 旅は道連れ世は情け

여행은 길동무 세상은 인정

▶ 세상은 서로 도우며 살아야 한다는 뜻이에요.

「旅は道連れ世は情け」という言葉があるように、人生の中で出会った友達とは末永く付き合っていきたいものだ。

'여행은 길동무 세상은 인정'이라는 말이 있듯, 인생에서 만난 친구와는 오래도록 사귀고 싶다.

N1 玉磨かざれば光なし

옥도 갈고 닦지 않으면 광채가 없다

▶ 아무리 재능이 있어도 갈고 닦아야 가치가 있다는 뜻이에요.

玉磨かざれば光なしで、努力しないと才能は発揮できない。

옥도 갈고 닦지 않으면 광채가 없다고, 노력하지 않으면 재능은 발휘할 수 없다.

N1 駄目を押す
재차 확인하다, 쐐기를 박다

勝利はすでに決まったも同然だったが、さらに追加点を入れて駄目を押した。

승리는 이미 결정된 것이나 마찬가지였지만, 추가 점수를 더 올려 쐐기를 박았다.

N1 便りのないのは良い便り
무소식이 희소식

親友が留学に行ったきり全然連絡してこないが、まあ、「便りのないのは良い便り」と信じることにしよう。

친한 친구가 유학을 간 뒤로 전혀 연락이 없지만, 뭐, '무소식이 희소식'이라고 믿기로 하자.

N1 たらい回しにする
여기저기로 떠넘기다

▶ たらい는 '대야'인데, 옛날에 발로 대야를 돌리던 곡예에서 유래된 표현으로, 떠맡기 싫은 일을 이리저리 다른 곳으로 돌린다는 뜻으로 쓰이게 되었어요.

問い合わせることがあったので役所に行ったら、部署から部署へとたらい回しにされて、半日無駄にした。

문의할 것이 있어 관공서에 갔더니 부서에서 부서로 넘겨져 한나절을 낭비했다.

N1 啖呵を切る
큰소리를 치다, 마구 몰아세우다

威勢のいい啖呵を切って家出した手前、行くところがないからといって、のこのこと帰るわけにはいかなかった。

위세 좋게 큰소리를 치며 집을 나온 체면이 있어, 갈 곳이 없어도 뻔뻔하게 돌아갈 수는 없었다.

N1 短気は損気
성질이 급하면 손해

「短気は損気」というから、ここはひとつ冷静になって話し合いましょう。

'성질이 급하면 손해'라고 하니까, 이 상황에서는 한 번 냉정을 찾은 뒤 이야기합시다.

N1 力を貸す
조력하다, 힘을 빌려주다

私一人ではもう無理です。誰か力を貸してください。

나 혼자서는 이제 무리입니다. 누군가 도와주세요.

N1 竹馬の友

죽마고우, 소꿉친구

彼はまわりに次々と敵を作っていき、挙句には竹馬の友まで敵に回してしまった。

그는 주변에 계속 적을 만들더니 마침내 죽마고우까지 적으로 만들고 말았다.

N1 千鳥足

갈지자걸음, 비틀대며 걷는 걸음

父は忘年会でさんざん飲んだらしく、千鳥足で帰宅した。

아버지는 송년회에서 엄청나게 마셨는지 갈지자걸음으로 집에 돌아왔다.

N1 注目を浴びる

주목을 받다

その新作映画は、公開とともにたちまち世間の注目を浴びた。

그 신작 영화는 개봉과 함께 금세 세간의 주목을 받았다.

N1 塵も積もれば山となる

티끌 모아 태산이다

塵も積もれば山となると思い、毎月少しずつ貯金をしている。

티끌 모아 태산이라고 생각하여, 매달 조금씩 저축을 하고 있다.

N1 月とすっぽん

천양지차

▶ 직역하면 '달과 자라'인데, 그만큼 큰 차이가 있다는 뜻이에요.

彼女がプリンを作ってくれておいしかったので、私も作ってみたが、月とすっぽんだった。

그녀가 푸딩을 만들어 주어 맛있었기에 나도 만들어 봤지만 하늘과 땅 차이였다.

N1 角を矯めて牛を殺す

쇠뿔 잡다가 소를 죽인다

▶ '교각살우'와 같은 뜻으로, 결점을 고치려다 도리어 일을 그르친다는 뜻이에요.

教育のつもりで新人の欠点を言い続けていたら、辞められてしまった。角を矯めて牛を殺す結果になった。

교육할 생각으로 신참의 결점을 계속 지적했더니 그만두고 말았다. 쇠뿔 잡다가 소를 죽인 결과가 되었다.

N1 つばぜり合い

격렬한 승부

▶ 한자로는 鍔迫り合い라고 표기하는데, 여기서 つば는 칼의 날밑을 말해요. 鍔迫り合い는 서로 칼을 날밑으로 받은 채 밀어낸다는 뜻이기 때문에 격렬한 싸움을 나타내는 표현이에요.

両社はその契約をめぐってつばぜり合いをしている。

두 회사는 그 계약을 둘러싸고 격렬한 싸움을 하고 있다.

N1 潰しが効く

본업을 그만 두어도 다른 일을 할 수 있다

▶ 潰し란 금속 제품을 녹여서 다른 것을 만들 수 있도록 하는 것을 말해요. 潰しが効く는 본래 하던 일을 그만두어도 다른 일을 할 수 있다는 뜻이에요. 効く는 利く로 표기하기도 해요.

私が選んだ職種は潰しが効くこともあって、転職は比較的スムーズにできた。

내가 선택한 직종은 일을 그만두어도 다른 일에도 도움이 될 만한 일이라 이직이 비교적 순조롭게 이루어졌다.

N1 鶴の一声

권위자의 한마디, 유력자의 한마디

▶ 작은 참새 여러 마리가 짹짹거리는 것보다 한 마리의 학이 큰 소리를 내는 것이 효과가 있다는 데서 유래된 말이에요.

社長の鶴の一声で本社移転が決まってしまった。

사장의 한마디로 본사 이전이 결정되어 버렸다.

N1 敵に塩を送る

곤경에 빠진 적을 도와주다

▶ 직역하면 '적에게 소금을 보내다'인데, 적의 약점을 틈타지 않고 곤경에 빠진 적을 도와준다는 뜻이에요.

この業界を立て直す事業に加わることは、敵に塩を送ることにもなる。

이 업계를 재건하는 사업에 가담하는 것은 적에게 소금을 보내는 셈이 되기도 한다.

N1 テコ入れをする

지렛대 역할을 하다, 지원하다

▶ テコ入れ란 증권시장의 시세 하락을 인위적으로 저지한다는 뜻이에요. 그래서 약한 입장에 처한 것에 도움을 준다는 뜻으로도 쓰여요. てこ(梃子)는 지렛대를 말해요.

業績を回復させるには、営業部門にテコ入れをする必要がある。

업적을 회복시키려면 영업 부문을 지원할 필요가 있다.

N1 **鉄は熱いうちに打て** 쇠뿔도 단김에 빼라

「鉄は熱いうちに打て」といいますから、方針が決まったからには、どんどん仕事を進めていきましょう。

쇠뿔도 단김에 빼라고, 방침이 결정된 이상 빨리 빨리 일을 진행합시다.

N1 **出る杭は打たれる** 모난 돌이 정 맞는다

社会を変えるほどの優秀な人物が出てきたら、逮捕して潰そうとする、いわゆる「出る杭は打たれる」という風潮は、改まってほしいものだ。

사회를 바꿀 만큼 우수한 인물이 나오면 체포하여 파멸시키려는 소위 '모난 돌이 정 맞는다'는 풍조는 개선되었으면 좋겠다.

N1 **出る幕ではない** 나설 자리가 아니다

ここは私のような年寄りの出る幕ではない。あとは若者に任せる。

여기는 나 같은 늙은이가 나설 자리가 아니다. 나머지는 젊은이들에게 맡기겠다.

N1 **天高く馬肥ゆる秋** 천고마비의 가을

雲一つない秋空が広がり、爽やかな風が吹いている。まさに「天高く馬肥ゆる秋」だ。

구름 한 점 없는 가을 하늘이 펼쳐지고 상쾌한 바람이 불고 있다. 실로 '천고마비의 가을'이다.

N1 **頭角を現す** 두각을 나타내다, 재능을 드러내다

彼はこれまで無名の選手だったが、最近とみに頭角を現してきた。

그는 지금까지 무명 선수였지만 최근 갑자기 두각을 나타내기 시작했다.

N1 **峠を越える** 고비를 넘기다

この冬は異例の寒波に見舞われたが、2月に入って寒さは峠を越えたようだ。

올겨울은 이례적인 한파가 닥쳤지만 2월 들어 추위는 고비를 넘긴 것 같다.

N1 灯台下暗し　　등잔 밑이 어둡다

近所にこんなに安い八百屋があるのを知らなかったなんて、「灯台下暗し」だった。

근처에 이렇게 싼 야채 가게가 있는 것을 몰랐다니. 등잔 밑이 어두웠다.

N1 堂に入る　　경지에 오르다

▶ 직역하면 '전당에 들다'인데, '학문이나 기술이 최고의 경지에 도달하다'라는 뜻이에요.

今回の市長のスピーチは堂に入った素晴らしいものだった。

이번의 시장의 연설은 경지에 오른 훌륭한 것이었다.

N1 時は金なり　　시간은 돈이다

「時は金なり」だから、隙間時間も無駄にしないで勉強している。

'시간은 돈'이니까, 자투리 시간도 낭비하지 않고 공부하고 있다.

N1 ドジを踏む　　(어이없는) 실수를 하다

犯人は、現場に財布を落とすというドジを踏んで身元が割れてしまった。

범인은 현장에 지갑을 떨어뜨리는 실수를 하여 신원이 밝혀졌다.

N1 とっかえひっかえする　　이렇게 저렇게 바꿔 보다

彼女は外出の前にいつも着ていく服をとっかえひっかえして選んでいる。

그녀는 외출 전에 항상 입고 갈 옷을 이것저것 바꿔 가며 고른다.

N1 とどのつまり　　결국, 끝내

▶ '숭어'라는 뜻의 ぼら라는 이름은 성장함에 따라 몇 차례 이름이 바뀌다가 결국 とど라는 이름이 된다는 데서 유래된 표현이에요.

上達しない学科に時間とエネルギーを注ぎ込むことは、とどのつまり、人生を無駄にすることになる。

향상되지 않는 학과에 시간과 에너지를 쏟아붓는 것은, 결국 인생을 낭비하는 것이 된다.

N1 鳶が鷹を生む　솔개가 매를 낳다, 개천에서 용나다

▶トンビが鷹を生む라고도 해요.

林さんは、親から受け継いだ町工場を世界的な企業に成長させたので、まわりの人たちから「鳶が鷹を生んだ」と言われている。

하야시 씨는 부모로부터 물려받은 마을 공장을 세계적인 기업으로 성장시켰기 때문에 주위 사람들로부터 '솔개가 매를 낳았다'는 말을 듣는다.

N1 飛ぶ鳥を落とす勢い　나는 새를 떨어뜨릴 기세

あの会社は今年に入って業績を伸ばしており、飛ぶ鳥を落とす勢いで成長している。

그 회사는 올 들어 실적을 늘리고 있으며, 나는 새를 떨어뜨릴 기세로 성장하고 있다.

N1 途方に暮れる　망연자실하다, 어찌할 바를 모르다

▶途方는 '수단, 방법'이라는 뜻이고, 暮れる에는 '어찌할 바를 모르다'라는 뜻이 있어요.

外出先でスマホのバッテリーが切れて、途方に暮れてしまった。

외출해 있는데 스마트폰 배터리가 다 되어 어떻게 하면 좋을지 막막해졌다.

N1 捕らぬ狸の皮算用　김칫국부터 마시다, 독장수셈

▶직역하면 '잡지도 않은 너구리의 가죽 값 계산하기'인데, 우리 속담 '너구리 굴 보고 피물 돈 내어 쓴다'와 같아요.

計画を立てるとき、どうしても結果を楽観的に見積もってしまい、「捕らぬ狸の皮算用」になることが多い。

계획을 세울 때 아무래도 결과를 낙관적으로 예상해 버려 '김칫국부터 마신 셈'이 되는 일이 많다.

N1 虎の威を借る狐　호가호위

彼は、父親が社長だということをかさに着て威張っている。ああいうのを「虎の威を借る狐」というのだ。

그는 아버지가 사장이라는 것을 등에 업고 으스댄다. 저런 것을 '호랑이 위세를 빌린 여우'라고 하는 것이다.

N1 取り越し苦労

기우, 쓸데없는 근심

心配事の多くは取り越し苦労だから、自分が心配していることを自覚するくらいにとどめて、すべきことに集中した方がいい。

걱정거리의 대부분은 쓸데없는 걱정이니까 자신이 걱정하고 있다는 사실을 자각하는 정도로 하고 해야 할 일에 집중하는 편이 좋다.

N1 取り付く島がない

기댈 데가 없다

会議で重要案件について提案したが、みんなの反応は取り付く島もなかった。

회의에서 중요 안건에 대해 제안했지만 모두의 반응은 냉담했다.

N1 鳥肌が立つ

소름이 끼치다

彼女の素晴らしい演奏を聞いて感動のあまり鳥肌が立った。

그녀의 멋진 연주를 듣고 감동한 나머지 소름이 끼쳤다.

N1 泥縄式

도둑을 보고 새끼줄 꼬기

▶ 일을 당하고 나서야 허둥지둥 그 대책을 세운다는 뜻이에요.

社長の判断はいつも泥縄式で、原則らしいものが見られない。

사장님의 판단은 늘 닥쳐서 하는 식이라 원칙 같은 것이 보이지 않는다.

N1 どんぐりの背比べ

도토리 키 재기

コンテストに応募してきた作品は、どれもどんぐりの背比べで、目を引くものがなかった。

콘테스트에 응모해 온 작품은 모두 도토리 키 재기라서 시선을 끄는 것이 없었다.

N1 飛んで火に入る夏の虫

불속으로 날아드는 여름벌레

敵軍が待ち構えているところに突撃するなんて、「飛んで火に入る夏の虫」だ。

적군이 지키고 있는 곳으로 돌격하다니, '불속으로 날아드는 여름벌레'다.

N1 流れに棹さす
시류를 타다, 대세에 따르다

▶ さお는 배질을 할 때 쓰는 긴 막대를 말하는데 우리말로는 '삿대' 또는 '상앗대'라고 해요.

その実業家は、近代化の流れに棹さして事業を展開し、大成功を収めた。

그 실업가는 근대화의 시류를 타고 사업을 전개하여 대성공을 거두었다.

N1 泣きっ面に蜂
설상가상, 엎친 데 덮치다

寝坊をしたうえに会議の資料まで忘れてしまい、「泣きっ面に蜂」だった。

늦잠을 잔 데다 회의 자료까지 집에 두고 와서, 엎친 데 덮친 격이었다.

N1 泣き寝入り
울며 겨자 먹기, 어쩔 수 없이 체념함

被害を訴えても、まともに取り合ってもらえず、泣き寝入りするしかない場合が多い。

피해를 호소해도 제대로 상대해 주지 않아 어쩔 수 없이 체념할 수밖에 없는 경우가 많다.

N1 泣く子と地頭には勝てぬ
우는 아이와 마름에게는 못 당한다

▶ 여기서 地頭(=마름, 사음)는 옛날에 지주를 대신해 소작권을 관리하던 사람을 말해요. 地頭의 권세와 횡포를 비유한 말로, '도리를 모르는 사람에게는 이치가 통하지 않는다'는 비유적 표현이에요.

「泣く子と地頭には勝てぬ」というから、彼が息巻いているときは、黙って言うとおりにした方が安全だ。

'우는 아이와 마름에게는 못 당한다'고 하니, 그가 씩씩거리고 있을 때는 잠자코 하라는 대로 하는 편이 안전하다.

N1 無くて七癖
저마다 버릇이 있다

「無くて七癖」というように、自分の癖にはなかなか気づかないものだ。

'없다고 해도 일곱 가지 버릇은 있다'고 하는 것처럼, 자기 버릇은 좀처럼 모르는 법이다.

N1 情けは人のためならず
인정은 남을 위한 것이 아니다

「情けは人のためならず」ということだから、ボランティア活動に積極的に参加しようと思う。

인정은 남을 위한 것이 아니므로 자원봉사 활동에 적극적으로 참여하려고 한다.

N1 梨のつぶて　　　　　　　　　　　　　　　　　　　　　감감무소식
なし

▶ つぶては '던지는 돌멩이'를 말하는데, 던진 돌멩이는 되돌아오지 않는 데서 생긴 표현이에요. 여기서 梨는 無し와 독
음이 같아서 쓰였을 뿐 의미는 없어요.

購入した製品が不良品だったので、メーカーに問い合わせようとしたが、
こうにゅう　　せいひん　　ふりょうひん　　　　　　　　　　　　　　　　と　あ

電話をかけてもメールを送っても梨のつぶてだった。
でんわ　　　　　　　　　　　おく　　　　　なし

구입한 제품이 불량품이어서 제조사에 문의하려고 했는데 전화를 걸어도 메일을 보내도 감감무소식이었다.

N1 七転び八起き　　　　　　　　　　　　　　　　　　　　칠전팔기
なな ころ　や お

彼の人生は「七転び八起き」で、何度も成功と失敗を繰り返してきた。
かれ　じんせい　　　なな ころ　や お　　　　　なん ど　せいこう　しっぱい　く　かえ

그의 인생은 '칠전팔기'로, 몇 번이고 성공과 실패를 반복해 왔다.

N1 涙を呑む　　　　　　　　　　　　　　　　　　　　　　눈물을 삼키다
なみだ　の

家計が苦しかったため、大学院への進学は涙を呑んで諦めるしかなかった。
か けい　くる　　　　　　だいがくいん　　しんがく　なみだ　の　　あきら

가정 형편이 어려워 대학원 진학은 눈물을 삼키며 포기할 수밖에 없었다.

N1 並々ならぬ　　　　　　　　　　　　　　　　　　　　　보통이 아닌
なみ なみ

彼が商品開発に成功したのは、並々ならぬ努力のたまものであった。
かれ　しょうひんかいはつ　せいこう　　　　なみ なみ　　どりょく

그가 상품 개발에 성공한 것은 남다른 노력의 대가였다.

N1 習い性となる　　　　　　　　　　　　　　　　　　　　습관이 천성이 되다
なら　せい

はじめは起きてすぐ机に向かうのは億劫だったが、習い性となって、今で
お　　　　　つくえ　む　　　　おっくう　　　　　なら　せい　　　　　いま

は無意識にやっている。
む いしき

처음에는 일어나 바로 책상 앞에 앉는 것은 귀찮았지만 습관이 천성이 되어, 지금은 무의식적으로 하고 있다.

N1 習うより慣れろ　　　　　　　　　　　　　　　　　　　배우기보다 익숙해져라
なら　　　な

日本語が上手になりたいなら、とにかくたくさん読むことだ。「習うより
に ほん ご　じょう ず　　　　　　　　　　　　　　　よ　　　　　　　なら

慣れろ」というわけだ。
な

일본어를 잘하게 되고 싶다면 일단 많이 읽어야 한다. '배우기보다 익숙해져라'는 것이다.

N1 二階から目薬
이 층에서 안약 넣기

▶ 아무런 효과가 없는 것, 뜻대로 안 되는 것을 나타내는 표현이에요.

どんなに魅力的な都市でも、何の下調べもなしに行って十分に楽しむというのは、「二階から目薬」のようなものだ。

아무리 매력적인 도시라도, 아무 사전 준비도 없이 가서 충분히 즐긴다는 것은 '이 층에서 안약 넣기' 같은 것이다.

N1 逃がした魚は大きい
놓친 물고기는 커 보인다

▶ 손에 넣지 못한 것이 더 가치 있게 생각된다는 뜻이에요.

彼女は彼を振ったあと、彼が華々しく活躍していることを知り、「逃がした魚は大きい」と悔やんだ。

그녀는 그를 찬 후 그가 눈부시게 활약하고 있다는 것을 알고, '놓친 물고기는 커 보인다'고 후회했다.

N1 憎まれっ子世にはばかる
미움받는 자식이 세상에서는 활개 친다

▶ 인정받지 못하고 미움받던 사람이 더 성공한다는 뜻이에요. はばかる에는 '위세를 떨치다'라는 뜻이 있어요.

あんな性格の悪い人間が出世するなんて、本当に「憎まれっ子世にはばかる」といわれるとおりだ。

그런 성격 나쁜 인간이 출세하다니, 정말 '미움받는 자식이 세상에서 활개 친다'는 말대로이다.

N1 逃げるが勝ち
피하는 것이 상책

もし話し合いが口論に発展しそうになったら、「逃げるが勝ち」だ。うまくその場を切り上げよう。

혹시 대화가 말다툼으로 발전할 것 같으면 '피하는 것이 상책'이다. 그 자리를 잘 마무리하자.

N1 二足のわらじ
두 켤레의 짚신, 양립하기 어려운 직업

彼は、古本屋の店主と作家という二足のわらじを履いて、生計をなりたてている。

그는 헌책방 점주와 작가라는 두 직업을 가지고 생계를 꾸리고 있다.

N1 日常茶飯事(にちじょうさはんじ)　일상다반사

▶ '일상다반사'란, 차를 마시고 밥을 먹는 일이라는 뜻으로, 보통 있는 예사로운 일을 말해요.

近(ちか)くに幹線道路(かんせんどうろ)があるため、騒音(そうおん)や交通事故(こうつうじこ)は日常茶飯事(にちじょうさはんじ)となっている。

인근에 간선도로가 있어 소음과 교통사고는 다반사가 되었다.

N1 二度(にど)あることは三度(さんど)ある　두 번 있는 일은 세 번 있다

▶ 같은 일은 반복된다는 뜻이에요.

二度(にど)あることは三度(さんど)あるというから気(き)をつけよう。

두 번 있는 일은 세 번 있다고 하니 조심하자.

N1 二兎(にと)を追(お)う者(もの)は一兎(いっと)をも得(え)ず　두 마리 토끼를 잡으려다가 둘 다 놓친다

「二兎(にと)を追(お)う者(もの)は一兎(いっと)をも得(え)ず」というから、今(いま)は一(ひと)つのことに集中(しゅうちゅう)したい。

'두 마리 토끼를 잡으려다 둘 다 놓친다'고 하니, 지금은 한 가지 일에 집중하고 싶다.

N1 二(に)の句(く)が継(つ)げない　말문이 막히다, 말을 잇지 못하다

部下(ぶか)の言(い)い訳(わけ)にあきれて二(に)の句(く)が継(つ)げなかった。

부하의 변명에 어이가 없어 말을 잇지 못했다.

N1 二(に)の次(つぎ)　뒤로 미룸, 두 번째

彼(かれ)は、利益(りえき)を二(に)の次(つぎ)にして仕事(しごと)に打(う)ち込(こ)んでしまう癖(くせ)がある。

그는 이익을 뒤로 하고 일에 몰두해 버리는 버릇이 있다.

N1 二(に)の舞(まい)を演(えん)じる　전철을 밟다

▶ 二(に)の舞(まい)란 무악에서 앞서 연기한 춤을 흉내 내면서 일부러 서툴고 익살스럽게 추는 춤을 말해요. 여기서 유래하여 남의 실수와 똑같은 실수를 되풀이 하는 것을 뜻하게 되었어요.

改善点(かいぜんてん)を明確(めいかく)にしないと、以前(いぜん)のミスの二(に)の舞(まい)を演(えん)じることになる。

개선점을 명확하게 하지 못하면 이전 실수의 전철을 밟게 된다.

N1 **二番煎じ** 재탕한 차, 두 번 달인 차

この作品は前作の二番煎じで、何の新しさもなかった。

이 작품은 전작의 재탕으로 아무 새로움도 없었다.

N1 **糠に釘** 겨에 못 박기, 헛수고

▶ 직역하면 '쌀겨에 못을 박는 것'인데 그만큼 의미가 없다는 뜻이에요.

あの人は、誰の意見も聞き入れない。上司の忠告にすら「糠に釘」だ。

저 사람은 누구의 의견도 듣지 않는다. 상사의 충고조차 '겨에 못 박기'다.

N1 **抜け目がない** 빈틈이 없다

部長は抜け目ない人だから、重要な書類に手抜かりがないかどうか、いつも目を光らせている。

부장님은 빈틈이 없는 사람이라 중요한 서류에 실수가 없는지 항상 눈을 번뜩이고 있다.

N1 **ぬるま湯に浸かる** 무사안일하다, 나태하다

今までのぬるま湯に浸かったような生活から抜け出したい。

지금까지의 무사안일한 생활에서 벗어나고 싶다.

N1 **濡れ衣を着せられる** 누명을 쓰다

車に傷を付けたのは私だと濡れ衣を着せられた。

차에 흠집을 낸 건 나라고 누명을 썼다.

N1 **濡れ手に粟** 불로소득

▶ 직역하면 '젖은 손으로 좁쌀'을 집는다는 뜻으로, 힘들이지 않고 이익을 얻는 것을 말해요.

彼らは情報を操作して株価を変動させることで、「濡れ手に粟」の巨額の金を得た。

그들은 정보를 조작하여 주가를 변동시키는 일로 '불로소득'의 거액의 돈을 챙겼다.

N1 根が深い
뿌리 깊다

両国の対立は非常に根が深く、貿易分野以外に様々な分野で紛争が激化している。

양국의 대립은 매우 뿌리 깊어서, 무역 분야 이외에 여러 분야에서 분쟁이 격화되고 있다.

N1 猫なで声
간살스러운 목소리

彼女は、猫なで声で「お金ないんだけど、助けてくれる？」と言った。

그녀는 나긋나긋한 목소리로 '돈이 없는데, 좀 도와줄래?'라고 말했다.

N1 猫に鰹節
고양이에게 생선

子供にテーブルの上のクッキーの番をさせるなんて、「猫に鰹節」だよ。

아이에게 테이블 위에 있는 쿠키를 지키게 하다니, 고양이에게 생선을 맡긴 격이야.

N1 猫に小判
고양이한테 금화, 돼지에 진주

有名な陶芸家の作品を見せてもらったが、自分には「猫に小判」で、ただ普通の陶磁器とは何かが違うと思っただけだった。

유명한 도예가의 작품을 보여 주었지만 나에게는 '고양이한테 금화'라서, 그저 보통 도자기와는 뭔가 다르다고 생각했을 뿐이었다.

N1 猫の手も借りたい
고양이 손이라도 빌리고 싶다

この店は、昼食の時間になると猫の手も借りたいほど忙しくなる。

이 가게는 점심시간이 되면 고양이 손이라도 빌리고 싶을 정도로 바빠진다.

N1 猫の額
고양이 이마, 매우 좁음

私は猫の額ほどの庭で野菜を育てている。

나는 고양이 이마만한 정원에서 야채를 재배하고 있다.

N1 猫を被る
내숭을 떨다

島田課長は、部下には乱暴な言葉を使うが、上司の前では猫を被っている。

시마다 과장은 부하에게는 거친 말을 쓰지만, 상사 앞에서는 내숭을 떨고 있다.

N1 ネタが割れる
계획이 드러나다, 탄로나다

このミステリー小説は、始めの部分でネタが割れてしまうので、あまり面白くない。

이 미스터리 소설은 처음 부분에서 내용이 드러나기 때문에 별로 재미가 없다.

N1 寝ても覚めても
자나 깨나

寝ても覚めても転職のことが頭から離れない。

자나깨나 이직 생각이 머릿속에서 떠나지 않는다.

N1 根掘り葉掘り聞く
꼬치꼬치 캐묻다

母は、私が帰ってくると、その日にあったことを根掘り葉掘り聞くので、わずらわしい。

어머니는 내가 돌아오면 그날 있었던 일을 꼬치꼬치 캐묻기 때문에 성가시다.

N1 根も葉もない
밑도 끝도 없다, 근거가 없다

あの男は、ライバル社員の評判を落とすために、根も葉もない噂を広めている。

저 남자는 경쟁 사원의 평판을 떨어뜨리기 위해 근거 없는 소문을 퍼뜨리고 있다.

N1 音を上げる
약한 소리를 하다, 죽는 소리를 하다

今回の合宿では、あまりの練習量に選手たちが音を上げた。

이번 합숙에서는 너무 많은 연습량에 선수들이 죽는 소리를 했다.

N1 念には念を入れる
만전을 기하다

発表を前にして、念には念を入れて資料を見なおした。

발표를 앞두고 꼼꼼하게 자료를 다시 살펴보았다.

N1 念力岩をも通す
강한 일념은 바위도 뚫는다

▶ 열심히 노력하면 안 될 일이 없다는 뜻이에요.

必ず合格したいという一心で勉強すれば、「念力岩をも通す」で、難関試験の合格も不可能ではない。

꼭 합격하고 싶다는 일심으로 공부하면 '강한 일념은 바위도 뚫는다'고 하니 어려운 시험 합격도 불가능하지는 않다.

N1 念を押す
다짐하다, 몇 번이고 확인하다

彼はしょっちゅう遅刻するので、旅行当日は絶対遅刻しないようにと念を押した。

그는 늘 지각하기 때문에 여행 당일은 절대로 지각하지 않도록 다짐해 두었다.

N1 能ある鷹は爪を隠す
능력이 있는 매는 발톱을 숨긴다

「能ある鷹は爪を隠す」というから、自分の能力をあまりひけらかさない方がいい。

'능력이 있는 매는 발톱을 숨긴다'고 하니, 자신의 능력을 너무 과시하지 않는 편이 좋아.

N1 飲み込みが早い
이해가 빠르다

彼女は飲み込みが早く仕事も速い。

그녀는 이해가 빠르고 일도 빠르다.

N1 乗りかかった船
내친 걸음, 이미 시작한 일

乗りかかった船だから最後までやり遂げるつもりだ。

시작한 일이니 끝까지 해낼 작정이다.

N1 のれんに腕押し

포렴을 팔로 밀기, 반응이 없음

▶ 공중에 매달린 천을 밀듯, 아무 반응이 없다는 뜻이에요. のれん은 우리말로 '포렴'이라고 해석하는데, 상점 입구에 늘어뜨린 천을 말해요.

田中君はしょっちゅう遅刻するので、そのたびに注意しているのだが、のれんに腕押しで一向に行動を改めない。

다나카 군은 늘 지각하기 때문에 그때마다 주의를 주고 있지만, 반응이 없어서 전혀 행동을 고치지 않는다.

N1 場当たり的

임기응변, 즉흥적임

彼はいつも場当たり的な発言をするので、あまり信用できない。

그는 언제나 즉흥적인 발언을 하기 때문에 별로 신뢰할 수 없다.

N1 背水の陣

배수의 진

受験まであと１カ月しかない。背水の陣を敷いて勉強しよう。

수험까지 앞으로 한 달밖에 없다. 배수의 진을 치고 공부하자.

N1 白紙に戻す

백지화하다

当初の予定だった昇進に関しては、白紙に戻すことにしよう。

당초 예정했던 승진에 관해서는 백지화하기로 하자.

N1 拍車をかける

박차를 가하다, 촉진시키다

新製品の販売不振が経営悪化に拍車をかけた。

신제품 판매 부진이 경영 악화에 박차를 가했다.

N1 化けの皮が剥がれる

탄로 나다, 정체가 밝혀지다

彼女はいつも上品な言葉を使っていたが、慌てた拍子に漏らした下品な言葉で、化けの皮が剥がれてしまった。

그녀는 항상 고상한 말을 썼었지만 당황한 순간에 내뱉은 상스러운 말로 본색이 드러나고 말았다.

N1 恥をさらす
치부를 드러내다, 창피를 당하다

僕がテニスの試合に出るなんて、人前で恥をさらすだけです。

내가 테니스 시합에 나가다니, 사람들 앞에서 망신만 당할 뿐이에요.

N1 旗を振る
선두에 서다

彼は、若いころ労働運動の旗を振っていた経歴がある人物だ。

그는 젊은 시절 노동 운동의 선두에 섰던 경력이 있는 인물이다.

N1 罰が当たる
천벌을 받다

悪い事ばかりしていると、罰が当たるぞ。

나쁜 짓만 하다가는 벌 받을 거야.

N1 八方塞がり
팔방이 꽉 막힘, 궁지에 몰림

今から信用を取り戻そうにも、さんざん身勝手なことをしてきたために、すでに八方塞がりだった。

지금부터 신용을 되찾으려 해도 실컷 제멋대로 해 왔기 때문에 이미 궁지에 몰렸다.

N1 話上手の聞き下手
말 잘하는 사람은 남의 말을 놓친다

話上手の聞き下手の人と一緒にいると疲れる。

자기 말만 하는 사람과 같이 있으면 피곤하다.

N1 花より団子
꽃보다 경단, 금강산도 식후경

彼は、美しい風景を見ても「花より団子」で、ここで商売したらいくら儲かるという話ばかりしている。

그는 아름다운 풍경을 보아도 '꽃보다 경단'이라고, 여기서 장사를 하면 얼마를 번다는 이야기만 하고 있다.

N1 花を持たせる
영광을 남에게 돌리다

試合後のインタビューは後輩に花を持たせ、彼は一人で控室に戻った。

경기 후 인터뷰는 후배들에게 영광을 돌리고, 그는 혼자 대기실로 돌아갔다.

N1 羽目になる
처지가 되다, 신세가 되다

最終電車で降りる駅を乗り過ごし、歩いて帰る羽目になった。

막차에서 내리는 역을 지나쳐, 걸어서 돌아오는 처지가 되었다.

N1 羽目を外す
(흥겨운 나머지) 도를 지나치다, 일탈하다

旅行が楽しいからといって、羽目を外して他の観光客に迷惑をかけてはいけない。

여행이 즐겁다고, 도를 지나쳐서 다른 관광객들에게 폐를 끼쳐서는 안 된다.

N1 早起きは三文の徳
부지런하면 어떻든 이득이 있다

「早起きは三文の徳」というから早寝早起きを続けていたら、体が健康になってきた。

'부지런하면 이득이 있다'고 하여, 일찍 자고 일찍 일어나는 것을 계속 했더니 몸이 건강해졌다.

N1 腫れ物に触るように
조심조심, 신중히

▶ '종기를 만지듯' 조심조심하는 모습을 나타내는 말이에요.

彼は感情が不安定で、すぐ怒ったり泣いたりするので、家族は彼を腫れ物に触るように扱っていた。

그는 감정이 불안정해서 금방 화내거나 울거나 하기 때문에 가족들은 그를 조심조심 다루고 있었다.

N1 万事休す
만사가 끝장이다, 이제 다 틀렸다

大事な会議があるのに、間に合いそうにない。万事休すだ。

중요한 회의가 있는데 늦을 것 같다. 다 틀렸다.

N1 非(ひ)がある

잘못이 있다

今回(こんかい)の場合(ばあい)、メーカー側(がわ)に非(ひ)があるのは明(あき)らかである。

이번 경우, 제조사 측에 잘못이 있는 것은 분명하다.

N1 火(ひ)が消(き)えたようだ

불 꺼진 듯하다

母(はは)が入院(にゅういん)したあとの家(いえ)の中(なか)は、火(ひ)が消(き)えたようだった。

어머니가 입원한 후의 집 안은 불이 꺼진 것처럼 활기가 없어졌다.

N1 引(ひ)き金(がね)

도화선, 시발점

転勤辞令(てんきんじれい)が引(ひ)き金(がね)になって、彼(かれ)は会社(かいしゃ)を辞(や)めた。

전근 임명이 계기가 되어, 그는 회사를 그만두었다.

N1 火種(ひだね)がくすぶる

불씨가 남아 있다

▶ 문제가 될 소지가 남아 있다는 뜻이에요.

相続人同士(そうぞくにんどうし)が互(たが)いの不信感(ふしんかん)を拭(ぬぐ)えないために、相続紛争(そうぞくふんそう)の火種(ひだね)はいつまでもくすぶり続(つづ)けた。

상속인끼리 서로의 불신감을 지우지 못해, 상속 분쟁의 불씨는 언제까지고 남아 있었다.

N1 必要(ひつよう)は発明(はつめい)の母(はは)

필요는 발명의 어머니

「必要(ひつよう)は発明(はつめい)の母(はは)」というように、多(おお)くの便利(べんり)な道具(どうぐ)が絶(た)えず世(よ)に出続(でつづ)けている。

'필요는 발명의 어머니'라고 하듯, 많은 편리한 도구가 끊임없이 세상에 나오고 있다.

N1 一息(ひといき)入(い)れる

한숨 돌리다, 잠시 쉬다

ずいぶん歩(ある)きましたね。ここでちょっと一息(ひといき)入(い)れましょうか。

상당히 많이 걸었네요. 여기서 잠깐 쉴까요?

N1 **一息(ひといき)つく** 한숨 돌리다, 잠시 쉬다

引(ひ)っ越(こ)しも終(お)わり、やっと一息(ひといき)ついたところです。

이사도 끝나서 겨우 한숨 돌린 참입니다.

N1 **一筋縄(ひとすじなわ)ではいかない** 보통 수단으로는 안 되다

子供(こども)を育(そだ)てる事(こと)は、一筋縄(ひとすじなわ)ではいかない。

아이를 키우는 일은 보통 일이 아니다.

N1 **人(ひと)の噂(うわさ)も七十五日(しちじゅうごにち)** 남의 말도 석 달

まあ、そんなに失敗(しっぱい)のことでめげないで。「人(ひと)の噂(うわさ)も七十五日(しちじゅうごにち)」だから、みんなじきに忘(わす)れるって。

뭐 그렇게 실수한 것 때문에 기 죽지 마. '남의 말도 석 달'이니까 다들 금방 잊어버릴 거야.

N1 **人(ひと)の振(ふ)り見(み)て我(わ)が振(ふ)り直(なお)せ** 타산지석

人(ひと)の欠点(けってん)をあげつらうのでなく、「人(ひと)の振(ふ)り見(み)て我(わ)が振(ふ)り直(なお)せ」という意(い)識(しき)でいるなら、いつまでも成長(せいちょう)することができる。

남의 결점을 논할 것이 아니라, '남의 행동을 보고 내 행동을 고쳐라'라는 의식으로 있으면 언제까지나 성장할 수 가 있다.

N1 **独(ひと)り歩(ある)きする** 혼자 걷다, 제멋대로 퍼지다

▶ 말 그대로 '혼자 걷다'라는 뜻으로도 쓰이고, 비유적으로 잘못된 정보 등이 제멋대로 퍼지는 것을 의미하기도 해요.

世(よ)の中(なか)には、ある情報(じょうほう)や用語(ようご)がもとの文脈(ぶんみゃく)を離(はな)れて独(ひと)り歩(ある)きしていることが多(おお)い。

세상에는 어떤 정보나 용어가 원래의 문맥을 벗어나 제멋대로 퍼지는 일이 많다.

N1 **独(ひと)り占(じ)めする** 독점하다, 독차지하다

彼女(かのじょ)は一人(ひとり)っ子(こ)で、親(おや)の愛情(あいじょう)を独(ひと)り占(じ)めして育(そだ)った。

그녀는 외동딸이라 부모의 애정을 독차지하고 자랐다.

N1 **人を食ったような** 사람을 무시하는 듯한

彼の人を食ったような物言いに、彼女はあきれて笑った。

그의 사람을 무시하는 듯한 말투에 그녀는 기가 막혀서 웃었다.

N1 **火に油を注ぐ** 불에 기름을 붓다

▶ 상황을 악화시킨다는 뜻이에요.

木村さんは、こともあろうに、腹を立てている上司に冗談を言って火に油を注いでしまった。

기무라 씨는 하필이면 화를 내고 있는 상사에게 농담을 해서 불에 기름을 붓고 말았다.

N1 **非の打ちどころがない** 나무랄 데가 없다

新入社員の非の打ちどころないプレゼンに、誰もが感心した。

신입 사원의 흠잡을 데 없는 프레젠테이션에 누구나가 감탄했다.

N1 **火の車** 극심한 빈곤, 매우 가난함

今月はバイト代が入らないので、家計は火の車だ。

이달에는 아르바이트비가 들어오지 않아 살림이 매우 어려운 형편이다.

N1 **火のない所に煙は立たぬ** 아니 땐 굴뚝에 연기 날까

わが社は経営危機に陥っているという噂が出回っている。社長は否定しているが、「火のない所に煙は立たぬ」というから、気がかりだ。

우리 회사는 경영 위기에 빠졌다는 소문이 돌고 있다. 사장은 부정하고 있지만, '아니 땐 굴뚝에 연기가 나지 않는다'고 하니 걱정이다.

N1 **微々たるもの** 미미한 것, 매우 사소한 것

株式投資をしているが、利益は微々たるものだ。

주식 투자를 하고 있지만 이익은 미미한 것이다.

N1 火(ひ)ぶたを切(き)る

(경쟁, 싸움 등이) 시작되다

▶ 火(ひ)ぶた는 화승총의 화약을 넣는 곳의 뚜껑이에요. 불을 붙이기 위해 '뚜껑을 연다'는 뜻으로 싸움이 시작되는 것을 말해요.

2週間後(にしゅうかんご)の投票(とうひょう)に向(む)けて、選挙戦(せんきょせん)の火(ひ)ぶたが切(き)られた。

2주 후의 투표를 향해 선거전이 본격적으로 시작되었다.

N1 百聞(ひゃくぶん)は一見(いっけん)に如(し)かず

백문이 불여일견이다

その料理(りょうり)がおいしいことは、話(はなし)には聞(き)いているが、「百聞(ひゃくぶん)は一見(いっけん)に如(し)かず」だから、ぜひ一度(いちど)食(た)べに行(い)ってみよう。

그 요리가 맛있다는 것은 말로는 들었지만, '백문이 불여일견'이니 꼭 한번 먹으러 가 봐야지.

N1 氷山(ひょうざん)の一角(いっかく)

빙산의 일각

今回発覚(こんかいはっかく)した会計不正(かいけいふせい)は、氷山(ひょうざん)の一角(いっかく)に過(す)ぎない。

이번에 드러난 회계 부정은 빙산의 일각에 지나지 않는다.

N1 拍子抜(ひょうしぬ)けする

맥이 빠지다

発表(はっぴょう)したとき、どんな厳(きび)しい質問(しつもん)が来(く)るかと身構(みがま)えていたが、通(とお)り一遍(いっぺん)の穏(おだ)やかな質問(しつもん)しかされなくて、拍子抜(ひょうしぬ)けしてしまった。

발표했을 때 어떤 혹독한 질문이 나올까 하여 준비하고 있었는데, 형식적인 무난한 질문만 받아 맥이 빠졌다.

N1 瓢箪(ひょうたん)から駒(こま)が出(で)る

말도 안 되는 일이 벌어지다

▶ 직역하면 '표주박에서 망아지가 나오다'인데, '예상 밖의 일이 생기다' 또는 '농담이 현실이 되다'라는 뜻으로 쓰여요.

学生時代(がくせいじだい)、将来(しょうらい)のことが話題(わだい)になったとき、とっさに「パイロットになる」と言(い)ったことがきっかけで、本当(ほんとう)にパイロットになってしまった。瓢箪(ひょうたん)から駒(こま)が出(で)たわけだ。

학생 시절 장래에 대해 이야기했을 때, 순간적으로 '파일럿이 될 거야'라고 했던 것을 계기로, 정말 파일럿이 되고 말았다. 농담이 현실이 된 것이다.

N1 ピンからキリまで

최상부터 최하까지, 매우 다양하게

ワインの値段(ねだん)はピンからキリまである。

와인 가격은 매우 다양하게 있다.

N1 ピンと来(こ)ない

감이 안 잡히다, 직감적으로 이해 못하다

この問題(もんだい)は、解説(かいせつ)を読(よ)んでもあまりピンと来(こ)ない。

이 문제는 해설을 읽어도 별로 감이 잡히지 않는다.

N1 頻繁(ひんぱん)に取(と)り上(あ)げられる

빈번히 거론되다

この町(まち)は旅行番組(りょこうばんぐみ)などで頻繁(ひんぱん)に取(と)り上(あ)げられている。

이 마을은 여행 프로그램 등에서 빈번하게 다루어지고 있다.

N1 不意(ふい)を突(つ)く

허를 찌르다

犯人(はんにん)は突然奇声(とつぜんきせい)を上(あ)げ、警官(けいかん)たちが不意(ふい)を突(つ)かれて慌(あわ)てている隙(すき)に、逃走(とうそう)した。

범인은 갑자기 괴성을 질러서, 경찰관들이 허를 찔려 당황한 사이에 도주했다.

N1 風前(ふうぜん)の灯(ともしび)

풍전등화

会社(かいしゃ)は一時風前(いちじふうぜん)の灯(ともしび)だったが、新(あたら)しい経営陣(けいえいじん)と社員(しゃいん)の努力(どりょく)で回復(かいふく)に向(む)かっている。

회사는 한때 풍전등화였지만 새로운 경영진과 직원들의 노력으로 회복을 향해 가고 있다.

N1 笛吹(ふえふ)けども踊(おど)らず

피리를 불어도 춤추지 않는다

▶ 정성껏 준비해도 상대의 반응이 없음을 말해요.

大々的(だいだいてき)に広告(こうこく)を打(う)ったが、「笛吹(ふえふ)けども踊(おど)らず」で、商品(しょうひん)は全(まった)く売(う)れなかった。

대대적으로 광고를 했지만, '피리를 불어도 춤추지 않는다'고, 상품은 전혀 팔리지 않았다.

N1 覆水盆に返らず

엎질러진 물이다

自分の口から出てしまった言葉は「覆水盆に返らず」だから、後悔してもどうしようもない。

자기 입에서 나와 버린 말은 '엎질러진 물'이니까 후회해도 어쩔 수 없다.

N1 袋の鼠

독 안에 든 쥐

犯人は警察に取り囲まれ、もはや袋の鼠となった。

범인은 경찰에 둘러싸여 이미 독 안에 든 쥐가 되었다.

N1 不幸中の幸い

불행 중 다행

地震が起こり、倒壊する家屋もあったが、不幸中の幸いで、大きな火災は起こらなかった。

지진이 나서 무너진 가옥도 있었지만 불행 중 다행으로 큰 화재는 일어나지 않았다.

N1 二つ返事

흔쾌히 승낙함

彼は先輩の頼みを二つ返事で引き受けた。

그는 선배의 부탁을 흔쾌히 받아들였다.

N1 豚に真珠

돼지에게 진주

勉強しない子に電子辞書を買ってあげるなんて、豚に真珠でしょ。

공부하지 않는 아이에게 전자사전을 사 주다니, 돼지에게 진주지.

N1 物議を醸す

물의를 일으키다

社会的に大きな物議を醸した法案が国会で可決された。

사회적으로 큰 물의를 일으킨 법안이 국회에서 가결되었다.

N1 筆が立つ

글을 잘 쓰다

彼は筆が立つので、広報誌の編集担当に抜擢された。

그는 글을 잘 쓰기 때문에, 홍보지 편집 담당으로 발탁되었다.

N1 懐が暖かい

주머니가 두둑하다

お年玉をもらって懐が暖かくなった。

세뱃돈을 받아서 주머니가 두둑해졌다.

N1 腑に落ちない

납득이 가지 않다

彼の説明はどこか腑に落ちないところがある。

그의 설명은 어딘가 납득이 가지 않는 데가 있다.

N1 不評を買う

악평을 받다

▶ '악평'이라는 뜻의 不評와 '불평'이라는 뜻의 不平는 다른 말이에요.

今回の企画案があんなに不評を買うとは思わなかった。

이번 기획안이 그렇게 악평을 받을 줄은 몰랐어.

N1 故きを温ねて新しきを知る

온고지신

▶ 옛것을 익혀 새로운 것을 깨닫는다는 뜻이에요. 温이라는 한자에는 '따뜻하다'라는 뜻 외에 '학습하다, 익히다'라는 뜻도 있어요.

「故きを温ねて新しきを知る」というように、日本語を深く理解するためには、昔の日本語も知っている必要がある。

'옛것을 익혀 새로운 것을 깨닫는다'고 하듯, 일본어를 깊이 이해하기 위해서는 옛날 일본어도 알고 있을 필요가 있다.

N1 踏んだり蹴ったり

엎친 데 덮친 격, 설상가상

試合には負けてしまうわ、怪我はするわ、踏んだり蹴ったりだよ。

시합에는 지고, 부상은 당하고, 엎친 데 덮친 격이야.

N1 ベストを尽くす

최선을 다하다

ベストを尽くして悔いのない人生を送りたい。

최선을 다해 후회 없는 삶을 살고 싶다.

N1 **下手な鉄砲も数撃ちゃ当たる** 실패도 반복하다 보면 운 좋게 성공할 수 있다

「下手な鉄砲も数撃ちゃ当たる」と信じて、どんどん企画書を作っています。

'실패도 반복하다 보면 운 좋게 성공할 수 있다'고 믿고 계속 기획서를 만들고 있습니다.

N1 **弁解の余地がない** 변명의 여지가 없다

あなたが彼に暴力を振るったことは、全く弁解の余地がない。

당신이 그에게 폭력을 휘두른 일은 전혀 변명의 여지가 없다.

N1 **棒に振る** (노력을) 헛되게 하다

苦労して実績をあげたのに、ちょっとしたミスで昇進の機会を棒に振ってしまった。

힘들게 실적을 올렸는데 사소한 실수로 승진할 기회를 날려 버렸다.

N1 **仏の顔も三度まで** 부처의 얼굴도 세 번까지

「仏の顔も三度まで」というように、遅刻を繰り返していたら、ついに友達に見限られてしまった。

'부처의 얼굴도 세 번까지'라고 하는 것처럼, 지각을 반복했더니 결국 친구에게 절교당하고 말았다.

N1 **ほとぼりが冷める** 열기가 줄어들다, 관심이 식다

▶ ほとぼりは '남아 있는 열기, 잔열, 여열'이라는 뜻이에요.

この案件は、ほとぼりが冷めるまで延期することにします。

이 안건에 대해서는 과열된 분위기가 수그러들 때까지 연기하겠습니다.

N1 **ほらを吹く** 허풍을 떨다

▶ 직역하면 '소라고둥을 불다'인데, 그 소리가 의외로 커서 비유적으로 '허풍을 떨다, 과장해서 말하다'라는 뜻으로 쓰여요.

政治家にとってはほらを吹くことも仕事だと聞いて、彼らがなぜあんなバラ色の未来を語るのか理解した。

정치인에게 있어서는 허풍 떠는 것도 일이라는 말을 듣고 그들이 왜 그런 장밋빛 미래를 이야기하는 것인지 이해했다.

N1 本腰を入れる (ほんごしをいれる)
본격적으로 착수하다, 진지하게 임하다

警察は、ようやく本腰を入れて捜査を開始した。

경찰은 드디어 본격적으로 수사를 시작했다.

N1 枚挙にいとまがない (まいきょにいとまがない)
너무 많아서 다 열거할 수가 없다

脇見運転による交通事故の例は枚挙にいとまがない。

한눈팔기 운전으로 인한 교통사고의 예는 일일이 열거할 수가 없다.

N1 前触れ (まえぶれ)
예고, 징조

小さな地震が多発するのは、大地震の前触れと言われています。

작은 지진이 많이 발생하는 것은 대지진의 징조라고 알려져 있습니다.

N1 蒔かぬ種は生えぬ (まかぬたねははえぬ)
노력 없이 결과 없다

▶ 직역하면 '뿌리지 않은 씨는 나지 않는다'라는 뜻이에요.

「蒔かぬ種は生えぬ」というから、志望校に入りたいなら一生懸命勉強することだ。

'뿌리지 않은 씨는 나지 않는다'고 하니, 지망하는 학교에 들어가고 싶으면 열심히 공부해야 한다.

N1 間が悪い (まがわるい)
타이밍이 좋지 않다, 멋쩍다

彼は、案内してくれたレストランが臨時休業だったので、間が悪そうにこちらを見た。

그는 안내해 준 레스토랑이 임시 휴업이었기 때문에 멋쩍은 듯 이쪽을 보았다.

N1 枕を高くして寝る (まくらをたかくしてねる)
안심하고 자다, 다리 뻗고 자다

▶ 직역하면 '베개를 높이 베고 자다'인데, 적의 습격을 알아채기 위해 바닥에 귀를 대고 자던 불안한 때와 비교하여 안심하고 잘 수 있음을 나타내는 표현이에요.

会社の資金繰りが何とかなったので、しばらくは枕を高くして寝られる。

회사 자금 조달이 잘 풀려서, 당분간은 다리 뻗고 잘 수 있다.

N1 負け犬の遠吠え
패자의 뒷말

彼は威勢よく啖呵を切ったが、あれは「負け犬の遠吠え」だ。

그는 위세 좋게 큰소리를 쳤지만, 그것은 '패자의 뒷말'이다.

N1 負けるが勝ち
지는 것이 이기는 것이다

あんな人間と議論しても、意味がない。そういうときは「負けるが勝ち」だ。黙って引き下がった方がいい。

그런 인간과 의론해 봐야 의미가 없다. 그런 때는 '지는 것이 이기는 것'이다. 잠자코 물러서는 편이 좋다.

N1 待てば海路の日和あり
쥐구멍에도 볕 들 날이 있다

苦しいときには「待てば海路の日和あり」と、自分を励ました。

힘들 때는 '쥐구멍에도 볕 들 날이 있다'고 스스로를 격려했다.

N1 的が外れる
과녁을 빗맞히다

彼はいつも人の話に的の外れた返答をする。

그는 항상 남의 말에 핵심을 벗어난 대답을 한다.

N1 的を絞る
범위를 좁히다, 초점을 맞추다

今日の講義では、「広告の方法」に的を絞ってお話しします。

오늘 강의에서는 '광고 방법'에 초점을 맞춰서 이야기하겠습니다.

N1 見栄を張る
허세를 부리다

私はその分野についてあまり知らなかったが、見栄を張って、よく知っている振りをした。

나는 그 분야에 대해 별로 몰랐지만 허세를 부려 잘 아는 척을 했다.

N1 **水に流す** 물에 흘려 보내다, 없던 일로 하다

過去のことは水に流して、これからはお互いに助け合っていきましょう。

과거의 일은 없던 일로 하고, 앞으로는 서로 도와 나갑시다.

N1 **水の泡になる** 물거품이 되다

その失敗により、彼の今までの努力はすべて水の泡になった。

그 실수로 인해 그의 지금까지의 노력은 모두 수포로 돌아갔다.

N1 **水をあける** (경쟁 상대에게) 큰 차이를 벌리다

国際マラソンで、彼は2位に大きく水をあけて優勝した。

국제 마라톤에서 그는 2위를 크게 앞서며 우승했다.

N1 **水を打ったようだ** 물을 끼얹은 듯하다

彼が舞台に姿を現したとたん、客席は水を打ったように静まった。

그가 무대에 모습을 드러낸 순간 객석은 물을 끼얹은 듯 조용해졌다.

N1 **水を得た魚** 물 만난 고기

彼は転職すると、水を得た魚のように活躍し始めた。

그는 이직하더니 물 만난 고기처럼 활약하기 시작했다.

N1 **水を差す** 찬물을 끼얹다, 방해하다

彼は、人の楽しみに水を差すようなことばかり言う。

그는 남의 기쁨에 찬물을 끼얹는 듯한 소리만 한다.

N1 **未曽有** 미증유, 지금까지 있어 본 적이 없음

今回の大地震は日本列島に未曽有の被害をもたらした。

이번 대지진은 일본 열도에 미증유의 피해를 가져왔다.

N1 **道草を食う** 딴 길로 새다, 딴짓을 하다

息子はいつも学校帰りどこかで道草を食っていて、帰宅時間が遅い。

아들은 항상 하굣길에 어디선가 딴짓을 해서 귀가 시간이 늦다.

N1 **三つ子の魂百まで** 세 살 버릇 여든까지 간다

祖父は気性が荒いが、叔祖父によると、幼いころからそうだったという。まさに「三つ子の魂百まで」だ。

할아버지는 성격이 거친데, 큰할아버지 말씀에 의하면 어릴 때부터 그랬다고 한다. 정말 '세 살 버릇 여든까지'다.

N1 **実るほど頭を垂れる稲穂かな** 익을수록 고개를 숙이는 벼이삭이로다

▶ ～かな는 영탄의 뜻을 나타내는 말로 '～로다', '～구나'로 해석할 수 있어요.

「実るほど頭を垂れる稲穂かな」というから、偉くなるほど謙虚な姿勢を心がけるようにしよう。

'익을수록 고개를 숙이는 벼이삭이로다'라고 하니, 출세할수록 겸손한 자세를 명심하도록 하자.

N1 **虫がいい** 뻔뻔하다

勉強もしないで試験に合格するなんて言うのは、ずいぶん虫がいい話だ。

공부도 안 하고 시험에 합격하겠다니, 꽤 뻔뻔한 이야기다.

N1 **虫が知らせる** (불길한) 예감이 들다

虫が知らせたのだろうか。ふと出かけるのをやめたら、乗るはずだった電車が脱線事故を起こした。

불길한 예감이 들어 갑자기 외출하려다 말았는데, 탈 뻔했던 전철이 탈선 사고를 일으켰다.

N1 **虫の息** 다 죽어 가는 숨

救急車が到着したとき患者はすでに虫の息だったが、病院へ搬送される途中で死亡が確認された。

구급차가 도착했을 때 환자는 이미 미약한 숨을 쉬었지만, 병원으로 반송되는 도중 사망이 확인되었다.

N1 虫(むし)の居所(いどころ)が悪(わる)い

기분이 언짢다

▶ 옛날, 중국 도교의 영향으로 몸속에 욕심과 질병을 일으키는 벌레가 있다고 믿은 데서 온 표현이라고 해요.

上司(じょうし)は、虫(むし)の居所(いどころ)が悪(わる)いとすぐに大声(おおごえ)で怒鳴(どな)り出(だ)す。

상사는 기분이 언짢으면 바로 큰 소리로 화를 낸다.

N1 無用(むよう)の長物(ちょうぶつ)

무용지물

▶ 長物(ちょうぶつ)는 '길기만 하고 쓸모가 없는 것'을 말해요.

せっかくランニングマシーンを買(か)っても、使(つか)わなければ無用(むよう)の長物(ちょうぶつ)だ。

모처럼 런닝 머신을 사도 사용하지 않으면 무용지물이다.

N1 無理(むり)が通(とお)れば道理(どうり)引(ひ)っ込(こ)む

억지가 통하면 도리가 물러선다

▶ 억지가 통하는 세상에서는 올바른 일이 이루어지지 않는다는 뜻이에요.

大事件(だいじけん)が起(お)こったとき、警察庁(けいさつちょう)が捜査(そうさ)するのでなく、事件(じけん)を防(ふせ)げなかった地方警察(ちほうけいさつ)に捜査(そうさ)を任(まか)せると、「無理(むり)が通(とお)れば道理(どうり)引(ひ)っ込(こ)む」という結果(けっか)になりかねない。

큰 사건이 일어났을 때, 경찰청이 수사하지 않고 사건을 방지하지 못한 지방 경찰에 수사를 맡기면 '억지가 통하면 도리가 물러서는' 결과가 될지도 모른다.

N1 盲点(もうてん)を突(つ)く

맹점을 찌르다

ハッカーは、セキュリティーの盲点(もうてん)を突(つ)いて研究所(けんきゅうじょ)のコンピュータに侵入(しんにゅう)した。

해커는 보안의 맹점을 찔러 연구소의 컴퓨터에 침입했다.

N1 餅(もち)は餅屋(もちや)

떡은 떡집

▶ 전문가에게 맡기는 것이 가장 좋다는 뜻이에요.

困(こま)ったときは「餅(もち)は餅屋(もちや)」だ。専門家(せんもんか)に依頼(いらい)するのがいちばんいい。

어려울 때는 '떡은 떡집'이다. 전문가에게 의뢰하는 것이 제일 좋다.

N1 元の木阿弥
도로아미타불, 헛수고

せっかく減量に成功しても、またたくさん食べたら元の木阿弥だ。

모처럼 감량에 성공해도 다시 많이 먹으면 도로아미타불이다.

N1 元も子もない
본전도 잃다, 몽땅 잃다

大会のために一生懸命に練習するのはいいが、怪我をしては元も子もない。

대회를 위해 열심히 연습하는 것은 좋지만, 다치면 본전도 못 건진다.

N1 もぬけの殻
뱀 허물, 탈피한 껍질

▶ 사람이 빠져나간 침대나 집의 모습을 말해요.

警官が駆けつけたときは、犯人は逃げて部屋はすでにもぬけの殻だった。

경찰관이 달려갔을 때는 범인은 도망가고 방은 텅 비어 있었다.

N1 物も言いようで角が立つ
같은 말도 하기 나름이다

▶ 말하기에 따라 상대방의 감정을 상하게 할 수 있다는 뜻이에요.

「物も言いようで角が立つ」というが、彼の言い方には、どういうわけかいつも刺がある。

'같은 말도 하기 나름'이라고 하는데, 그의 말투에는 왠지 항상 가시가 있다.

N1 ものをいう
효과를 나타내다, 위력을 발휘하다

その業界では、学歴は意味をなさず、実力だけがものをいう。

그 업계에서는 학력은 의미가 없고, 실력만이 말해 준다.

N1 門前の小僧習わぬ経を読む
서당 개 삼 년에 풍월을 읊는다

彼の魔術は「門前の小僧習わぬ経を読む」で、親の演技を後ろで見ながら学んだものだった。

그의 마술은 '서당 개 삼 년에 풍월을 읊는다'고, 부모의 연기를 뒤에서 보면서 배운 것이었다.

N1 八百長(やおちょう) 협잡, 승부 조작

プロレスの勝負(しょうぶ)が八百長(やおちょう)であることは、いわば公然(こうぜん)の秘密(ひみつ)で、プロレスファンたちはそれを「ショー」として楽(たの)しんでいる。

프로 레슬링의 승부가 조작이라는 것은 소위 공공연한 비밀로, 프로 레슬링 팬들은 그것을 구경거리로 즐기고 있다.

N1 焼(や)け石(いし)に水(みず) 언 발에 오줌 누기

試験(しけん)の直前(ちょくぜん)になって慌(あわ)てて勉強(べんきょう)しても、焼(や)け石(いし)に水(みず)だ。

시험 직전이 되어 허둥지둥 공부해 봤자 언 발에 오줌 누기다.

N1 やじ馬(うま) 구경꾼

交通事故(こうつうじこ)の現場(げんば)にやじ馬(うま)たちが集(あつ)まり、スマホで写真(しゃしん)を撮(と)っていた。

교통사고 현장에 구경꾼들이 모여 스마트폰으로 사진을 찍고 있었다.

N1 安物買(やすものか)いの銭失(ぜにうしな)い 싼 게 비지떡

いくら安(やす)いからといって、そんな旧式(きゅうしき)のパソコンを買(か)ったら、「安物買(やすものか)いの銭失(ぜにうしな)い」になりかねない。

아무리 싸다고 해서 그런 구식 컴퓨터를 사면 '싼 게 비지떡'이 될지도 모른다.

N1 矢(や)の催促(さいそく) 성화 같은 재촉

原稿(げんこう)の締(し)め切(き)りが近(ちか)づき、編集者(へんしゅうしゃ)から矢(や)の催促(さいそく)を受(う)けている。

원고 마감이 다가오면서 편집자로부터 성화와 같은 재촉을 받고 있다.

N1 藪(やぶ)から棒(ぼう) 아닌 밤중에 홍두깨

彼(かれ)は自分(じぶん)の話(はなし)をしながら、「ところで、昨日(きのう)どこに行(い)ってた?」と藪(やぶ)から棒(ぼう)に聞(き)くので、私(わたし)は意味(いみ)をつかみかねた。

그는 자신의 이야기를 하면서 '그런데 어제 어디 갔었어?' 하고 뜬금없이 물어봐서 나는 의미를 파악하기 어려웠다.

N1 病(やまい)は気(き)から
병은 마음에서, 병은 생각하기 나름

「病(やまい)は気(き)から」というから、病気(びょうき)のことで悩(なや)むのでなく、大(たい)したことないと思(おも)っていた方(ほう)が、病気(びょうき)も治(なお)りやすいものだ。

'병은 마음에서 온다'고 하니까 병 때문에 고민하지 말고, 대수롭지 않다고 생각하는 편이 병도 쉽게 낫는다.

N1 山高(やまたか)きが故(ゆえ)に尊(とうと)からず
겉모습보다 내용이 중요하다

▶ 직역하면 '산은 높아서 고귀한 것이 아니다'라는 뜻이에요. ～が故(ゆえ)には '～해서', '～한 까닭에'라는 뜻이에요.

いい大学(だいがく)を出(で)た人(ひと)がほしいのではなく、仕事(しごと)のできる人(ひと)がほしいのだ。「山高(やまたか)きが故(ゆえ)に尊(とうと)からず」だ。

좋은 대학 나온 사람을 원하는 게 아니라 일 잘하는 사람을 원하는 것이다. '겉모습보다 내용이 중요하다'는 말이다.

N1 山々(やまやま)だ
매우 많다, 간절하다

出席(しゅっせき)したいのは山々(やまやま)だけど、どうしても出席(しゅっせき)ができない。

출석하고 싶은 마음은 간절하지만, 도저히 출석할 수가 없다.

N1 山(やま)をかける
요행을 바라고 찍다

山(やま)をかけて勉強(べんきょう)したところが運(うん)よくテストに出(で)た。

찍어서 공부한 곳이 운 좋게 시험에 나왔다.

N1 山(やま)を張(は)る
요행을 바라고 찍다

テストで山(やま)を張(は)ったが、全部(ぜんぶ)はずれてしまった。

시험에서 찍었지만 전부 빗나가 버렸다.

N1 矢(や)も盾(たて)もたまらず
애가 타다, 몹시 초조하다

彼(かれ)は彼女(かのじょ)に会(あ)いたくなって、矢(や)も盾(たて)もたまらず彼女(かのじょ)の家(いえ)を訪(たず)ねていった。

그는 그녀가 보고 싶어져서 애가 탄 나머지 그녀의 집을 찾아갔다.

N1 **有終の美を飾る** 유종의 미를 거두다

高校３年２学期の大会で優勝し、有終の美を飾ることができた。

고등학교 3학년 2학기의 대회에서 우승하여 유종의 미를 거둘 수 있었다.

N1 **雄弁は銀、沈黙は金** 웅변은 은 침묵은 금이다

「雄弁は銀、沈黙は金」というように、上手に話せることも必要だが、それ以上に、発話には慎重であるべきだ。

'웅변은 은, 침묵은 금'이라고 하듯이, 말을 잘할 수 있는 것도 중요하지만 그 이상으로 발화에는 신중해야 한다.

N1 **要領がいい** 요령이 좋다

彼は要領がいいので、レポートを短時間で書き上げることができる。

그는 요령이 좋아서 리포트를 단시간에 쓸 수 있다.

N1 **要領を得ない** 요령부득이다, 요점을 알 수 없다

何度聞いても彼の説明は要領を得なかった。

몇 번을 들어도 그의 설명은 요점을 알 수 없었다.

N1 **用を足す** 용변을 보다, 볼일을 보다

そのあたりはトイレがないので、草むらに隠れて用を足すしかなかった。

그 주변에는 화장실이 없어서 풀숲에 숨어 볼일을 볼 수밖에 없었다.

N1 **よく泳ぐ者は溺れる** 헤엄 잘 치는 자는 물에 빠진다

「よく泳ぐ者は溺れる」という格言があるように、口達者な人は、その話術がわざわいして身を亡ぼすものだ。

'헤엄 잘 치는 자는 물에 빠진다'는 격언이 있듯이, 말을 잘하는 사람은 그 화술이 화근이 되어 망한다.

N1 **横車を押す** 억지를 부리다, 생떼를 쓰다

あの政治家は横車を押すことばかりしているのに、当選したのが不思議だ。

저 정치인은 억지만 부리는데 당선된 것이 신기하다.

N1 **横槍を入れる** 곁에서 말참견하다

上司はどんな話にも横槍を入れてくるので、部下から嫌われている。

상사는 어떤 이야기에나 참견하기 때문에 부하들로부터 미움을 받고 있다.

N1 **余念がない** 여념이 없다

生徒たちは志望校の合格を目指して、勉強に余念がない。

학생들은 지망학교 합격을 목표로 공부에 여념이 없다.

N1 **寄らば大樹の陰** 기댈 거라면 큰 나무 그늘

彼は、「寄らば大樹の陰」ということで大手企業に就職したが、入社してまもなく倒産してしまった。

그는 '이왕에 기댈 거라면 큰 나무 그늘'이라고 대기업에 취직했지만 입사하고 얼마 되지 않아 도산하고 말았다.

N1 **寄る辺ない** 의지할 곳 없는

寄る辺ない身にとって、正月休みの寂しさはこたえる。

의지할 곳 없는 처지에게는 설 휴일의 쓸쓸함은 괴롭다.

N1 **弱り目に祟り目** 엎친 데 덮친 격

▶ 弱り目는 '약해진 때'를 말하고, 祟り目는 '지벌을 당할 때'를 말해요. 祟り에는 '재앙, 지벌, 응보' 등의 뜻이 있어요.

先日スマホを失くしたばかりなのに、弱り目に祟り目で、今度は財布を失くした。

바로 얼마 전 스마트폰을 잃어버렸는데 '엎친 데 덮친 격'으로 이번에는 지갑을 잃어버렸다.

N1 来年のことを言うと鬼が笑う

미래의 일은 아무도 모른다

「来年のことを言うと鬼が笑う」という諺があるけれど、私の予測は当たったためしがない。

'미래의 일은 아무도 모른다' 는 속담이 있지만, 내 예측은 맞은 적이 없다.

N1 楽あれば苦あり、苦あれば楽あり

고생 끝에 낙이 온다, 새옹지마

「人生楽あれば苦あり、苦あれば楽あり」というから、何か起こるたびに一喜一憂するのでなく、淡々とすべきことをこなしていった方がいい。

'인생은 새옹지마'라고 하니까, 무슨 일이 일어날 때마다 일희일비하지 말고 담담하게 해야 할 일을 하는 게 좋다.

N1 烙印を押される

낙인 찍히다

たった一度のミスで、役立たずという烙印を押されてしまった。

단 한 번의 실수로 쓸모없는 인간이라는 낙인이 찍히고 말았다.

N1 埒が明かない

결론이 나지 않는다, 진척이 안 되다

▶ らちは 사물의 '단락, 구분, 한계'를 말해요.

彼は思いのほか頑固で、いくら説明しても埒が明かなかった。

그는 의외로 완고해서 아무리 설명해도 결론이 나지 않는다.

N1 李下に冠を正さず

이하부정관

▶ '자두나무 밑에서는 갓을 고쳐 쓰지 않는다'는 뜻으로, 남에게 의심을 살 만한 일은 하지 말라는 표현이에요.

「李下に冠を正さず」というから、たとえ潔白であるからといって、人に疑われるような行動は慎もう。

'이하부정관'이라고 하니, 가령 결백하다고 해도 남에게 의심받을 만한 행동은 삼가자.

N1 理に適う

이치에 맞다

彼女が言っていることは理に適っている。

그녀가 하는 말은 이치에 맞다.

N1 類は友を呼ぶ

유유상종

彼の周りには、「類は友を呼ぶ」というのか、一風変わった人たちが集まっていた。

그의 주위에는 '유유상종'인지, 어딘가 색다른 사람들이 모여 있었다.

N1 路頭に迷う

거리로 나앉다

社長が経営に失敗すると、社員たちを路頭に迷わせてしまう。

사장이 경영에 실패하면 사원들을 거리로 나앉게 하고 만다.

N1 論より証拠

말보다 증거

私が本当に日本語を理解できるのかと疑っている人がいるので、論より証拠。これがJLPTの合格認定書だ。

내가 정말 일본어를 이해할 수 있는지 의심하고 있는 사람이 있기에, 말보다 증거. 이것이 JLPT의 합격인정서다.

N1 我が田に水を引く

아전인수

彼は、有能ではあるが、みんなの利益を考えるべきときにも、我が田に水を引くことを考えるので、注意が必要だ。

그는 유능하긴 하지만 모두의 이익을 생각해야 할 때에도 자기 논에 물 댈 생각을 하기 때문에 주의가 필요하다.

N1 我が身を抓って人の痛さを知れ

내 몸을 꼬집어 남의 아픔을 알라

「我が身を抓って人の痛さを知れ」という諺は、思いやりの基本だと思う。

내 몸을 꼬집어 남의 아픔을 알라고 하는데, 자기가 당해서 싫은 일은 상대에게 하지 말아야 하는 것이다.

N1 禍を転じて福となす

전화위복이 되다

実験の失敗から思わぬ発見が得られ、「禍を転じて福となす」結果となった。

실험의 실패로부터 뜻밖의 발견을 얻어, '전화위복'의 결과가 되었다.

N1 渡りに船
가는 날이 장날

▶ '강을 건너려고 나루터에 갔는데 마침 배가 있었다'는 뜻으로, 운 좋게 일이 잘 풀리는 것을 말해요.

高くて買えなかったパソコンがセールになっていたので、これは渡りに船と、購入した。

비싸서 못 샀던 컴퓨터가 세일을 하고 있어서, 마침 잘됐다 하고 구입했다.

N1 渡る世間に鬼はなし
어디 가나 인정은 있다

▶ 직역하면 '살아가는 세상에 못된 귀신은 없다'인데, 세상에는 몰인정한 사람만 있는 것이 아니라 인정을 베푸는 사람도 있기 마련이라는 뜻이에요.

財布を盗まれて家へ帰れずにいたとき、通りがかりの人が千円札をくれて立ち去った。「渡る世間に鬼はなし」という言葉を思い出した。

지갑을 도둑맞아 집에 가지 못하고 있을 때 지나던 사람이 천 엔을 주고 갔다. '어디 가나 인정은 있다'는 말이 생각 났다.

N1 笑う門には福来る
웃는 집엔 복이 온다

「笑う門には福来る」というように、笑顔を絶やさない人は、わりと運もいいらしい。

'웃는 집엔 복이 온다'고 하는 것처럼, 항상 웃는 사람은 비교적 운도 좋은 것 같다.

N1 藁にもすがる
지푸라기라도 붙잡다

彼はその仕事を藁にもすがる思いで始め、さいわい今ではうまくいっている。

그는 그 일을 지푸라기라도 붙잡는 심정으로 시작하여, 다행히 지금은 잘되고 있다.

N1 割に合う
수지가 맞다, 노력한 보람이 있다

想像以上に仕事が大変で、割に合わないと感じて、アルバイトを辞めた。

상상 이상으로 일이 힘들어서, 노력한 보람이 없다는 느낌이 들어, 아르바이트를 그만두었다.

せいせいどうどう
N2 正々堂々
정정당당

大会の参加者には、勝敗にこだわらず、正々堂々と戦ってほしい。

대회 참가자들에게는 승패에 연연하지 말고 정정당당히 싸워 주길 바란다.

にしゃたくいつ
N2 二者択一
양자택일

二者択一の場面で迷ったら、より後悔しない方を選ぶべきだ。

양자택일의 상황에서 망설인다면 더 후회하지 않는 쪽을 선택해야 한다.

ふへいふまん
N2 不平不満
불평불만

あの人は、何に対しても不平不満を言っている。気に入るものは何一つないようだ。

저 사람은 무슨 일에든 불평불만을 말하고 있다. 마음에 드는 것은 무엇 하나 없는 모양이다.

ゆうめいむじつ
N2 有名無実
유명무실

▶ 이름뿐이고 알맹이가 없는 것을 말해요.

その会社では、就業規則も福利厚生も有名無実になっていた。

그 회사에서는 취업 규칙도 복리후생도 유명무실이 되어 있었다.

あくせんくとう
N1 悪戦苦闘
악전고투

▶ 곤란한 상황에서 힘껏 노력하는 것을 말해요.

世界の国々は、パンデミック対策に悪戦苦闘していた。

세계 나라들은 팬데믹 대책에 악전고투하고 있었다.

あんちゅうもさく
N1 暗中模索
암중모색

▶ 단서가 없는 가운데 이것저것 시도해 본다는 뜻이에요.

新しいプロジェクトはまだ形が定まらず、暗中模索の段階である。

새 프로젝트는 아직 형태가 갖추어지지 않고 암중모색의 단계다.

N1 意気揚々(いきようよう)

의기양양

▶ 자랑스럽고 씩씩한 모습을 말해요.

大会(たいかい)で優勝(ゆうしょう)した選手(せんしゅ)は、意気揚々(いきようよう)とインタビューに答(こた)えていた。

대회에서 우승한 선수는 의기양양하게 인터뷰에 응했다.

N1 異口同音(いくどうおん)

이구동성

▶ 많은 사람이 같은 의견을 말한다는 뜻이에요.

山口君(やまぐちくん)が学級委員長(がっきゅういいんちょう)になることに、クラスのみんなは異口同音(いくどうおん)に賛成(さんせい)した。

야마구치 군이 반장이 되는 것에 클래스 모두가 이구동성으로 찬성했다.

N1 以心伝心(いしんでんしん)

이심전심

▶ 말로 하지 않아도 그 사람의 마음이 전달된다는 뜻이에요.

その外国人選手(がいこくじんせんしゅ)は、チームのメンバーと言葉(ことば)はうまく通(つう)じないが、以心伝心(いしんでんしん)で意思疎通(いしそつう)していた。

그 외국인 선수는 팀 멤버와 말은 잘 안 통하지만 이심전심으로 의사소통하고 있었다.

N1 一意専心(いちいせんしん)

일의전심

▶ 어느 한 가지 일에만 온 마음을 집중하는 것을 말해요.

彼(かれ)は一意専心(いちいせんしん)仕事(しごと)に打(う)ち込(こ)んで、重役(じゅうやく)にまでのし上(あ)がった。

그는 일의전심으로 일에 매달려 중역 자리에까지 올랐다.

N1 一期一会(いちごいちえ)

일기일회

▶ 일생에 단 한 번뿐인 인연이나 기회를 말해요. 인연을 소중히 하라는 뜻으로 사용해요.

どのような出会(であ)いにも一期一会(いちごいちえ)の気持(きも)ちで臨(のぞ)むことが大切(たいせつ)だ。

어떤 만남에도 인연을 소중히 하는 마음으로 임하는 것이 중요하다.

N1 一語一句
いち ご いっ く

한 마디 한 구절

彼は、先生の話を一語一句聞き逃すまいと、真剣に耳を傾けていた。
かれ　　せんせい　はなし　いち ご いっ く き のが　　　　しんけん　みみ　かたむ

그는 선생님의 말씀을 한 마디 한 구절도 놓치지 않겠다고 진지하게 귀를 기울이고 있었다.

N1 一日千秋
いち じつ せん しゅう

일일천추

▶ 하루가 천년처럼 길게 느껴진다는 뜻으로, 무언가를 간절히 기다릴 때 쓰는 표현이에요.

彼は、合否の連絡通知が届くのを一日千秋の思いで待っている。
かれ　　ごう ひ　れんらくつうち　とど　　　　いち じつ せん しゅう　おも　　ま

그는 합격 여부의 연락 통지가 오기를 일일천추의 마음으로 기다리고 있다.

N1 一念発起
いち ねん ほっ き

굳은 결심을 함

▶ 어떤 일을 성취하려고 결심하는 것을 말해요.

彼は会社を辞めたあと、一念発起して独立、起業した。
かれ　かいしゃ　や　　　　　　　いち ねん ほっ き　　どくりつ　き ぎょう

그는 회사를 그만둔 뒤 굳은 결심으로 독립하여 창업했다.

N1 一部始終
いち ぶ し じゅう

자초지종

彼は、昨日あったことを一部始終話して聞かせた。
かれ　　きのう　　　　　　いち ぶ し じゅうはな　　き

그는 어제 있었던 일을 자초지종 자세히 말해 주었다.

N1 一網打尽
いち もう だ じん

일망타진

▶ 한 번의 그물을 쳐서 고기를 다 잡는다는 표현으로, 어떤 무리를 한꺼번에 다 잡을 때 써요.

警察は、高齢者を騙す詐欺グループを一網打尽にした。
けいさつ　　こうれいしゃ　だま　さ ぎ　　　　　　　いち もう だ じん

경찰은 노인을 속이는 사기 일당을 일망타진했다.

N1 一目瞭然
いち もく りょう ぜん

일목요연

▶ 한 번 보고 대번에 알 수 있을 만큼 분명하고 뚜렷하다는 뜻이에요.

彼は、勉強をしていなかったのだから、テストの結果は一目瞭然だ。
かれ　　べんきょう　　　　　　　　　　　　　　　けっ か　いち もく りょう ぜん

그는 공부를 하지 않았기 때문에 시험 결과는 일목요연하다.

N1 一獲千金 (いっかくせんきん) 일확천금

彼は、一獲千金を狙ってボーナスを全額つぎこみ、宝くじを買った。

그는 일확천금을 노리고 보너스를 전액 쏟아부어 복권을 샀다.

N1 一喜一憂 (いっきいちゆう) 일희일우, 일희일비

▶ 상황이 변할 때마다 일일이 기뻐하거나 걱정하는 것을 말해요.

投資は、目先の変動に一喜一憂せず、長期的視点で見ていく必要がある。

투자는 당장의 변동에 일희일비하지 말고 장기적 관점에서 볼 필요가 있다.

N1 一挙一動 (いっきょいちどう) 일거일동, 일거수일투족

監督は、選手たちの一挙一動を注意深く見守っていた。

감독은 선수들의 일거일동을 주의깊게 지켜보고 있었다.

N1 一挙両得 (いっきょりょうとく) 일거양득

じゃがいもを輪切りにすれば、食感もよくなるし、加熱時間も短くなるので一挙両得だ。

감자를 둥글게 썰면 식감도 좋아지고 가열 시간도 짧아지므로 일거양득이다.

N1 一刻千金 (いっこくせんきん) 일각천금

▶ 짧은 시간도 천금의 가치가 있다는 뜻이에요. 매우 값진 시간을 말해요.

彼女にとって、彼と会っている時間は一刻千金だった。

그녀에게 있어 그와 만나고 있는 시간은 일각천금이었다.

N1 一触即発 (いっしょくそくはつ) 일촉즉발

▶ 한 번 건드리기만 해도 폭발할 것같이 몹시 위급한 상태를 말해요.

両国の国境紛争は、一触即発の危機に瀕している。

양국의 국경 분쟁은 일촉즉발의 위기에 처해 있다.

N1 いっ しん いっ たい
一進一退

일진일퇴

きょう　　　し あい　　　　　　　りょう　　　　　いっしんいったい　　こうぼう　み
今日の試合では、両チームが一進一退の攻防を見せた。

오늘 경기에서는 양 팀이 일진일퇴의 공방을 벌였다.

N1 いっ しん どう たい
一心同体

일심동체

ぜんいん　　　いっしんどうたい　　　　　　　しょう り　め ざ
チームの全員が一心同体となって、勝利を目指している。

팀 전원이 일심동체가 되어 승리를 목표로 하고 있다.

N1 いっ しん ふ らん
一心不乱

일심불란

▶ 한 가지에만 마음을 써서 마음이 흩어지지 않게 한다는 뜻이에요.

むすめ　いっしん ふ らん　じゅけんべんきょう　う こ
娘は一心不乱に受験勉強に打ち込んでいる。

딸은 일심불란하게 입시 공부에 매달리고 있다.

N1 いっ せ いち だい
一世一代

일세일대, 일생일대

た　なかせんしゅ　　　　　　きょう　し あい　いっ せ いち だい　しょう ぶ
田中選手にとって、今日の試合は一世一代の勝負である。

다나카 선수에게 오늘 경기는 일생일대의 승부다.

N1 いっ ちょう いっ せき
一朝一夕

일조일석, 짧은 시간

がいこく ご　　がくしゅう　　　いっちょういっせき
外国語の学習は、一朝一夕になるものではない。

외국어 학습은 하루아침에 되는 것이 아니다.

N1 いっ とう りょう だん
一刀両断

일도양단

▶ 어떤 일을 머뭇거리지 않고 선뜻 결정함을 비유적으로 이르는 말이에요.

こ づか　　　　ふ　　　　　　　　　　　　はは　　　　　　　　　　　　　　　　いっとうりょうだん
お小遣いを増やしてほしいと母にねだってみたら、「だめ」と一刀両断に
き　す
切り捨てられた。

용돈을 늘려 달라고 어머니에게 졸라 봤더니 '안 돼' 하고 단칼에 거절당했다.

N1 意味深長

의미심장

社長は会議で、会社の今後について、何やら意味深長な発言をした。

사장은 회의에서 회사의 앞날에 대해 뭔가 의미심장한 발언을 했다.

N1 因果応報

인과응보

暴飲暴食を続けていたら、生活習慣病になってしまった。因果応報か。

폭음 폭식을 멈추지 않으니 생활습관병이 되어 버렸다. 인과응보인가.

N1 右往左往

우왕좌왕

その建物の網目のような通路の中で、彼らは行き場がわからず右往左往していた。

그 건물의 그물 같은 통로 속에서 그들은 갈 바를 모르고 우왕좌왕하고 있었다.

N1 岡目八目

훈수꾼은 여덟 수를 더 본다

▶ 본인보다 제3자가 상황 판단을 더 잘한다는 뜻이에요.

「岡目八目」というから、まわりの意見も聞いてみる必要がある。

'훈수꾼은 여덟 수를 더 본다'고 하니, 주위의 의견도 들어 볼 필요가 있다.

N1 温故知新

온고지신

▶ 옛것을 익혀 새로운 것을 깨닫는다는 뜻이에요. 温이라는 한자에는 '따뜻하다'라는 뜻 외에 '학습하다, 익히다'라는 뜻도 있어요.

「温故知新」というように、商品開発には過去のデータや失敗からも学ぶ必要がある。

'온고지신'이라고 하듯, 상품 개발을 할 때는 과거의 데이터나 실패에서도 배울 필요가 있다.

N1 花鳥風月

화조풍월

▶ 꽃과 새와 바람과 달이라는 뜻으로, 아름다운 경치를 말해요.

私の日常はあまりに忙しく、花鳥風月を愛でる心の余裕を失っていた。

나의 일상은 너무 바빠서 화조풍월을 즐길 마음의 여유를 잃고 있었다.

N1 我田引水（がでんいんすい）　아전인수

▶ '자기 논에 물 대기'라는 뜻으로, 자기에게만 이롭게 되도록 생각하거나 행동하는 것을 말해요.

彼の主張は普遍的な正義を唱えているように見えるが、結局は我田引水に過ぎない。

그의 주장은 보편적인 정의를 외치고 있는 것처럼 보이지만, 결국은 아전인수에 지나지 않는다.

N1 完全無欠（かんぜんむけつ）　완전무결

この世の中に完全無欠な人など存在しない。

이 세상에 완전무결한 사람 같은 건 존재하지 않는다.

N1 危機一髪（ききいっぱつ）　위기일발

危機一髪のところで急ブレーキをかけ、重大事故をまぬかれた。

위기일발의 순간에 급제동을 걸어 중대 사고를 면했다.

N1 起死回生（きしかいせい）　기사회생

▶ 죽어 가던 것이 살아남, 절망적인 상태가 극적으로 호전됨을 뜻해요.

起死回生を狙って発売した新製品が大ヒットした。

기사회생을 노리고 발매한 신제품이 대박을 터뜨렸다.

N1 起承転結（きしょうてんけつ）　기승전결

この物語は起承転結がはっきりしていて分かりやすい。

이 이야기는 기승전결이 분명해서 이해하기 쉽다.

N1 喜色満面（きしょくまんめん）　희색만면

▶ 기쁜 빛이 얼굴에 가득하다는 뜻이에요.

孫を抱く祖父母の表情は、喜色満面だった。

손자를 보듬어 안는 조부모의 표정은 희색이 만면했다.

N1 疑心暗鬼(ぎしんあんき)

모든 것을 의심함

▶ 직역하면 '의심하면 어둠 속에 귀신이 있다고 생각한다'인데, 모든 것을 의심한다는 뜻이에요.

彼(かれ)は友人(ゆうじん)に裏切(うらぎ)られたあと、誰(だれ)に対(たい)しても疑心暗鬼(ぎしんあんき)になっていた。

그는 친구에게 배신당한 뒤 누구든 의심의 눈초리로 보게 되었다.

N1 奇想天外(きそうてんがい)

기상천외

このドラマは奇想天外(きそうてんがい)なストーリー展開(てんかい)がおもしろい。

이 드라마는 기상천외한 스토리 전개가 재미있다.

N1 喜怒哀楽(きどあいらく)

희로애락

喜怒哀楽(きどあいらく)が激(はげ)しすぎるのも困(こま)るが、感情(かんじょう)を抑(おさ)えすぎるのもどうかと思(おも)う。

희로애락이 너무 심한 것도 곤란하지만 감정을 너무 억제하는 것도 글쎄라는 생각이 든다.

N1 牛飲馬食(ぎゅういんばしょく)

우음마식

▶ 소같이 술을 많이 마시고 말같이 음식을 많이 먹는다는 뜻으로, 많이 먹고 마심의 비유적 표현이에요.

日(ひ)ごろの牛飲馬食(ぎゅういんばしょく)が祟(たた)り、健康(けんこう)を害(がい)してしまった。

평소의 폭식이 화가 되어 건강을 해치고 말았다.

N1 急転直下(きゅうてんちょっか)

급전직하

▶ 사정이나 형세가 걷잡을 수 없을 만큼 급작스럽게 전재됨을 말해요.

難航(なんこう)していた事件(じけん)が、犯人(はんにん)の自白(じはく)により急転直下(きゅうてんちょっか)の展開(てんかい)を見(み)せた。

난항을 겪던 사건이 범인의 자백으로 급전직하의 전개를 보였다.

N1 興味津々(きょうみしんしん)

흥미진진

明日(あした)の決勝戦(けっしょうせん)でどちらが優勝(ゆうしょう)するのか興味津々(きょうみしんしん)だ。

내일 결승전에서 누가 우승할지 흥미진진하다.

N1 金科玉条(きんかぎょくじょう) 금과옥조

▶ 금이나 옥처럼 귀중히 여겨 꼭 지켜야 할 법칙이나 규정을 말해요.

彼(かれ)は時間厳守(じかんげんしゅ)を**金科玉条(きんかぎょくじょう)**にしている。

그는 시간 엄수를 금과옥조로 삼고 있다.

N1 空前絶後(くうぜんぜつご) 공전절후

▶ 이전에도 없었고 앞으로도 없음을 말해요. '전무후무'와 같은 뜻이에요.

その映画(えいが)は**空前絶後(くうぜんぜつご)**の大(だい)ヒット作(さく)となった。

그 영화는 전무후무한 대히트작이 되었다.

N1 厚顔無恥(こうがんむち) 후안무치

▶ 뻔뻔스러워 부끄러움이 없음을 말해요.

自分(じぶん)の非(ひ)を棚上(たなあ)げしてあんなに他人(たにん)を非難(ひなん)できるなんて、**厚顔無恥(こうがんむち)**にもほどがある。

자기 잘못은 덮어 놓고 저렇게 남을 비난할 수 있다니 후안무치에도 정도가 있지.

N1 公序良俗(こうじょりょうぞく) 공서양속, 미풍양속

▶ 공공의 질서와 선량한 풍속을 말해요.

公序良俗(こうじょりょうぞく)に反(はん)する法律行為(ほうりつこうい)を無効(むこう)とする法律(ほうりつ)があるから、そういう不道徳(ふどうとく)な契約(けいやく)は効力(こうりょく)を持(も)たないはずです。

공서양속에 반하는 법률 행위를 무효로 하는 법률이 있기 때문에, 그런 부도덕한 계약은 효력을 갖지 못할 것이다.

N1 公平無私(こうへいむし) 공평무사

▶ 사적인 이해관계 없이 공평함을 말해요.

教師(きょうし)は、学生(がくせい)の成績(せいせき)を評価(ひょうか)するとき、**公平無私(こうへいむし)**の態度(たいど)をもって行(おこな)わなければならない。

교사는 학생의 성적을 평가할 때 공평무사한 태도를 가지고 해야 한다.

N1 呉越同舟（ごえつどうしゅう）

오월동주

ライバル関係にあった大手二社が呉越同舟で業務提携を結んだ。

라이벌 관계에 있던 두 대기업이 오월동주로 업무 제휴를 맺었다.

N1 古今東西（ここんとうざい）

고금동서, 동서고금

猫は古今東西を問わず、多くの絵画や文学などに登場する。

고양이는 동서고금을 막론하고 많은 회화와 문학 등에 등장한다.

N1 虎視眈々（こしたんたん）

호시탐탐

彼は虎視眈々と社長の座を狙っている。

그는 호시탐탐 사장 자리를 노리고 있다.

N1 五分五分（ごぶごぶ）

반반, 막상막하

世論は賛成と反対の比率が五分五分だった。

여론은 찬성과 반대의 비율이 막상막하였다.

N1 孤立無援（こりつむえん）

고립무원

▶ 고립되어 도움받을 데가 없음을 말해요.

その国で暮らし始めたばかりのときは、言葉も分からず、誰も助けてくれないという、まったく孤立無援の状態だった。

그 나라에서 막 살기 시작했을 때는 언어도 모르고 아무도 도와주지 않는 완전히 고립무원의 상태였다.

N1 五里霧中（ごりむちゅう）

오리무중

▶ 5리나 되는 짙은 안 개 속에 있다는 뜻으로, 무슨 일에 대해 방향이나 갈피를 잡을 수 없음을 말해요.

私がその仕事を任されたときは、方向性も展望も見えない、まったく五里霧中の状態だった。

내가 그 일을 맡았을 때는, 방향성도 전망도 보이지 않는, 완전히 오리무중인 상태였다.

N1 **言語道断**(ごんごどうだん) 언어도단

▶ 상식에서 벗어난 말도 안 되는 일을 말해요.

無断欠勤をしたうえに釈明もしないとは、言語道断だ。

무단결근을 한 데다 해명도 하지 않는다는 건 언어도단이다.

N1 **再三再四**(さいさんさいし) 재삼재사, 몇 번이고

再三再四にわたり言い聞かせてきたが、それでも彼は遅刻をやめない。

몇 번에 걸쳐 타일러 왔지만, 그래도 그는 지각을 한다.

N1 **三寒四温**(さんかんしおん) 삼한사온

冬は、「三寒四温」という言葉のとおり、暖かい日と寒い日が数日ごとに繰り返されます。

겨울은 '삼한사온'이라는 말대로 따뜻한 날과 추운 날이 며칠마다 반복됩니다.

N1 **山紫水明**(さんしすいめい) 산자수명

▶ 산은 자줏빛이고 물은 맑다는 뜻으로, 경치가 아름다움을 말해요.

都会を離れ、美しい山々と清流に囲まれた山紫水明の地で暮らしてみたいものだ。

도시를 떠나 아름다운 산들과 맑게 흐르는 물로 둘러싸인 산자수명한 땅에서 살아 보고 싶다.

N1 **残念無念**(ざんねんむねん) 몹시 분하고 원통함

1点足りなかったために資格試験に合格できなくて、残念無念だ。

1점이 모자라서 자격시험에 합격하지 못해서 억울하고 아쉽다.

N1 **自画自賛**(じがじさん) 자화자찬

妹は、自分の作った料理をミシュラン級だと自画自賛している。

여동생은 자기가 만든 요리를 미슐랭급이라고 자화자찬하고 있다.

N1 自家撞着（じかどうちゃく） 자가당착

▶ 같은 사람의 말이나 행동이 앞뒤가 맞지 않고 모순됨을 말해요.

先生は、学生には十分な睡眠を取れと言いながら、自分はいつも寝不足だ。あれは自家撞着だ。

선생님은, 학생에게는 충분한 수면을 취하라고 하면서, 자신은 항상 수면부족이다. 그것은 자가당착이다.

N1 四苦八苦（しくはっく） 몹시 괴로워함, 몹시 고생함

▶ 네 가지 고통과 여덟 가지 고통이란 뜻으로, 심한 고통, 온갖 고생을 말해요.

彼は借金に追われ、四苦八苦している。

그는 빚에 쫓겨 몹시 괴로워하고 있다.

N1 試行錯誤（しこうさくご） 시행착오

数々の試行錯誤の結果、新商品の開発に成功した。

수많은 시행착오 끝에 신상품 개발에 성공했다.

N1 自業自得（じごうじとく） 자업자득

勉強しなかったのだから、テストの成績が悪かったのは自業自得だ。

공부하지 않았으니까 시험 성적이 나빴던 것은 자업자득이다.

N1 事実無根（じじつむこん） 사실무근

その報道は完全に事実無根だった。

그 보도는 완전히 사실무근이었다.

N1 七転八倒（しちてんばっとう） 고통으로 몸부림침

彼は、立ち上がろうとした途端こむらがえりが起こって、七転八倒した。

그는 일어나려고 한 순간 다리에 쥐가 나 고통으로 몸부림쳤다.

じっちゅうはっく
N1 十中八九
십중팔구, 거의

彼の実力なら、十中八九試験に合格できるだろう。
그의 실력이면 십중팔구 시험에 합격할 수 있을 것이다.

しめんそか
N1 四面楚歌
사면초가

▶ 사방에 적만 있고 아군이나 협력자가 없음을 말해요.

傍若無人の社長に味方する者は誰もおらず、彼は四面楚歌の状態となった。
방약무인한 사장 편을 들 사람은 아무도 없어서 그는 사면초가의 상태가 되었다.

じもんじとう
N1 自問自答
자문자답

人を責める前に、自分にも責任はないかどうか自問自答すべきだ。
남을 탓하기 전에 자신에게도 책임은 없는지 자문자답해야 한다.

じゅうおうむじん
N1 縦横無尽
종횡무진

▶ 자유자재로 행동하여 거침이 없는 상태를 말해요.

その野球選手は外野を縦横無尽に走り回って活躍した。
그 야구 선수는 외야를 종횡무진 뛰어다니며 활약했다.

しゅうしいっかん
N1 終始一貫
시종일관, 종시일관

その作家は終始一貫、歴史をテーマに物語を執筆してきた。
그 작가는 시종일관 역사를 주제로 이야기를 집필해 왔다.

じゅうにんといろ
N1 十人十色
십인십색

人の好みは十人十色だから、私がそれをおいしいと思うからといって、他の人もおいしがるとは限らない。
사람의 취향은 십인십색이기 때문에 내가 그것을 재미있다고 생각한다고 해서 다른 사람도 재미있어할 거라고는 장담할 수 없다.

しゅしゃせんたく
N1 取捨選択
취사선택

現代は、溢れかえる情報の中から適切なものを取捨選択する能力が必要である。

현대는 넘쳐나는 정보 속에서 적절한 것을 취사선택할 능력이 필요하다.

しゅびいっかん
N1 首尾一貫
수미일관, 시종일관

私たちは、いつも、前後の発言が矛盾なく首尾一貫しているよう心掛けるべきだ。

우리들은 항상 전후의 발언이 모순 없이 일관되도록 유의해야 한다.

じゅんぷうまんぱん
N1 順風満帆
순풍에 돛을 달다, 만범순풍

▶ 순풍에 돛이 바람을 잔뜩 받고 달린다는 뜻으로, 만사가 순조롭게 되어 가는 것을 말해요.

プロジェクトは、今のところ順風満帆の調子で進んでいる。

프로젝트는, 현재로선 순풍에 돛을 단 듯 순조롭게 진행되고 있다.

じょういかたつ
N1 上意下達
상의하달

▶ 윗사람의 뜻이나 명령을 아랫사람에게 전한다는 뜻이에요.

上意下達の組織では、現場の声がなかなか上層部に伝わってこない。

상의하달의 조직에서는 현장의 목소리가 좀처럼 상층부로 전달되지 않는다.

しょうしんしょうめい
N1 正真正銘
참됨, 진실함, 진짜

この超難問を解いたあの子は、正真正銘の天才だ。

이 어려운 문제를 푼 그 아이는 진짜 천재다.

しようまっせつ
N1 枝葉末節
지엽 말절

▶ 본질에서 벗어난 사소한 일, 지엽적인 것을 말해요.

彼は、枝葉末節にこだわり過ぎて、論点を見失うことが多い。

그는 지엽적인 것에 너무 집착해서 논점을 놓치는 일이 많다.

N1 支離滅裂(しりめつれつ) 지리멸렬

▶ 이리저리 흩어지고 찢기어 갈피를 잡을 수 없다는 뜻이에요. 제각기 따로따로여서 엉망진창인 상태를 말해요.

緊張(きんちょう)のあまり話(はな)すことを忘(わす)れて、支離滅裂(しりめつれつ)なスピーチになってしまった。

너무 긴장한 나머지 할 말을 잊어버려서 지리멸렬한 스피치가 되고 말았다.

N1 心機一転(しんきいってん) 심기일전

▶ 긍정적인 방향으로 마음가짐을 완전히 바꾼다는 뜻이에요.

仕事(しごと)が一区切(ひとくぎ)りついたので、心機一転(しんきいってん)、旅行(りょこう)にでも行(い)こうと思(おも)います。

일도 일단락되었으니 심기일전, 여행이라도 가려고 합니다.

N1 真剣勝負(しんけんしょうぶ) 진지한 승부

▶ 진짜 칼을 쓰는 승부라는 뜻으로, 목숨을 건 진지한 승부를 말해요.

職場(しょくば)では毎日(まいにち)が真剣勝負(しんけんしょうぶ)で、緊張(きんちょう)の連続(れんぞく)である。

직장에서는 매일이 목숨을 건 승부라서, 긴장의 연속이다.

N1 信賞必罰(しんしょうひつばつ) 신상필벌

▶ 공적이 있으면 상을 주고 그렇지 않은 자에게는 반드시 벌을 준다는 뜻으로 상과 벌을 엄중하게 한다는 뜻이에요.

信賞必罰(しんしょうひつばつ)の原則(げんそく)は大切(たいせつ)だが、ときには柔軟(じゅうなん)な対応(たいおう)も必要(ひつよう)だ。

신상필벌의 원칙은 중요하지만 때로는 유연한 대응도 필요하다.

N1 針小棒大(しんしょうぼうだい) 침소봉대

彼(かれ)は物(もの)を針小棒大(しんしょうぼうだい)にいう癖(くせ)があるので、誰(だれ)も彼(かれ)の言(い)うことをあまり信用(しんよう)していない。

그는 매사를 침소봉대해서 말하는 버릇이 있어서 아무도 그가 하는 말을 별로 믿지 않는다.

N1 深謀遠慮(しんぼうえんりょ) 심모원려

▶ 깊이 생각하여 낸 꾀와 먼 장래를 내다보는 생각을 말해요.

彼(かれ)が今(いま)の職場(しょくば)に就職(しゅうしょく)を決(き)めたのは、彼(かれ)なりに深謀遠慮(しんぼうえんりょ)した結果(けっか)であるという。

그가 지금 직장에 취직하기로 결정한 것은 그 나름대로 심모원려한 결과라고 한다.

N1 晴耕雨読 (せいこううどく) 청경우독

▶ 맑은 날에는 농사를 짓고 비가 오면 책을 읽는다는 뜻으로, 유유자적한 전원생활을 의미해요.

定年後(ていねんご)、彼(かれ)は晴耕雨読(せいこううどく)の日々(ひび)を過(す)ごしている。

정년 퇴직 후, 그는 청경우독의 나날을 보내고 있다.

N1 誠心誠意 (せいしんせいい) 성심성의

お客様(きゃくさま)のご要望(ようぼう)にお応(こた)えできるよう、誠心誠意(せいしんせいい)尽(つ)くして参(まい)ります。

고객님의 요청에 부응할 수 있도록 성심성의를 다하도록 하겠습니다.

N1 切磋琢磨 (せっさたくま) 절차탁마

▶ '학문이나 기술을 갈고 닦다', 또는 '서로 격려하며 실력을 향상시키다'라는 뜻이에요.

彼(かれ)はその高校(こうこう)で優秀(ゆうしゅう)な仲間(なかま)たちと勉学(べんがく)に切磋琢磨(せっさたくま)してきた。

그는 그 고등학교에서 우수한 친구들과 면학에 절차탁마해 왔다.

N1 絶体絶命 (ぜったいぜつめい) 절체절명

▶ 피할 수 없는 막다른 상황을 뜻해요.

彼(かれ)の会社(かいしゃ)は資金(しきん)が回(まわ)らず、絶体絶命(ぜったいぜつめい)の窮地(きゅうち)に追(お)い込(こ)まれていた。

그의 회사는 자금이 돌지 않아 절체절명의 궁지에 몰려 있었다.

N1 千客万来 (せんきゃくばんらい) 천객만래

▶ 많은 손님이 잇따라 찾아오는 것을 말해요.

先日駅前(せんじつえきまえ)にオープンしたデパートに行(い)ってみたら、千客万来(せんきゃくばんらい)の賑(にぎ)わいだった。

일전에 역 앞에 오픈한 백화점에 가 보았더니, 천객만래의 성황을 이루고 있었다.

N1 千載一遇 (せんざいいちぐう) 천재일우

今回(こんかい)の件(けん)は、自分(じぶん)の仕事(しごと)をアピールできる千載一遇(せんざいいちぐう)のチャンスになりそうだ。

이번 건은 자신의 일을 어필할 천재일우의 기회가 될 것 같다.

N1 千差万別（せんさばんべつ）
천차만별, 제각각 다름

消費者の好みは千差万別だから、たえず市場を観察し続ける必要がある。
소비자 취향은 천차만별이라 끊임없이 시장을 계속 관찰할 필요가 있다.

N1 全身全霊（ぜんしんぜんれい）
전신전령, 모든 체력과 기력

全身全霊をかけて、今月の売り上げ目標を目指そう。
전신전령을 기울여 이달 매출 목표를 달성하자.

N1 前人未踏（ぜんじんみとう）
전인미답

彼の今までの努力が実を結び、前人未踏の記録を打ち立てた。
그의 지금까지의 노력이 결실을 맺어 전인미답의 기록을 세웠다.

N1 戦々恐々（せんせんきょうきょう）
전전긍긍

▶ 몹시 두려워서 벌벌 떠는 모습을 말해요.

気の弱い彼は、いつ上司に怒鳴られるかと、出社するたびに戦々恐々としている。
소심한 그는 언제 상사가 화를 낼까 하고 출근할 때마다 전전긍긍하고 있다.

N1 前代未聞（ぜんだいみもん）
전대미문

▶ 지금까지 보지 못한 희한한 일을 말해요.

世界的な感染症拡大によりオリンピックが延期となったのは、前代未聞のできごとだった。
세계적인 감염증 확산으로 인하여 올림픽이 연기된 것은 전대미문의 사건이다.

N1 先手必勝（せんてひっしょう）
선제공격하면 이길 수 있다

商品開発は、なんといっても先手必勝である。それによって競合他社との差が付くのである。
상품 개발은 뭐니 뭐니 해도 선제공격을 해야 이길 수 있다. 그에 따라 경쟁사와의 격차가 벌어진다.

せんぺんばんか
N1 千変万化
천변만화, 끝없이 변화함

このスポットからは、季節によって千変万化する荘厳な自然を眺めること
き せつ　　　　　　　　　　せんぺんばんか　　　そうごん　しぜん　なが
ができます。

이 지점에서는 계절에 따라 변화무쌍한 장엄한 자연을 조망할 수 있습니다.

そういくふう
N1 創意工夫
창의적인 생각, 독창적인 사고방식

そのメーカーは、消費者の心を得るために、たゆまず創意工夫を重ねてきた。
しょう ひ しゃ　こころ　え　　　　　　　　　　　そう い く ふう　かさ

그 제조사는 소비자의 마음을 얻기 위해 꾸준히 창의적인 생각을 거듭해 왔다.

そうしそうあい
N1 相思相愛
서로 사랑함

その二人は、出会ってから間もなく相思相愛の仲となり、のちに結婚した。

그 두 사람은 만난 지 얼마 되지 않아 서로 사랑하는 사이가 되어 후에 결혼했다.

だいがんじょうじゅ
N1 大願成就
큰 소원을 이룸

彼は神社へ初詣に行き、志望校合格の大願成就を祈念した。
かれ　じんじゃ　はつもうで　い　　し ぼうこうごうかく　だいがんじょうじゅ　き ねん

그는 신사에 첫 참배를 하러 가서 지망하는 학교의 합격이라는 큰 소원을 이루도록 기원했다.

たいきばんせい
N1 大器晩成
대기만성

その学者は、晩年に学問的功績を遺した、大器晩成型の人物である。
がくしゃ　　ばんねん　がくもんてきこうせき　のこ　　　たい き ばんせいがた　じんぶつ

그 학자는 만년에 학문적 공적을 남긴 대기만성형 인물이다.

たいぎめいぶん
N1 大義名分
대의명분

彼は、母の介護という大義名分のもと、長期休暇を取った。
かれ　はは　かい ご　　　　　たい ぎ めいぶん　　　　　ちょう き きゅう か　と

그는 어머니의 간병이라는 대의명분 아래 장기 휴가를 냈다.

だいたんふてき
N1 大胆不敵
대담무쌍

強い敵も恐れぬ大胆不敵な彼の行動が、仲間に勇気を与えた。
つよ　てき　おそ　　だいたん ふ てき　かれ　こうどう　　なか ま　ゆう き　あた

강한 적을 두려워하지 않는 대담무쌍한 그의 행동이 동료들에게 용기를 주었다.

N1 だい どう しょう い
大同小異

대동소이, 거의 같음

あたら　　　　　　　　　　つぎつぎ　　はっぱい　　　　　　　　き のうてき　　　　　　　　　　　だいどうしょう い
新しいスマホが次々と発売されているが、機能的にはどれも大同小異である。

새로운 스마트폰이 잇따라 출시되고 있지만, 기능적으로는 모두 대동소이하다.

N1 た じ た なん
多事多難

다사다난

かれ　しょうがい　　　　　く なん　　し れん　れんぞく　　　　　　　た じ た なん
彼の生涯は、苦難と試練の連続という、多事多難なものであった。

그의 생애는 고난과 시련의 연속이라는 다사다난한 것이었다.

N1 た にんぎょう ぎ
他人行儀

남처럼 서먹서먹하게 행동함

ちょうじゃばんづけ　わたし　　な まえ　　の　　　　　　　　　　した　　　　　ゆうじん　きゅう　た にんぎょう ぎ
長者番付に私の名前が載ると、それまで親しかった友人が急に他人行儀になった。

부호 순위에 내 이름이 오르자 그때까지 친했던 친구가 갑자기 서먹하게 굴었다.

N1 た りき ほん がん
他力本願

타력본원

▶ 다른 이에 기대어 일을 성취한다는 뜻이에요.

かれ　　　　　　　　まわ　　　たす　　　　　　　　　　　　　た りき ほん がん　かんが　かた
彼は、いつでも周りが助けてくれるだろうという他力本願な考え方をしている。

그는 언제든지 주위에서 도와줄 것이라는 타력본원적인 사고방식을 갖고 있다.

N1 たん とう ちょくにゅう
単刀直入

단도직입

わたし　なに　き　い　　　　　　　　たんとうちょくにゅう　い
私の何が気に入らないのか単刀直入に言ってほしい。

나의 무엇이 마음에 들지 않는지 단도직입적으로 말해 주었으면 좋겠다.

N1 ちょ とつ もう しん
猪突猛進

저돌 맹진

▶ 앞뒤를 생각하지 않고 무턱대고 나아가는 것을 말해요.

かれ　　　こうどう　うつ　　　　　　あと　ひ　　　　　ちょとつもうしんがた　にんげん
彼は、行動に移したら後に引かない猪突猛進型の人間である。

그는 행동에 옮기면 뒤로 물러서지 않는 저돌 맹진형 인간이다.

てきざいてきしょ
N1 適材適所

적재적소

▶ 알맞은 인재를 알맞은 자리에 쓰는 것을 말해요.

適材適所の人事を行ったおかげで、業務の能率が向上した。

적재적소에 인사를 배치한 덕분에 업무의 능률이 향상되었다.

てきしゃせいぞん
N1 適者生存

적자생존

資本主義の社会は、適者生存の原則による自然淘汰によって成り立っている。

자본주의 사회는 적자생존의 원칙에 따른 자연 도태에 의해 성립되고 있다.

でんこうせっか
N1 電光石火

전광석화

▶ 어떤 행동이 이루어지는 아주 짧은 시간을 말해요.

彼にメールを送ると、いつも電光石火の速さで返信してくる。

그에게 메일을 보내면 항상 전광석화의 속도로 회신한다.

てんしんらんまん
N1 天真爛漫

천진난만

天真爛漫な彼女の笑顔は周囲の人々の心を明るくしてくれる。

천진난만한 그녀의 미소는 주위 사람들의 마음을 밝게 해 준다.

どくだんせんこう
N1 独断専行

독단전행

▶ 남과 상의하지 않고 혼자 판단하거나 결정하여 멋대로 행동하는 것을 말해요.

彼の独断専行に、友人たちは大いに振り回されている。

그의 독단전행에 친구들은 몹시 휘둘리고 있다.

どくりつどっぽ
N1 独立独歩

독립독보

▶ 남에게 의지하지 않고 독자적으로 행동하는 것을 말해요.

私は独立独歩の精神をもって、人に依存せず、自分の信じる道に進むことをモットーとしている。

나는 독립독보의 정신으로 남에게 의존하지 않고 내가 믿는 길로 나아가는 것을 모토로 삼고 있다.

N1 **二束三文** 싸구려, 헐값, 투매

この国宝は、骨董品屋に二束三文で売りに出されていたのを、学者によって発見されたものである。

이 국보는, 골동품점에 싸구려로 나와 있던 것을, 학자가 발견한 것이다.

N1 **日進月歩** 일진월보, 일취월장

科学技術は日進月歩なので、その変化に人々の意識が追いつくのは容易でない。

과학 기술은 일진월보라 그 변화에 사람들의 의식이 따라가는 것은 쉽지 않다.

N1 **二人三脚** 이인삼각

子育ては、妻と夫が二人三脚で行っていくものである。

육아는 아내와 남편이 이인삼각으로 해 나가는 것이다.

N1 **馬耳東風** 마이동풍

彼の仕事は非効率的なので何度も忠告したが、馬耳東風だった。

그의 일은 비효율적이어서 몇 번이고 충고했지만 마이동풍이었다.

N1 **八方美人** 팔방미인, 두루춘풍

▶ 일본어에서 '팔방미인'은 '누구에게나 잘 보이도록 처세하는 사람'을 말해요.

彼の誰にでもいい顔をする八方美人的な態度は、まわりの人たちを不愉快にした。

그의 누구에게나 좋은 얼굴을 하는 두루춘풍적인 태도는 주위 사람들을 불쾌하게 했다.

N1 **波乱万丈** 파란만장

▶ 생활이나 일의 진행이 여러 가지 곡절과 시련이 많고 변화가 심한 것을 말해요.

彼は、栄光と挫折を繰り返す波乱万丈の人生を送ってきた。

그는 영광과 좌절을 반복하는 파란만장한 인생을 보내 왔다.

N1 半信半疑(はんしんはんぎ)　　반신반의

私(わたし)たちは半信半疑(はんしんはんぎ)で彼(かれ)の儲(もう)け話(ばなし)を聞(き)いていた。

나는 반신반의하며 그의 돈벌이 이야기를 듣고 있었다.

N1 百発百中(ひゃっぱつひゃくちゅう)　　백발백중

社長(しゃちょう)の経営戦略(けいえいせんりゃく)は百発百中(ひゃっぱつひゃくちゅう)で、おかげで会社(かいしゃ)は飛躍的(ひやくてき)に成長(せいちょう)した。

사장의 경영 전략은 백발백중이어서 덕분에 회사는 비약적으로 성장했다.

N1 品行方正(ひんこうほうせい)　　품행 방정

▶ '방정'이란 말이나 행동이 바르고 점잖음을 말해요.

彼(かれ)は品行方正(ひんこうほうせい)で成績(せいせき)も優秀(ゆうしゅう)だったので、先生(せんせい)たちの信頼(しんらい)を得(え)ていた。

그는 품행이 방정하고 성적도 우수했기 때문에 선생님들의 신뢰를 얻고 있었다.

N1 不言実行(ふげんじっこう)　　불언실행, 말없이 실제로 행함

佐藤(さとう)さんは、黙々(もくもく)と仕事(しごと)をこなす「不言実行(ふげんじっこう)」の人(ひと)だ。

사토 씨는 묵묵하게 일을 해내는 '불언실행'의 사람이다.

N1 不眠不休(ふみんふきゅう)　　불면불휴

▶ 자지도 않고 쉬지도 않는다는 뜻으로, 조금도 쉬지 않고 힘써 일하는 것을 말해요.

原稿(げんこう)の締(し)め切(き)りに間(ま)に合(あ)わせるため、不眠不休(ふみんふきゅう)で作業(さぎょう)した。

원고 마감에 맞추기 위해 불면불휴로 작업했다.

N1 不老不死(ふろうふし)　　불로불사

秦(しん)の始皇帝(しこうてい)は、不老不死(ふろうふし)の薬(くすり)を手(て)に入(い)れようとしていた。

진의 시황제는 불로불사의 약을 손에 넣으려고 했었다.

N1 付和雷同（ふわらいどう） 부화뇌동

▶ 자신의 확고한 생각 없이 다른 사람의 언행에 바로 동조하는 것을 말해요.

自分の意見を持たないで、安易に多数の意見に付和雷同する人が多い。

자신의 의견을 갖지 않고 안이하게 다수의 의견에 부화뇌동하는 사람이 많다.

N1 粉骨砕身（ふんこつさいしん） 분골쇄신

父は粉骨砕身して会社再建のために尽くした。

아버지는 분골쇄신하여 회사 재건을 위해 애썼다.

N1 平身低頭（へいしんていとう） 평신저두

▶ 엎드려 고개를 숙임을 말해요.

相手に損害を与えてしまった以上、平身低頭して謝るしかない。

상대방에게 손해를 끼친 이상 평신저두하여 사과할 수밖에 없다.

N1 暴飲暴食（ぼういんぼうしょく） 폭음 폭식

彼は日ごろの暴飲暴食がたたり、健康を害してしまった。

그는 평소의 폭음 폭식이 화가 되어 건강을 해치고 말았다.

N1 傍若無人（ぼうじゃくぶじん） 방약무인

▶ 곁에 사람이 없는 것처럼 아무 거리낌 없이 함부로 말하고 행동하는 것을 말해요. '안하무인'과 비슷한 말이에요.

その若者の傍若無人ぶりに、居合わせた人たちは眉をひそめた。

그 청년의 방약무인함에 함께 있던 사람들은 눈살을 찌푸렸다.

N1 抱腹絶倒（ほうふくぜっとう） 포복절도

この話を聞いたら、みんな抱腹絶倒するに違いない。

이 말을 들으면 모두 포복절도할 것이 틀림없다.

本末転倒
본말 전도

ほん まつ てん とう

▶ 중요한 것과 중요하지 않은 것이 뒤바뀐 것을 말해요.

<ruby>学生<rt>がくせい</rt></ruby>がろくに<ruby>勉強<rt>べんきょう</rt></ruby>しないでアルバイトに<ruby>専念<rt>せんねん</rt></ruby>するというのは、<ruby>本末転倒<rt>ほんまつてんとう</rt></ruby>だ。

학생이 제대로 공부하지 않고 아르바이트에 전념한다는 것은 본말이 전도된 일이다.

N1 **三日天下**
삼일천하

みっか てん か

▶ 권력을 잡았다가 짧은 기간 내에 밀려나게 됨을 말해요.

<ruby>彼<rt>かれ</rt></ruby>は<ruby>混乱<rt>こんらん</rt></ruby>に<ruby>乗<rt>じょう</rt></ruby>じて<ruby>社長<rt>しゃちょう</rt></ruby>に<ruby>就任<rt>しゅうにん</rt></ruby>したが、ほどなく<ruby>他<rt>ほか</rt></ruby>の<ruby>役員<rt>やくいん</rt></ruby>に<ruby>社長<rt>しゃちょう</rt></ruby>の<ruby>座<rt>ざ</rt></ruby>を<ruby>奪<rt>うば</rt></ruby>われ、<ruby>三日天下<rt>みっかてんか</rt></ruby>に<ruby>終<rt>お</rt></ruby>わった。

그는 혼란을 틈타 사장으로 취임했지만, 머지않아 다른 임원에게 사장 자리를 빼앗겨 삼일천하로 끝났다.

N1 **三日坊主**
작심삼일

みっか ぼう ず

<ruby>新年<rt>しんねん</rt></ruby>から<ruby>思<rt>おも</rt></ruby>い<ruby>立<rt>た</rt></ruby>って<ruby>日記<rt>にっき</rt></ruby>を<ruby>書<rt>か</rt></ruby>き<ruby>始<rt>はじ</rt></ruby>めたが、<ruby>三日坊主<rt>みっかぼうず</rt></ruby>に<ruby>終<rt>お</rt></ruby>わってしまった。

신년부터 계획하여 일기를 쓰기 시작했지만 작심삼일로 끝나 버렸다.

N1 **無我夢中**
무아몽중

む が む ちゅう

<ruby>夢<rt>ゆめ</rt></ruby>をかなえるためには、ときには<ruby>無我夢中<rt>むがむちゅう</rt></ruby>で<ruby>努力<rt>どりょく</rt></ruby>することも<ruby>必要<rt>ひつよう</rt></ruby>だ。

꿈을 이루기 위해서는, 때로는 정신없이 몰두하여 노력하는 것도 필요하다.

N1 **無病息災**
무병 식재

む びょう そく さい

▶ 병도 없고 재해를 당하지도 않음을 말해요.

<ruby>今年<rt>ことし</rt></ruby>も<ruby>初詣<rt>はつもうで</rt></ruby>に<ruby>行<rt>い</rt></ruby>って、<ruby>家族<rt>かぞく</rt></ruby>の<ruby>無病息災<rt>むびょうそくさい</rt></ruby>を<ruby>祈<rt>いの</rt></ruby>ってきた。

올해도 첫 참배를 하러 가서 가족의 무병 식재를 기원하고 왔다.

N1 **無味乾燥**
무미건조

む み かん そう

▶ 재미나 멋이 없이 메마름을 말해요.

<ruby>最近<rt>さいきん</rt></ruby>は、<ruby>毎日<rt>まいにち</rt></ruby><ruby>同<rt>おな</rt></ruby>じことばかりの<ruby>無味乾燥<rt>むみかんそう</rt></ruby>な<ruby>生活<rt>せいかつ</rt></ruby>を<ruby>送<rt>おく</rt></ruby>っている。

요즘은 매일 같은 일뿐인 무미건조한 생활을 보내고 있다.

N1 物見遊山
ものみゆさん

구경하며 놀러 다님, 관광 유람

彼は去年大学に入るとき東京へ来たが、いまだに物見遊山の気分でいる。
かれ きょねんだいがく はい とうきょう き ものみゆさん きぶん

그는 작년에 대학에 들어갈 때 도쿄로 왔지만 아직도 유람하는 기분으로 있다.

N1 唯一無二
ゆいいつむに

유일무이

幼馴染の太郎君は僕にとって、唯一無二の親友だ。
おさななじみ たろうくん ぼく ゆいいつむに しんゆう

소꿉친구인 다로 군은 나에게 유일무이한 친구다.

N1 唯我独尊
ゆいがどくそん

유아독존

彼の唯我独尊的な振る舞いは、周囲の人たちの頭痛の種だった。
かれ ゆいがどくそんてき ふ ま しゅうい ひと ずつう たね

그의 유아독존적인 행동은 주위 사람들의 두통의 씨앗이었다.

N1 優柔不断
ゆうじゅうふだん

우유부단

彼は優柔不断な性格で、大事なことほど決断できずに苦しんでいた。
かれ ゆうじゅうふだん せいかく だいじ けつだん くる

그는 우유부단한 성격이라 중요한 일일수록 결단하지 못하고 괴로워하고 있었다.

N1 優勝劣敗
ゆうしょうれっぱい

우승열패

▶ 나은 자는 이기고 못한 자는 패한다는 뜻으로, '적자생존'과 비슷한 말이에요.

市場経済は、優勝劣敗の法則によって自然淘汰を繰り返している。
しじょうけいざい ゆうしょうれっぱい ほうそく しぜんとうた く かえ

시장경제는 우승열패의 법칙에 따라 자연 도태를 반복하고 있다.

N1 油断大敵
ゆだんたいてき

방심은 금물

ここまで勉強すれば合格は間違いないだろうが、それでも油断大敵だ。最
べんきょう ごうかく まちが ゆだんたいてき さい
後まで気を緩めずに勉強し続けよう。
ご き ゆる べんきょう つづ

이만큼 공부하면 합격은 틀림없겠지만 그래도 방심은 금물이다. 끝까지 긴장을 늦추지 말고 계속 공부하자.

N1 用意周到(よういしゅうとう)

용의주도

用意周到(よういしゅうとう)な計画(けいかく)のおかげで学校(がっこう)の文化祭(ぶんかさい)はうまくいった。

용의주도한 계획 덕분에 학교 축제는 순조롭게 진행되었다.

N1 利害得失(りがいとくしつ)

이해득실

▶ 이로움과 해로움과 얻음과 잃음을 말해요.

改革(かいかく)をしようにも、部署(ぶしょ)ごとの利害得失(りがいとくしつ)が絡(から)んで、なかなか大(おお)きな変革(へんかく)ができない。

개혁을 하려고 해도 부서마다 이해득실이 얽혀 좀처럼 큰 변혁이 불가능하다.

N1 立身出世(りっしんしゅっせ)

입신출세

▶ 성공하여 세상에 이름을 떨친다는 뜻이에요.

親(おや)は子供(こども)の立身出世(りっしんしゅっせ)のためにお金(かね)を惜(お)しまなかった。

부모는 자녀의 입신출세를 위해 돈을 아끼지 않았다.

N1 竜頭蛇尾(りゅうとうだび)

용두사미

▶ 용의 머리와 뱀의 꼬리라는 뜻으로, 시작은 거창하지만 끝이 보잘것없음을 말해요.

このイベントは、派手(はで)なオープニングに比(くら)べて閉会(へいかい)はまるで質素(しっそ)で、いかにも竜頭蛇尾(りゅうとうだび)という印象(いんしょう)が拭(ぬぐ)えない。

이 이벤트는 화려한 오프닝에 비해 폐회는 아주 검소해서 아무리 생각해도 용두사미라는 인상을 지울 수가 없다.

N1 理路整然(りろせいぜん)

이로 정연, 논리 정연

▶ '이로'란 이야기나 이론 따위의 조리를 말해요. '정연'이란 짜임새와 조리가 있다는 뜻이에요.

先生(せんせい)の講義(こうぎ)は理路整然(りろせいぜん)としていて分(わ)かりやすかった。

선생님의 강의는 논리 정연해서 이해하기 쉬웠다.

N1 臨機応変
임기응변

▶ 준비 없이 즉흥적으로 대응하는 것을 말해요.

接客の業務では、その場の状況に臨機応変に対応できることが、求められている。

접객 업무에서는 그 자리의 상황에 임기응변으로 대응할 수 있는 것이 요구된다.

N1 老若男女
남녀노소

そのシンガーソングライターの歌は、老若男女を問わず人気がある。

그 싱어송라이터의 노래는 남녀노소를 불문하고 인기가 있다.

N1 和魂洋才
화혼양재, 일본의 정신과 서양의 지식

▶ 일본 고유의 정신과 서양의 학문을 갖춘다는 뜻이에요.

日本は、明治初期に「和魂洋才」の旗印のもと、西洋の文物を取り入れて近代化を図った。

일본은 메이지 초기에 '화혼양재'의 기치를 내걸고, 서양 문물을 받아들여 근대화를 도모했다.

N1 和洋折衷
일본식과 서양식을 절충함

この建物は「和洋折衷」で、西洋建築の構造と日本風の様式とが調和している。

이 건물은 '일본식과 서양식을 절충'하여, 서양 건축의 구조와 일본풍의 양식이 조화를 이루고 있다.

N5 お元気(げんき)ですか　잘 지내십니까?

A：お元気(げんき)ですか。 잘 지내십니까?

B：はい、おかげさまで元気(げんき)です。 네, 덕분에 잘 지내고 있습니다.

N5 お願(ねが)いします　부탁합니다

A：いちごのケーキを一(ひと)つお願(ねが)いします。 딸기 케이크를 한 개 부탁합니다.

B：はい、ありがとうございます。 네, 감사합니다.

N5 おはようございます　안녕하세요 (아침 인사)

A：田中(たなか)さん、おはようございます。 다나카 씨, 안녕하세요.

B：おはようございます。 안녕하세요.

N5 おめでとうございます　축하합니다

A：合格(ごうかく)おめでとうございます。 합격을 축하드립니다.

B：ありがとうございます。 감사합니다.

N5 ごちそうさまでした　잘 먹었습니다

A：ごちそうさまでした。とてもおいしかったです。 잘 먹었습니다. 너무 맛있었어요.

B：もう少(すこ)しいかがですか。 조금 더 드시면 어떻습니까?

N5 ごめんなさい　미안합니다

A：ボールペンを貸(か)してください。 볼펜을 빌려주세요.

B：ごめんなさい。もっていません。 미안합니다. 가지고 있지 않습니다.

N5 それではまた　그럼 이만

A : さようなら。 안녕히 계세요.

B : それではまた。 그럼 또 봐요.

N5 どういたしまして　천만에요

A : この本(ほん)、どうもありがとうございました。 이 책, 정말 감사합니다.

B : いいえ、どういたしまして。 아니요, 천만에요.

N5 はじめまして　처음 뵙겠습니다

A : はじめまして。山田(やまだ)です。 처음 뵙겠습니다. 야마다입니다.

B : はじめまして。鈴木(すずき)です。 처음 뵙겠습니다. 스즈키입니다.

N5 よろしくお願(ねが)いします　잘 부탁드립니다

A : どうぞよろしくお願(ねが)いします。 모쪼록 잘 부탁드립니다.

B : こちらこそよろしくお願(ねが)いします。 저야말로 잘 부탁드립니다.

N4 ありがとうございます　감사합니다

A : これ、プレゼントです。どうぞ。 이거 선물입니다. 받으세요.

B : ありがとうございます。 감사합니다.

N4 いただきます　잘 먹겠습니다

A : 何(なに)もありませんが、どうぞ召(め)し上(あ)がってください。
아무것도 없습니다만, 어서 드세요.

B : はい、いただきます。 네, 잘 먹겠습니다.

N4 いってきます　다녀오겠습니다

A：いってきます。 다녀오겠습니다.

B：いってらっしゃい。 다녀오세요.

N4 いらっしゃいませ　어서 오세요

A：いらっしゃいませ。何名様(なんめいさま)ですか。 어서 오십시오. 몇 분이십니까?

B：三人(さんにん)です。 세 사람입니다.

N4 おかげさまで　덕분에요

A：風邪(かぜ)は治(なお)りましたか。 감기는 나았습니까?

B：ええ、おかげさまで。 네, 덕분에.

N4 おじゃまします　실례하겠습니다

▶ 주로 남의 집을 방문할 때 사용하는 인사예요.

A：いらっしゃい。どうぞおあがりください。 어서 오세요. 자 들어오세요.

B：おじゃまします。 실례하겠습니다.

N4 おやすみなさい　안녕히 주무세요

A：おやすみなさい。 안녕히 주무세요.

B：はい。おやすみなさい。 네. 안녕히 주무세요.

N4 かしこまりました　알겠습니다

A：ランチセット、お願(ねが)いします。 런치 세트 부탁합니다.

B：かしこまりました。 알겠습니다.

N4 ごめんください　계십니까?

A：ごめんください。 계십니까? (실례합니다.)

B：はい、どちら様(さま)ですか。 네, 누구신가요?

N4 こんにちは　안녕하세요 (낮 인사)

A：林(はやし)さん、こんにちは。 하야시 씨, 안녕하세요.

B：こんにちは。 안녕하세요.

N4 こんばんは　안녕하세요 (밤 인사)

A：こんばんは。 안녕하세요.

B：あ、こんばんは。 아, 안녕하세요.

N4 さようなら　안녕히 계세요, 조심해서 가세요

A：今日(きょう)はありがとうございました。さようなら。 오늘은 고마웠습니다. 안녕히 계세요.

B：いいえ、こちらこそ。さようなら。 저야말로 감사합니다. 조심해서 가세요.

N4 失礼(しつれい)します　실례합니다, 실례하겠습니다

A：お先(さき)に失礼(しつれい)します。 먼저 실례하겠습니다.

B：お疲(つか)れ様(さま)でした。 수고하셨습니다.

N4 すみません　죄송합니다

A：すみません。その塩(しお)を取(と)ってください。 죄송합니다. 그 소금을 집어 주세요.

B：はい、どうぞ。 네, 여기요.

N4 ただいま 다녀왔습니다

A：ただいま。 다녀왔습니다.

B：お帰(かえ)りなさい。 어서 오세요.

N3 いかがですか 어떻습니까?

A：コーヒー、もういっぱいいかがですか。

커피 한 잔 더 드실래요?

B：いいえ、けっこうです。まだ入(はい)っていますから。

아니요, 괜찮습니다. 아직 들어 있어서요.

N3 お代(か)わりいかがですか 더 드시겠습니까?

A：コーヒー、お代(か)わりいかがですか。

커피 리필해 드릴까요?

B：そろそろ帰(かえ)るので結構(けっこう)です。

슬슬 돌아갈 거라서 괜찮습니다.

N3 お大事(だいじ)に 몸조리 잘 하세요

A：お大事(だいじ)に。 몸조리 잘하세요.

B：ありがとうございます。 감사합니다.

N3 お待(ま)たせしました 오래 기다리셨습니다

A：お待(ま)たせしました。ランチセットでございます。

오래 기다리셨습니다. 런치 세트입니다.

B：ありがとうございます。いただきます。

감사합니다. 잘 먹겠습니다.

N3 お目にかかる

만나 뵙다, 뵙다

A：この話は私が社長にお目にかかったときに、ゆっくりご説明いたします。

이 이야기는 제가 사장님을 뵈었을 때 천천히 설명드리겠습니다.

B：かしこまりました。そう伝えておきます。 잘 알겠습니다. 그렇게 전달해 두겠습니다.

N3 お持ち帰りになる

가지고 가시다 (테이크아웃 하시다)

A：こちらでお召し上がりですか。お持ち帰りになりますか。

여기서 드시겠습니까? 포장하시겠습니까?

B：持ち帰ります。 가지고 가겠습니다.

N3 ご遠慮なく

사양하지 마시고

A：ご不明な点などがございましたら、ご遠慮なくお問い合わせください。

궁금하신 점 등이 있으시면 언제든지 문의해 주시기 바랍니다.

B：確認して何かあれば連絡します。 확인하고 뭔가 있으면 연락하겠습니다.

N3 ご無沙汰しています

격조했습니다

A：ご無沙汰していますが、お変わりありませんか。

오랜만입니다. 별고 없으십니까?

B：お陰様で元気に過ごしております。

덕분에 잘 지내고 있습니다.

N3 ご覧になる

보시다

A：山本さん、今朝のテレビのニュース、ご覧になりましたか。

야마모토 씨, 오늘 아침 텔레비전 뉴스 보셨습니까?

B：えっ？何のニュースですか。 네? 무슨 뉴스요?

N2 承る(うけたまわ) 받다, 접수하다

A：店(みせ)の予約(よやく)できますか。

가게 예약 가능한가요?

B：大変申(たいへんもう)し訳(わけ)ありませんが、承(うけたまわ)っておりません。

대단히 죄송합니다만, 받고 있지 않습니다.

N2 お構(かま)いなく 저는 신경 쓰지 마세요

▶ 방문자가 주인에게 하는 말이에요.

A：何(なに)かお飲(の)み物(もの)をお持(も)ちしましょうか。

뭐 마실 것 좀 갖다 드릴까요?

B：すぐに帰(かえ)りますので、どうかお構(かま)いなく。

금방 돌아갈 테니 아무쪼록 신경 쓰지 마세요.

N2 お言葉(ことば)に甘(あま)えて 그렇게 말씀해 주시니

▶ 상대의 호의를 받아들일 때 하는 말이에요.

A：よろしかったら、これどうぞ。 괜찮으시다면 이거 받아 주세요.

B：恐縮(きょうしゅく)ですが、お言葉(ことば)に甘(あま)えて頂戴(ちょうだい)いたします。大切(たいせつ)に使(つか)わせていただきます。

송구합니다만, 그리 말씀하시니 받겠습니다. 소중하게 사용하겠습니다.

N2 お邪魔(じゃま)しました 실례했습니다

▶ 주로, 남의 집 방문을 마치고 나오려고 할 때 사용하는 인사말이에요.

A：今日(きょう)は長(なが)い時間(じかん)、お邪魔(じゃま)しました。そろそろ失礼(しつれい)します。

오늘은 오랜 시간 번거롭게 했습니다. 이만 실례하겠습니다.

B：いえいえ、遠(とお)いところまで来(き)てくれてありがとう。

아니에요, 먼 곳까지 와 줘서 고마워요.

N2 恐(おそ)れ入(い)ります　황송합니다, 죄송합니다

▶ 주로, 미안함이나 감사함을 나타내는 인사말이에요.

A : 恐(おそ)れ入(い)りますが、中村(なかむら)さんはいらっしゃいますか。

죄송합니다만, 나카무라 씨 계십니까?

B : はい、少々(しょうしょう)お待(ま)ちください。

네, 잠시만 기다려 주세요.

N2 お目(め)にかける　보여 드리다

A : 新商品(しんしょうひん)をお目(め)にかけたいと思(おも)いまして、本日持(ほんじつも)って参(まい)りました。

신상품을 보여 드리고 싶어서 오늘 가지고 왔습니다.

B : それはわざわざ、ありがとうございます。

정말 감사합니다.

N2 ご一緒(いっしょ)する　함께하다

A : 昼食(ちゅうしょく)、一緒(いっしょ)にいかがですか。

점심 같이 어떠십니까?

B : はい、ぜひご一緒(いっしょ)させてください。

네, 꼭 함께하게 해 주십시오.

N2 ご遠慮(えんりょ)ください　삼가 주십시오

▶ 금지를 부드럽게 표현하는 말이에요.

A : 工場(こうじょう)を見学(けんがく)する際(さい)には、写真撮影(しゃしんさつえい)はご遠慮(えんりょ)ください。

공장 견학 시 사진 촬영은 삼가 주십시오.

B : はい、分(わ)かりました。

네, 알겠습니다.

N2 ご存知だ

알고 계시다

A : ご存知だと思いますが、本日の会議は１４時から始まります。

알고 계시겠지만, 오늘 회의는 14시부터 시작됩니다.

B : はい、存じております。 네, 알고 있습니다.

N2 よく、いらっしゃいました

잘 오셨습니다

A : よくいらっしゃいました。遠かったでしょう。 잘 오셨습니다. 멀었죠?

B : お招きいただき、ありがとうございます。 초대해 주셔서 감사합니다.

N2 よろしくお伝えください

잘 전해 주십시오

A : 山田部長にもよろしくお伝えください。

야마다 부장님께도 안부 전해 주세요.

B : 承知しました。申し伝えておきます。

알겠습니다. 전달해 두겠습니다.

N1 お気に召す

마음에 드시다

A : 本日のお食事はお気に召したでしょうか。

오늘 식사는 마음에 드셨나요?

B : 本当においしかったです。 정말 맛있었습니다.

N1 お手柔らかに

살살, 부드럽게

▶ 부드럽게 대해 달라는 뜻으로 경기나 토론 등을 시작하기 전에 상대에게 하는 말이에요.

A : 何卒、お手柔らかにお願いいたします。 아무쪼록 잘 부탁드립니다.

B : こちらこそ、お手柔らかに。 저야말로 잘 부탁드립니다.

N1 お褒めに預かり光栄です 칭찬을 받아 영광입니다

A：誠にありがとうございます。お褒めに預かり光栄です。
진심으로 감사합니다. 칭찬해 주셔서 영광입니다.

B：これからも頑張ってください。앞으로도 열심히 해 주세요.

N1 結構なものを頂戴する 좋은 것을 받다

A：この度は結構なものを頂戴しまして、ありがとうございました。
이번에 좋은 것을 주셔서 감사합니다.

B：いいえ、とんでもございません。아니요, 별것 아닙니다.

N1 光栄の至りだ 영광스럽기 그지없다

A：受賞、おめでとうございます。수상 축하드립니다.

B：このような名誉ある賞をいただき、光栄の至りです。
이렇게 명예로운 상을 받게 되어 영광스럽기 그지없습니다.

N1 ご期待に添える 기대에 부응하다

A：君には期待しているよ。자네에게는 기대하고 있네.

B：ご期待に添えるよう努力いたします。기대에 부응하도록 노력하겠습니다.

N1 ご返事を頂戴する 답장을 받다

A：早速ご返事を頂戴し、恐れ入ります。조속히 회답 주셔서 감사합니다.

B：日程が決まったら、ご連絡ください。
일정이 정해지면 연락 주세요.

색인

ああいえばこういう(N1) 248
あいこをたまわる(N1) 184
あいしょうがいい(N2) 246
あいそがいい(N1) 104
あいそがつきる(N1) 104
あいたくちがふさがらない(N1) 214
あいちゃくがわく(N2) 94
あいづちをうつ(N1) 248
アイディアをおもいつく(N2) 64
あいのてをいれる(N1) 214
あいろがある(N1) 184
アイロンをかける(N4) 27
あうんのこきゅう(N1) 249
あおなにしお(N1) 249
あおはあいよりいでてあいよりあおし(N1) 249
あおむけになる(N2) 64
あかごのてをひねる(N1) 249
あかじがつづく(N2) 170
あかちゃんがなく(N4) 27
あきがくる(N1) 104
あきのひはつるべおとし(N1) 249
あくじせんりをはしる(N1) 249
アクセルをふむ(N2) 65
あくせんくとう(N1) 339
あくせんみにつかず(N1) 250
あくびがでる(N2) 65
あげあしをとる(N1) 215
あげくのはてに(N1) 250
あごでつかう(N1) 215
あごをだす(N1) 215
あさめしまえ(N2) 246
あじがこい(N2) 132
あじがする(N3) 47
あしがつく(N1) 215
あしがでる(N1) 215
あしがとおのく(N1) 215
あしがぼうになる(N1) 215
あしこしにじしんがある(N2) 211
あしこしをきたえる(N1) 216
あしどめをくう(N1) 216
あしなみをそろえる(N1) 216
あしのびんがわるい(N1) 216
あしのびんをはかる(N1) 216
あじもそっけもない(N1) 250
あしもとがわるい(N1) 216
あしもとにひがつく(N1) 216
あしもとをみる(N1) 217
あしをあらう(N1) 217
あしをくむ(N2) 211
あしをすくう(N1) 217
あじをつける(N3) 47
あしをとめる(N3) 210
あしをはこぶ(N2) 212
あしをひっぱる(N1) 217
あせをかく(N3) 47
あせをながす(N3) 47
あたってみる(N1) 184
あたまうちになる(N1) 217
あたまがあがらない(N1) 217
あたまがいい(N4) 210
あたまがいたい(N4) 120
あたまがかたい(N1) 217
あたまかくしてしりかくさず(N1) 218
あたまがさがる(N2) 212
あたまにくる(N2) 212
あたまにはいる(N4) 210
あたまをいためる(N1) 218
あたまをかかえる(N1) 218
あたまをさげる(N3) 210
あたまをつかう(N2) 212
あたりさわりがない(N1) 143
あっかはりょうかをくちくする(N1) 250
あっさりすてる(N1) 83
あっというまに(N3) 126
あっといわせる(N2) 65
アップする(N1) 184
あつりょくをかける(N2) 170
あてがない(N1) 250
あてにならない(N1) 104
あとあしですなをかける(N1) 218
あとにする(N2) 246
あとのまつり(N1) 250
アドバイスをうける(N2) 170
あとまわしにする(N2) 246
あとをつぐ(N2) 170
あながあったらはいりたい(N1) 251
あばたもえくぼ(N1) 218
あぶないはしをわたる(N1) 251
あぶなげなくえんじる(N1) 184
あぶはちとらず(N1) 251
あぶらがのる(N2) 246
あぶらっこいものをひかえる(N1) 84
あぶらであげる(N2) 65
あぶらをうる(N1) 251
あぶらをしぼる(N1) 251
アポをとる(N1) 184
あまいものがすきだ(N4) 28
あまさをひかえめにつくる(N1) 143

あまのじゃく(N1) 251
あまみずをためる(N3) 164
あまもりがする(N1) 143
あめがおおい(N5) 120
あめがふりだす(N4) 28
あめがやむ(N4) 120
あめふってじかたまる(N1) 252
あゆみをきざむ(N1) 184
あらわにする(N1) 104
ありがとうございます(N4) 369
ありきたりだ(N1) 143
ありとあらゆるじょうほうがあふれる(N1) 143
ありのあなからつつみもくずれる(N1) 252
ありのままにはなす(N2) 65
アルバイトにおうぼする(N3) 165
あわをくう(N1) 252
アンケートをする(N3) 165
あんしょうばんごうをおす(N2) 65
あんしょうばんごうをにゅうりょくする(N3) 165
あんちゅうもさく(N1) 339
あんちょくにかんがえる(N1) 185
あんのじょう(N1) 252
あんもくのルール(N1) 185
いいかげんにする(N2) 65
いいねだんだ(N1) 185
いうまでもない(N1) 143
いえにかえる(N5) 10
いえをでる(N5) 10
いかがですか(N3) 372
いかんともしがたい(N1) 143
いきおいがよわまる(N1) 185
いきおいにのる(N1) 252
いきがあう(N1) 252
いきがきれる(N1) 253
いきがつまる(N2) 133
いきぬきする(N2) 133
いきようよう(N1) 340
いきをころす(N2) 246
いきをする(N3) 47
いきをつくひまもない(N1) 253
いきをのむ(N1) 105
いきをはく(N3) 47
いくじがない(N1) 105
いくじとしごとをりょうりつする(N1) 185
いくどうおん(N1) 340
いけばなをならう(N4) 28
いけんをそんちょうする(N2) 170
いごこちがいい(N1) 105
いざかまくら(N1) 253
いざというとき(N1) 253
いしのうえにもさんねん(N1) 253
いしばしをたたいてわたる(N1) 253
いしゃになる(N5) 10
いしゃのふようじょう(N1) 253
いじをはる(N1) 254
いしんでんしん(N1) 340
いすにすわる(N5) 10
いすをはこぶ(N4) 28
いそいでれんらくする(N4) 28
いそがばまわれ(N1) 254
いただきます(N4) 369
いたちごっこ(N1) 254
いたにつく(N1) 254
いちいせんしん(N1) 340
いちかばちか(N1) 254
いちがんとなる(N1) 185
いちぎょうをあける(N2) 66
いちごいちえ(N1) 340
いちごいっく(N1) 341
いちじがばんじ(N1) 254
いちじつせんしゅう(N1) 341
いちだんらくする(N2) 66
いちねんのけいはがんたんにあり(N1) 255
いちねんほっき(N1) 341
いちぶしじゅう(N1) 341
いちもうだじん(N1) 341
いちもくおく(N1) 255
いちもくさんに(N1) 144
いちもくりょうぜん(N1) 341
いちやづけ(N1) 255
いちよくをになう(N1) 255
いっかくせんきん(N1) 342
いっかんのおわり(N1) 255
いっきいちゆう(N1) 342
いっきうち(N1) 255
いっきょいちどう(N1) 342
いっきょりょうとく(N1) 342
いっこくいちじょうのあるじ(N1) 255
いっこくせんきん(N1) 342
いっさいみとめない(N1) 84
いっしょうけんめいべんきょうする(N4) 28
いっしょくそくはつ(N1) 342
いっしょにいく(N5) 10
いっしんいったい(N1) 343
いっしんどうたい(N1) 343
いっしんふらん(N1) 343
いっすんさきはやみ(N1) 256
いっすんのむしにもごぶのたましい(N1) 256

いっせいちだい(N1) 343
いっせきにちょう(N2) 338
いっせきをとうじる(N1) 256
いっせんをかくす(N1) 256
いったいかんがうまれる(N2) 66
いったんをになう(N1) 256
いっちょういっせき(N1) 343
いっちょういったん(N2) 338
いってきます(N4) 370
いっとうりょうだん(N1) 343
いっとをたどる(N1) 144
いっぽうつうこうになっている(N3) 47
いつまでもあるとおもうなおやとかね(N1) 256
いてもたってもいられない(N1) 257
いどばたかいぎ(N1) 257
いとをとらえる(N1) 185
いとをひく(N1) 257
いなびかりがはしる(N1) 144
いぬにかまれる(N4) 28
いぬもあるけばぼうにあたる(N1) 257
いぬをかう(N3) 48
いのちあってのものだね(N1) 257
いのちをかける(N2) 246
いのなかのかわずたいかいをしらず(N1) 257
いばらのみち(N1) 258
いひょうをつく(N1) 105
イベントをおこなう(N3) 165
イベントをきかくする(N2) 170
いまいちだ(N2) 94
いまひとつだ(N2) 94
いみしんちょう(N1) 344
いもづるしき(N1) 258
いもをあらうようだ(N1) 258
いらいらする(N2) 95
いらっしゃいませ(N4) 370
いろがうすい(N3) 126
いろがかわる(N4) 120
いろめがねでみる(N2) 247
いろめきたつ(N1) 258
いわかんがある(N2) 95
いわかんをおぼえる(N1) 105
いわぬがはな(N1) 258
いんがおうほう(N1) 344
いんしょうをあたえる(N2) 66
インタビューをうける(N3) 165
インチキなやりかた(N1) 186
いんねんをつける(N1) 258
インパクトがたりない(N2) 170
インパクトにかける(N1) 186
ウエストをつめる(N1) 84
うおうさおう(N1) 344
うおごころあればみずごころ(N1) 258
うがいをする(N2) 66
うかつにいう(N1) 105
うかないかおをする(N1) 259
うきしずみがはげしい(N1) 259
うきぼりになる(N1) 259
うけたまわる(N2) 374
うけつけをとおる(N4) 29
うごのたけのこ(N1) 259
うしのあゆみ(N1) 259
うしろがみをひかれる(N1) 218
うしろゆびをさされる(N1) 259
うずうずする(N2) 133
うそからでたまこと(N1) 259
うそはっぴゃく(N1) 260
うそをつく(N4) 29
うたはよにつれよはうたにつれ(N1) 260
うたをうたう(N5) 10
うちあわせをする(N2) 171
うちきになる(N1) 105
うちへかえる(N5) 10
うちょうてんになる(N1) 260
うつつをぬかす(N1) 260
うつてがない(N1) 219
うってつけ(N1) 260
うつぶせになる(N1) 260
うつりぎだ(N1) 106
うでがなる(N1) 219
うでにおぼえがある(N1) 219
うでをあげる(N1) 219
うでをふるう(N1) 219
うでをみがく(N1) 219
うでをみせる(N1) 219
うとうとする(N3) 126
うなぎのぼり(N1) 260
うのまねをするからす(N1) 261
うのみにする(N1) 261
うまがあう(N1) 261
うまくいく(N2) 66
うまのみみにねんぶつ(N1) 261
うみがみえる(N4) 29
うみせんやません(N1) 261
うみのものともやまのものともわからない(N1) 261
うらうちする(N1) 144
うらめにでる(N1) 186
うらをかく(N1) 262
うりあげがのびなやむ(N1) 186
うりあげがのびる(N2) 171
うりことばにかいことば(N1) 262
うりふたつ(N1) 262
うろうろする(N3) 48

うわさをすればかげがさす(N1) 262
うわのそら(N1) 144
うんがいい(N3) 126
うんざりする(N1) 106
うんでいのさ(N1) 262
うんてんがうまい(N4) 120
うんどうをする(N5) 11
えいがをたんのうする(N1) 186
えいがをみる(N5) 11
えいかんをてにする(N1) 262
えいきょうをあたえる(N3) 48
えいきょうをうける(N2) 133
えいごをおしえる(N4) 29
えいぞうがうつる(N3) 126
えいようがかたよる(N2) 133
えきでのりかえる(N4) 29
えきにつく(N4) 29
えきをしゅっぱつする(N4) 29
えさをやる(N3) 48
えつにいる(N1) 262
えどのかたきをながさきでうつ(N1) 263
えにかいたもち(N1) 263
えにさわる(N4) 30
えびでたいをつる(N1) 263
えりをただす(N1) 263
えんかつにすすむ(N1) 186
えんぎがいい(N1) 106
えんちょうせんじょうにある(N1) 263
えんのしたのちからもち(N1) 263
おあつらえむき(N1) 264
おいしゃさんにいく(N5) 11
おいのいってつ(N1) 264
おおきなかおをする(N1) 220
おおぶろしきをひろげる(N1) 106
おおめだまをくう(N1) 220
おおめにみる(N1) 220
おおやけになる(N1) 144
おおよろこびする(N2) 95
おかいあげ(N1) 186
おかげさまで(N4) 370
おかしいとおもう(N3) 48
おかしをつくる(N5) 11
おかねがいる(N5) 11
おかねがかかる(N4) 30
おかねがからむ(N2) 66
おかねをあずける(N3) 48
おかねをだす(N3) 48
おかねをつかう(N4) 30
おかねをはらう(N4) 30
おかねをひきだす(N3) 49
おかねをやりとりする(N2) 171
おかまいなく(N2) 374
おかめはちもく(N1) 344
おかわりいかがですか(N3) 372
おきにいり(N2) 95
おきにめす(N1) 376
おくばにものがはさまる(N1) 220
おくれてはじまる(N4) 30
おげんきですか(N5) 368
おことばにあまえて(N2) 374
おごるへいけはひさしからず(N1) 264
おさけをのむ(N5) 11
おさらをならべる(N4) 30
おしうりをする(N1) 187
おじぎをする(N2) 171
おしもんどう(N1) 264
おしゃべりをする(N3) 49
おじゃましました(N2) 374
おじゃまします(N4) 370
おずおずとする(N1) 106
おすみつき(N1) 264
おそくまでおきている(N4) 30
おそれいります(N2) 375
おそれがある(N2) 95
おだいじに(N3) 372
おたがいさまだ(N1) 144
おちつきがない(N2) 95
おちばをはく(N2) 133
おちゃをだす(N3) 49
おちゃをにごす(N1) 264
おちるはずがない(N4) 121
おてあげだ(N1) 220
おてやわらかに(N1) 376
おとがうるさい(N4) 121
おとがでる(N4) 31
おとりよせになる(N2) 171
おとろえをとめる(N1) 265
おなかがいたい(N5) 11
おなかがいっぱいになる(N4) 31
おなかがすく(N3) 49
おなかがなる(N1) 220
おなかがペコペコだ(N3) 126
おなかをこわす(N1) 220
おなじかまのめしをくう(N1) 265
おににかなぼう(N1) 265
おにのいぬまにせんたく(N1) 265
おねがいします(N5) 368
おはようございます(N5) 368
おびにみじかしたすきにながし(N1) 265
おふろにはいる(N5) 12
おべんとうをじゅんびする(N3) 49
おほめにあずかりこうえいです(N1) 377

おぼれるものはわらをもつかむ(N1) 265
おまけがつく(N1) 84
おまたせしました(N3) 372
おみまいにいく(N4) 31
おみやげをくれる(N4) 31
おめでとうございます(N5) 368
おめにかかる(N3) 373
おめにかける(N2) 375
おもいあたる(N1) 266
おもいきってすてる(N2) 67
おもいたったがきちじつ(N1) 266
おもいでになる(N3) 91
おもいでにひたる(N1) 84
おもいのほか(N1) 266
おもいをはせる(N1) 106
おもうぞんぶんたのしむ(N1) 106
おもうつぼ(N1) 266
おもちかえりになる(N3) 373
おやおもうこころにまさるおやごころ(N1) 266
おやこうこうしたいときにおやはなし(N1) 266
おやすみなさい(N4) 370
おやのこころこしらず(N1) 267
おやのすねをかじる(N1) 267
おやのななひかり(N1) 267
おゆがわく(N3) 49
おゆをわかす(N3) 49
おりかえしでんわする(N2) 171
おりめただしい(N1) 107
おれいをいう(N4) 31
おわりよければすべてよし(N1) 267
おんがくをきく(N5) 12
おんこちしん(N1) 344
おんせんにはいる(N3) 50
おんにきせる(N1) 107
おんのじだ(N1) 107
おんをあだでかえす(N1) 267
カードをつくる(N3) 50
かいいぬにてをかまれる(N1) 267
かいがある(N2) 247
かいぎがおわる(N5) 12
かいぎがながびく(N2) 133
かいぎしつにもってくる(N4) 164
かいぎにおくれる(N3) 165
かいぎをする(N5) 12
かいけいしょりがはかどる(N1) 187
かいけつのいとぐち(N1) 187
がいこくではたらく(N5) 12
かいしゃがたおれる(N2) 171
かいしゃがつぶれる(N2) 172
かいしゃにくる(N5) 12
かいしゃにもどる(N3) 50
かいしゃをでる(N5) 12
かいしょうがある(N1) 268
かいじょうをよやくする(N3) 165
かいすうをふやす(N3) 50
かいだんをあがる(N5) 13
かいはつにちゃくしゅする(N1) 187
かいふくにむかう(N3) 166
かいほうにむかう(N1) 145
かいまみる(N1) 268
かいものきゃくをよびこむ(N2) 172
かいものをする(N5) 13
かいよりはじめよ(N1) 268
がいをおよぼす(N1) 145
かおいろがわるい(N4) 210
かおいろをうかがう(N1) 221
かおがきく(N1) 221
かおがひろい(N1) 221
かおからひがでる(N1) 221
かおにどろをぬる(N1) 221
かおをそろえる(N2) 212
かおをたてる(N1) 221
かかくがこうとうする(N1) 187
かかくをおさえる(N1) 187
かかくをさげる(N3) 166
かかせない(N2) 134
ががつよい(N1) 107
かかりをする(N4) 31
かきかたをおしえる(N4) 31
かぎょうをつぐ(N2) 172
かぎをかける(N3) 50
かぎをしめる(N3) 50
かぎをなくす(N3) 50
かくさをぜせいする(N1) 187
がくもんにおうどうなし(N1) 268
かけがえのない(N1) 107
かげをひそめる(N1) 84
かげをひそめる(N1) 145
かこうをほどこす(N1) 188
かこんをのこす(N1) 268
かざあなをあける(N1) 268
カサカサとおとがする(N1) 145
かさをさす(N4) 32
かさをもっていく(N5) 13
かしこまりました(N4) 370
かしゅにあこがれる(N3) 91
かじょうがきにする(N1) 188
かじをとる(N1) 268
カスタマイズする(N1) 188
ガスりょうきんをしはらう(N4) 32
かぜがあたる(N2) 67
かぜがつよい(N5) 13

かぜがなおる(N3) 51
かぜがふく(N5) 120
かぜのたより(N1) 269
かぜをひく(N5) 13
かぜをふせぐ(N3) 127
ガタガタとおとをたてる(N1) 145
かたずをのむ(N1) 107
かたちがゆがむ(N1) 145
かたちをしている(N4) 32
かたっぱしから(N1) 269
かたのにがおりる(N1) 221
かたぼうをかつぐ(N1) 269
かたみがせまい(N1) 222
かたをいためる(N2) 67
かたをならべる(N1) 222
かたをもつ(N1) 222
ガタンとおとをたてる(N1) 145
カチカチにこおる(N1) 146
かちめがない(N2) 247
かちゅうのくりをひろう(N1) 269
かちょうふうげつ(N1) 344
がっかりする(N3) 91
かっこうがわるい(N4) 90
がっこうにかよう(N4) 32
かっこうをする(N2) 67
がっこうをやすむ(N5) 13
かってかぶとのおをしめよ(N1) 269
かっとうがうまれる(N1) 146
かっとする(N1) 107
かっぱつにかつどうする(N2) 67
かっぱのかわながれ(N1) 269
がでんいんすい(N1) 345
かどがたつ(N1) 270
かどをまがる(N4) 32
カフェにはいる(N5) 13
かぶとをぬぐ(N1) 270
かべにぶつかる(N1) 270
かべにみみありしょうじにめあり(N1) 270
かべをこえる(N1) 270
かべをぬる(N4) 32
かほうはねてまて(N1) 270
かみがながい(N4) 121
かみなりがおちる(N3) 127
かみなりがなる(N3) 51
かみをきる(N4) 121
がやがやさわぐ(N1) 146
かやのそと(N1) 270
ガラガラにあいている(N3) 127
ガラスがわれる(N3) 51
からすのぎょうずい(N1) 271
からだがかたい(N3) 127
からだがだるい(N2) 134
からだがもたない(N1) 222
からだのふちょうをうったえる(N1) 222
からだをこわす(N3) 210
からっぽになる(N2) 134
かれとつきあう(N3) 51
カロリーがたかい(N2) 67
かわいいこにはたびをさせよ(N1) 271
かわをむく(N2) 67
がをとおす(N1) 108
かんいっぱつでまにあう(N1) 146
カンカンひがてる(N2) 134
かんきょうがいっぺんする(N1) 188
かんきょうにやさしい(N2) 134
かんきょうをととのえる(N2) 68
がんこうしはいにてっす(N1) 271
がんじがらめになる(N1) 146
かんしょうにたえる(N1) 146
かんじをおぼえる(N5) 14
かんしんをもつ(N3) 91
かんせいにこぎつける(N1) 188
かんぜんむけつ(N1) 345
かんそうをいう(N3) 51
かんびょうをする(N2) 68
かんべんする(N2) 95
がんをつける(N1) 222
キーボードをうつ(N3) 51
きいろいこえ(N1) 271
きがいがある(N1) 108
きかいができる(N3) 51
きかいをあたえる(N2) 172
きがおけない(N1) 271
きがおもい(N2) 96
きがおもい(N3) 91
きがきく(N2) 96
きがきでない(N2) 96
きかくをねる(N2) 172
きがじゅくす(N1) 271
きがすすまない(N2) 96
きがすむ(N2) 96
きがする(N2) 96
きがたおれる(N4) 121
きがつく(N3) 91
きがつよい(N4) 90
きがとがめる(N1) 108
きがねをする(N1) 108
きがまわる(N2) 96
きがみじかい(N2) 97
きがむく(N2) 97
きがゆるむ(N2) 97
ききいっぱつ(N1) 345

ききせまる(N1) 272
ぎくしゃくする(N1) 108
きくはいっときのはじきかぬはいっしょうのはじ(N1) 272
きげんがきれる(N2) 68
きげんがわるい(N2) 68
きげんをすぎる(N1) 188
きげんをとる(N2) 97
きしかいせい(N1) 345
ぎじゅつをみがく(N2) 172
きしょうてんけつ(N1) 345
きじょうのくうろん(N1) 272
きしょくまんめん(N1) 345
ぎしんあんき(N1) 346
きそうてんがい(N1) 346
きそくをまもる(N3) 166
ギターをひく(N4) 32
きたいがふくらむ(N1) 188
きたいをうらぎる(N1) 108
きちんとかたづける(N4) 121
きってもきれない(N1) 146
きってをはる(N5) 14
きっぷがとれる(N4) 121
きではなをくくる(N1) 222
きてんがきく(N1) 108
きどあいらく(N1) 346
きどうにのる(N1) 189
きどうりょくにとむ(N1) 189
きにいる(N3) 92
きにかかる(N2) 97
きにさわる(N1) 109
きにする(N3) 92
きになる(N3) 92
きにやむ(N1) 109
きのうをまんさいする(N1) 189
きのやまい(N1) 109
きみがわるい(N2) 97
きもちがいい(N4) 90
きもちをくむ(N1) 109
きもちをひきおこす(N1) 109
きもにめいじる(N1) 223
きもをひやす(N1) 223
ぎもんをいだく(N2) 172
ぎゃくじょうする(N1) 109
きゃっかんせいにかける(N1) 147
きゃっこうをあびる(N1) 272
きゆう(N1) 272
ぎゅういんばしょく(N1) 346
きゅうきゅうとしたせいかつ(N1) 147
ぎゅうぎゅうになる(N1) 147
きゅうしにいっしょうをえる(N1) 272
ぎゅうじる(N1) 273
きゅうすればつうず(N1) 273
きゅうそねこをかむ(N1) 273
きゅうてんちょっか(N1) 346
きゅうよのいっさく(N1) 273
きゅうをようする(N1) 147
ぎょうかいずいいち(N1) 189
きょうかんをよぶ(N2) 97
ぎょうせきがあっかする(N1) 189
ぎょうせきがうわむく(N1) 189
ぎょうせきがおちこむ(N1) 189
ぎょうせきがていめいする(N1) 190
きょうみがある(N3) 92
きょうみしんしん(N1) 346
きょうみをひく(N2) 68
きょうみをもつ(N3) 92
きょうりょくをえる(N2) 68
ぎょうれつができる(N2) 173
きょうをそぐ(N1) 273
きょくがながれる(N3) 127
きょてんをもうける(N1) 190
ぎょふのり(N1) 273
きりがいい(N2) 247
きりがない(N2) 247
きれいにする(N5) 14
きろにたつ(N1) 190
きをくばる(N2) 98
きをつかう(N2) 98
きをつける(N4) 90
きをてらう(N1) 274
きをとられる(N2) 98
きをゆるす(N1) 109
きんかぎょくじょう(N1) 347
ぎんこうにつとめる(N4) 33
きんせんにふれる(N1) 110
きんにくをきたえる(N1) 84
ぐあいがわるい(N4) 122
くうきがわるい(N4) 122
ぐうぐうねている(N1) 147
くうぜんぜつご(N1) 347
くうふくをおぼえる(N1) 85
クーラーがつく(N4) 33
くぎづけになる(N1) 274
くぎをさす(N1) 274
くさいものにふたをする(N1) 274
くさがおいしげる(N1) 147
くさってもたい(N1) 274
くさとりをする(N2) 68
くさのねをわけてさがす(N1) 274
くさをかる(N2) 69
くしゃくしゃになる(N1) 147
くしゃみをする(N2) 69

くじょうをいう(N2)	69
ぐずぐずする(N1)	148
くすくすわらう(N1)	110
くすりをぬる(N3)	52
くすりをのむ(N5)	14
くちうらをあわせる(N1)	223
くちがかたい(N1)	223
くちがかるい(N1)	223
くちかずがすくない(N1)	223
くちがすっぱくなる(N1)	223
くちがすべる(N1)	224
くちからさきにうまれる(N1)	224
くちぐるまにのる(N1)	275
くちコミをみる(N1)	224
くちにあう(N1)	224
くちにだす(N1)	224
くちばしがきいろい(N1)	275
くちばしをいれる(N1)	275
くちはっちょうてはっちょう(N1)	224
くちはわざわいのもと(N1)	224
くちびをきる(N1)	275
ぐちょくなまでに(N1)	110
ぐちをいう(N2)	98
くちをしめる(N2)	212
くちをだす(N1)	225
くちをのりする(N1)	225
くちをはさむ(N1)	225
くちをわる(N1)	225
くつがぶかぶかだ(N1)	148
ぐっすりねむる(N3)	127
くったくがない(N1)	110
ぐっとよくなる(N2)	134
くつをはく(N4)	33
くにくのさく(N1)	275
くにする(N1)	110
くにへかえる(N5)	14
くびがまわらない(N1)	225
くびにする(N1)	225
くびになる(N1)	225
くびをかしげる(N1)	226
くびをたてにふる(N1)	226
くびをながくする(N1)	226
くびをよこにふる(N1)	226
くふうをこらす(N1)	85
くもっている(N4)	33
くものこをちらす(N1)	275
ぐらぐらゆれる(N3)	127
ぐるぐるまわる(N3)	128
くるまがとおる(N4)	33
くるまがとまる(N5)	14
くるまがほしい(N4)	33
くるまでおくる(N3)	52
くるまによう(N3)	128
くるまをとばす(N2)	69
くるまをとめる(N4)	33
クレームがでる(N2)	173
くわずぎらい(N1)	275
ぐんぐんのびる(N1)	148
ぐんをぬく(N1)	148
けいえいがなみにのる(N1)	190
けいえいをさいけんする(N1)	190
けいえんする(N1)	85
けいかくにもりこむ(N1)	190
けいかくをたてる(N2)	69
げいがこまかい(N1)	276
けいかんをそこなう(N1)	276
けいけんがない(N3)	52
けいけんがほうふだ(N2)	69
けいこうがある(N2)	134
けいこうがみられる(N1)	190
けいざいにえいきょうする(N1)	191
けいしょうをならす(N1)	276
けいたいがなる(N2)	69
げいはみをたすける(N1)	276
けいひをおさえる(N2)	173
ケーキをきる(N5)	14
けががなおる(N4)	34
けがのこうみょう(N1)	276
けがをする(N4)	34
げきじょうにかられる(N1)	110
けしきをたのしむ(N4)	90
けしきをながめる(N3)	52
げたをあずける(N1)	276
げたをはかせる(N1)	277
けちをつける(N1)	277
けっかをまとめる(N3)	166
けっかをまねく(N2)	173
けっこうなものをちょうだいする(N1)	377
けはいがない(N2)	98
けむにまく(N1)	277
ゲラゲラわらう(N1)	110
けりがつく(N1)	277
けりをつける(N1)	277
げんいんをしらべる(N3)	52
けんえんのなか(N1)	277
けんかりょうせいばい(N1)	278
けんかをうる(N1)	85
けんかをする(N4)	34
げんきがない(N4)	122
けんきゅうにぼっとうする(N1)	191
けんこうしんだんをうける(N3)	52
けんこうをたもつ(N2)	70

げんしょうけいこうにある(N2) 173
けんちからみる(N1) 191
げんちをとる(N1) 278
けんとうがつく(N2) 98
けんとうのよちがある(N1) 191
げんをかつぐ(N1) 278
ごいっしょする(N2) 375
こういをもつ(N2) 98
こうえいのいたりだ(N1) 377
こうえんがたいくつだ(N2) 99
こうえんをさんぽする(N5) 15
こうかいさきにたたず(N1) 278
こうかがじぞくする(N2) 173
こうかがでる(N3) 52
こうかをあげる(N2) 173
こうがんむち(N1) 347
こうきしんおうせいだ(N2) 99
こうきゅうしこうがすすむ(N1) 191
こうこくがのる(N2) 174
こうざにふりこむ(N3) 166
こうざをひらく(N3) 166
こうじょうをけんがくする(N4) 34
こうじょりょうぞく(N1) 347
こうぜんのひみつ(N1) 278
こうそうをねる(N1) 191
こうばんにとどける(N2) 70
こうへいむし(N1) 347
こうぼうにもふでのあやまり(N1) 278
こうほをしぼる(N2) 70
こうめいせいだい(N2) 338
こうりつかをはかる(N1) 191
こうりゅうをふかめる(N2) 70
こうをそうする(N1) 279
ごえつどうしゅう(N1) 348
こえをかける(N3) 53
ごえんりょください(N2) 375
ごえんりょなく(N3) 373
コートをかける(N5) 15
コーヒーをいれる(N3) 53
コーヒーをこぼす(N3) 53
コーヒーをのむ(N5) 15
こおりがはる(N1) 148
ごかいがしょうじる(N2) 99
ごかいをまねく(N1) 111
ごがくにたんのうだ(N1) 148
ごきげんだ(N2) 99
ごきげんななめだ(N1) 111
ごきたいにそえる(N1) 377
こきゃくをひきつける(N1) 192
こきゅうがおちつく(N1) 148
こきょうをはなれる(N2) 70
こくばんをけす(N4) 34
こくびゃくをあらそう(N1) 279
こけつにいらずんばこじをえず(N1) 279
こけんにかかわる(N1) 279
こころがいたむ(N2) 99
こころにきざむ(N2) 247
こころをいためる(N2) 99
こころをいやす(N1) 111
こころをおににする(N1) 111
こころをくだく(N1) 111
こころをひらく(N3) 92
ここんとうざい(N1) 348
こしがひくい(N1) 226
こしたんたん(N1) 348
ごじっぽひゃっぽ(N2) 247
こしをぬかす(N1) 226
コストがかかる(N1) 192
コストをさくげんする(N1) 192
こせいをみがく(N2) 70
こぜにをよういする(N3) 166
こそこそはなす(N2) 135
ごぞんじだ(N2) 376
ごたごたしている(N1) 149
ごちそうさまでした(N5) 368
ごちそうする(N2) 70
ごちそうになる(N2) 71
ごちそうをたべる(N4) 34
ごちゃごちゃする(N2) 135
こつこつとべんきょうする(N1) 149
こっぱみじんになる(N1) 279
コップがわれる(N4) 34
コツをおぼえる(N1) 279
コツをつかむ(N2) 71
コツをまなぶ(N2) 71
ごてごてする(N1) 149
ことなきをえる(N1) 280
ことばのあや(N1) 280
ことばをにごす(N1) 280
こどもがいる(N5) 15
こどもがうまれる(N3) 53
こどもをうむ(N4) 35
コネをつかう(N2) 174
ごはんをたく(N2) 71
ごはんをたべる(N5) 15
ごぶごぶ(N1) 348
ごぶさたしています(N3) 373
ごへんじをちょうだいする(N1) 377
こまわりがきく(N1) 192
ゴマをする(N1) 280
こみみにはさむ(N1) 280
ゴミをすてる(N4) 35

ゴミをだす(N3) 53
ゴミをひろう(N2) 71
ごめんください(N4) 371
ごめんなさい(N5) 368
ごらんになる(N3) 373
こりつむえん(N1) 348
ごりむちゅう(N1) 348
これみよがしに(N1) 280
ころばぬさきのつえ(N1) 281
ころんでもただではおきない(N1) 281
こんきがある(N2) 99
ごんごどうだん(N1) 349
コントロールがきかない(N1) 149
こんなんをのりこえる(N2) 71
こんにちは(N4) 371
こんばんは(N4) 371
ざあざあふる(N2) 135
ざいこをいっそうする(N1) 192
さいさんがとれる(N1) 192
さいさんさいし(N1) 349
さいはいをふる(N1) 281
さいふをわすれる(N5) 15
さいゆうせんでとりくむ(N2) 174
さいようがのびる(N1) 192
ざいりょうをまぜる(N3) 53
さがある(N2) 71
さかながすきだ(N5) 15
さかなをとる(N3) 53
さきおくりにする(N1) 193
さきがおもいやられる(N1) 281
さきにのばす(N2) 174
さぎょうをきりあげる(N2) 174
さきをみこす(N1) 281
さけてとおれない(N1) 281
さしいれをもらう(N2) 72
さじょうのろうかく(N1) 282
さじをなげる(N1) 282
ざせきがうまる(N2) 72
させんされる(N1) 193
さそいをことわる(N3) 167
さっさとしゅくだいをする(N2) 135
ざっしをはっかんする(N2) 174
さとうをいれる(N4) 35
さばをよむ(N1) 282
さべつかをはかる(N1) 193
さむさがきびしい(N4) 122
さようなら(N4) 371
さらさらとながれる(N1) 149
さらをあらう(N4) 35
さらをわる(N4) 35
さるもきからおちる(N1) 282
さわらぬかみにたたりなし(N1) 282
さんかんしおん(N1) 349
ざんきにたえない(N1) 282
さんこうにする(N2) 72
さんしすいめい(N1) 349
さんしょうはこつぶでもぴりりとからい(N1) 283
さんどめのしょうじき(N1) 283
さんにんよればもんじゅのちえ(N1) 283
ざんねんむねん(N1) 349
さんぽにでかける(N5) 16
しあいをみる(N4) 35
シェアをしめる(N2) 174
しおをとる(N4) 35
しかいをつとめる(N3) 167
しかくをとる(N2) 72
じがじさん(N1) 349
しかたがない(N2) 135
しかたをおしえる(N4) 36
じかどうちゃく(N1) 350
じかんがあく(N4) 122
じかんがある(N5) 16
じかんがかかる(N5) 16
じかんがすぎる(N3) 54
じかんがたつ(N2) 72
じかんがない(N5) 164
じかんにおわれる(N2) 72
じかんにまにあう(N4) 36
じかんのむだだ(N2) 72
じかんをかける(N4) 36
じかんをかせぐ(N1) 193
じかんをまちがえる(N4) 36
じかんをもてあます(N1) 149
じきゅうじそく(N2) 338
しきゅうをうちきる(N1) 193
じぎょうをしゅくしょうする(N1) 193
じぎょうをたかくかする(N1) 193
しきんぐりにつまる(N1) 194
しきんせき(N1) 283
しくはっく(N1) 350
しけんにうかる(N3) 54
しけんをひかえる(N1) 85
しこうさくご(N1) 350
じごうじとく(N1) 350
じごくみみ(N1) 226
じこしょうかいをする(N5) 16
しごとがたいへんだ(N5) 16
しごとでつかれる(N5) 16
しごとにうちこむ(N1) 194
しごとにおわれる(N3) 167
しごとをこなす(N1) 194
しごとをてつだう(N4) 36

しごとをやめる(N4) 164
じこにあう(N3) 54
じこをおこす(N2) 73
じじつむこん(N1) 350
ししゃごにゅうする(N2) 175
ししょうをきたす(N1) 85
じしょをつかう(N5) 16
じしょをひく(N4) 36
しずかにする(N5) 17
しせいをしめす(N2) 73
じだいおくれ(N2) 175
じだいにとりのこされる(N1) 194
したくをする(N3) 54
したしきなかにもれいぎあり(N1) 283
したつづみをうつ(N1) 227
したのねもかわかぬうちに(N1) 283
したをまく(N1) 227
しちてんばっとう(N1) 350
しっかりしている(N3) 92
じっかんをもつ(N1) 85
しっくりこない(N1) 284
しったいをえんじる(N1) 284
じっちゅうはっく(N1) 351
じっとする(N3) 128
しっぱいはせいこうのもと(N1) 284
しっぽをだす(N1) 284
しつもんをうける(N3) 54
しつれいします(N4) 371
してきをうける(N2) 175
じてんしゃがこわれる(N4) 122
じてんしゃをかりる(N5) 17
しとしとふる(N2) 135
しなんのわざ(N1) 284
しのぎをけずる(N1) 284
しはらいがすむ(N2) 73
しばらくのあいだ(N3) 128
じぶんでたしかめる(N2) 73
しめんそか(N1) 351
しもがおりる(N2) 135
じもんじとう(N1) 351
しゃかいほしょうせいどをかいかくする(N1) 194
しゃかにせっぽう(N1) 285
しゃくしじょうぎ(N1) 285
じゃくてんをおぎなう(N1) 194
じゃくにくきょうしょく(N2) 338
しゃくにさわる(N1) 285
しゃしんをとる(N4) 36
しゃっきんをかかえる(N2) 175
しゃっきんをする(N3) 167
じゃぶじゃぶとあるく(N1) 149
じゃまになる(N2) 100
シャワーをあびる(N5) 17
じゅうおうむじん(N1) 351
しゅうかんをつける(N3) 54
しゅうしいっかん(N1) 351
じゆうじざい(N2) 338
しゅうしふをうつ(N1) 285
しゅうしゅうがつかない(N2) 175
じゅうしょうをおう(N2) 136
ジュースをつくる(N5) 17
じゅうなんにたいおうする(N2) 73
しゅうにゅうをえる(N2) 175
じゅうにんといろ(N1) 351
じゅうばこのすみをつつく(N1) 285
しゅうりしてもらう(N3) 54
しゅうりにだす(N2) 73
じゅぎょうがはじまる(N5) 17
じゅぎょうにでる(N2) 73
しゅくだいがおおい(N5) 17
しゅしゃせんたく(N1) 352
しゅっぴがかさむ(N1) 194
しゅっぴをおさえる(N1) 195
しゅどうけんをにぎる(N1) 195
しゅにまじわればあかくなる(N1) 285
しゅびいっかん(N1) 352
しゅびよくすすむ(N1) 150
じゅようがたかい(N2) 175
しゅるいがおおい(N3) 128
シュレッダーにかける(N2) 176
じゅんちょうなすべりだし(N1) 286
しゅんのあじをたのしむ(N1) 150
じゅんばんをまつ(N3) 55
じゅんびうんどうをする(N4) 37
じゅんぷうまんぱん(N1) 352
じょういかたつ(N1) 352
しょうぎょうしゅぎにのせられる(N1) 195
じょうきょうをかんがみる(N1) 195
しょうげきをうける(N1) 111
じょうけんにさゆうされる(N2) 74
しょうさんにあたいする(N1) 150
しょうじょうがあらわれる(N2) 74
じょうじょうだ(N1) 286
しょうしんしょうめい(N1) 352
じょうずのてからみずがもれる(N1) 286
しょうてんがいがさびれる(N1) 195
しょうどうがいをする(N1) 86
じょうとうしゅだんをつかう(N1) 195
しょうねんおいやすくがくなりがたし(N1) 286
しょうねんばをむかえる(N1) 195
しょうびのきゅう(N1) 286
しょうひんがでまわる(N1) 196
しょうひんをほじゅうする(N1) 196

しょうぶはときのうん(N1) 286
じょうほうにふりまわされる(N1) 196
じょうほうをあくようする(N2) 74
じょうほうをえる(N2) 74
しようまっせつ(N1) 352
しょうゆをいれる(N4) 37
しょうりをおさめる(N2) 248
しょうをいんとほっすればまずうまをいよ(N1) 287
しょうをとる(N2) 74
しょくがすすむ(N2) 136
しょくじがすむ(N3) 55
しょくじにさそう(N3) 55
しょくじをたのしむ(N4) 37
しょくたくをかこむ(N2) 74
しょくよくがない(N3) 55
しょくをうしなう(N2) 176
しょしんわするべからず(N1) 287
じょちょうする(N1) 287
ショックをきゅうしゅうする(N2) 176
しょんぼりする(N2) 100
しらぬがほとけ(N1) 287
しらはのやがたつ(N1) 287
しりうまにのる(N1) 287
しりごみをする(N1) 111
しりすぼみになる(N1) 227
しりにひがつく(N1) 227
しりめつれつ(N1) 353
しりょうをつくりなおす(N3) 167
しりょうをはいふする(N2) 176
しるひとぞしる(N1) 288
ジレンマにおちいる(N1) 112
じわじわとひろがる(N2) 136
じんいんをへらす(N2) 176
しんきいってん(N1) 353
しんけいをつかう(N3) 55
しんけんしょうぶ(N1) 353
じんざいをつのる(N1) 196
じんざいをもとめる(N2) 176
しんしょうひつばつ(N1) 353
しんしょうぼうだい(N1) 353
しんじょうをとろする(N1) 288
じんじをつくしててんめいをまつ(N1) 288
しんずいをきわめる(N1) 150
しんせいせいがある(N1) 150
しんでもしにきれない(N1) 288
しんぱいをかける(N2) 74
しんぶんにのる(N2) 75
しんぶんをよむ(N5) 17
しんぼうえんりょ(N1) 353
しんみになる(N2) 136
しんらいかんけいがうすい(N1) 196
すいぎょのまじわり(N1) 288
すいぶんをたもつ(N2) 136
すいほうにきす(N1) 288
すいみんがたりない(N4) 122
すいもあまいもかみわける(N1) 289
すがたをあらわす(N1) 150
すがたをけす(N1) 150
スキーをする(N4) 37
すききらいがある(N3) 93
すきこそもののじょうずなれ(N1) 289
ずきずきする(N1) 151
すきをねらう(N1) 86
すくすくそだつ(N2) 136
ずけずけいう(N1) 112
ずさん(N1) 289
すじがとおる(N1) 289
すずめのなみだ(N1) 289
ずつうがする(N2) 136
すっきりする(N2) 100
すっとする(N2) 100
ストライキもじさない(N1) 196
ストレスがたまる(N4) 90
ストレスをかいしょうする(N2) 100
ずにのる(N1) 289
スポーツができる(N4) 37
スポーツをする(N5) 18
スポットライトをあびる(N1) 290
スポットをあてる(N1) 290
ズボンがだぶだぶになる(N2) 137
ズボンをはく(N5) 18
スマホがふきゅうする(N2) 176
すみにおけない(N1) 290
すみません(N4) 371
スムーズにすすむ(N1) 196
すめばみやこ(N1) 290
ずるずるとながびく(N1) 151
するするとひらく(N1) 151
ズレがしょうじる(N1) 151
すれすれにつく(N1) 151
すをかける(N3) 55
せいかつしゅうかんがみだれる(N2) 177
せいかつになれる(N4) 37
せいかつひをせつやくする(N2) 177
せいかつをおくる(N3) 55
せいけいをたてる(N2) 75
せいこううどく(N1) 354
せいこくをいる(N1) 290
せいざをする(N2) 75
せいさんがなんこうする(N1) 197
せいさんをちゅうしする(N2) 177
せいしんせいい(N1) 354

せいせいどうどう(N2) 339
せいせきをとる(N3) 56
せいてんがつづく(N3) 56
せいてんのへきれき(N1) 290
せいりょくをます(N2) 137
セーターをきる(N5) 18
セールにつられる(N1) 86
せがたかい(N4) 123
せがひくい(N4) 123
ぜがひでも(N1) 151
せきがあく(N4) 37
せきがでる(N4) 38
せきにあんないする(N4) 38
せきにすわる(N4) 38
せきにとおす(N2) 75
せきにんかんがつよい(N3) 93
せきにんをもつ(N3) 167
せきをあける(N3) 56
せきをつめる(N1) 86
せきをとる(N3) 56
せきをはずす(N2) 75
せきをゆずる(N3) 56
せけんしらず(N1) 197
せっさたくま(N1) 354
ぜったいぜつめい(N1) 354
せつどがある(N1) 290
せっとくりょくがある(N2) 100
せつびがととのう(N2) 177
せつめいかいをじっしする(N2) 177
せつめいをする(N4) 38
せびろをきる(N4) 38
せわになる(N3) 56
せわをする(N3) 56
せんきゃくばんらい(N1) 354
せんざいいちぐう(N1) 354
せんさばんべつ(N1) 355
せんしゅうらく(N1) 291
ぜんしんぜんれい(N1) 355
ぜんじんみとう(N1) 355
センスがある(N2) 100
せんせいにあう(N4) 38
せんせいにそうだんする(N4) 38
せんせいにちゅういされる(N4) 39
せんせんきょうきょう(N1) 355
ぜんだいみもん(N1) 355
せんたくをする(N4) 39
せんたくをせまられる(N1) 197
せんてひっしょう(N1) 355
せんてをうつ(N1) 291
せんとうにたつ(N2) 177
ぜんはいそげ(N1) 291
せんぺんばんか(N1) 356
ぜんめんにおしだす(N1) 197
ぜんもんのとらこうもんのおおかみ(N1) 291
せんもんをいかす(N2) 75
せんりつをおぼえる(N1) 291
せんりのみちもいっぽから(N1) 291
そういくふう(N1) 356
ぞうげんをくりかえす(N2) 177
そうごうをくずす(N1) 291
そうさがふくざつだ(N2) 75
そうじきをかける(N2) 76
そうしそうあい(N1) 356
そうじをする(N4) 39
そうだんにのる(N3) 57
そうりょうがかかる(N3) 167
そくいんのじょう(N1) 292
ぞくぞくする(N2) 101
そこをわる(N1) 197
そしきにしばられる(N1) 197
そじょうにのせる(N1) 292
そっちのけ(N1) 112
そっとしておく(N1) 86
そでのした(N1) 292
そでをみじかくする(N3) 128
そとがくらくなる(N5) 18
そなえあればうれいなし(N1) 292
そまつにあつかう(N1) 112
そりがあわない(N1) 292
それではまた(N5) 369
そんけいのねんをいだく(N1) 112
そんざいかんがある(N2) 76
そんしてとくとれ(N1) 292
そんぞくがあやぶまれる(N1) 197
ターゲットにする(N1) 198
ターゲットをしぼる(N1) 198
たいかいにでる(N3) 57
だいがくをそつぎょうする(N4) 39
だいがんじょうじゅ(N1) 356
たいがんのかじ(N1) 292
たいきばんせい(N1) 356
たいぎめいぶん(N1) 356
たいこうばとなる(N1) 198
たいこばんをおす(N1) 293
たいさくをとる(N2) 178
たいしたことはない(N1) 151
たいじゅうがふえる(N4) 39
たいしょうをしぼる(N1) 198
たいせつにする(N4) 90
だいだいてきにこうこくをする(N1) 198
だいたんふてき(N1) 356
たいちょうがすぐれない(N2) 137

たいちょうをくずす(N1) 227
だいどうしょうい(N1) 357
だいはしょうをかねる(N1) 293
たいふうがちかづく(N3) 128
たいへんきょうしゅくだ(N1) 112
タイミングをみはからう(N1) 293
たいりょうにつかう(N3) 57
たうえをする(N2) 76
たえずどりょくする(N2) 76
たががゆるむ(N1) 293
たかくかう(N1) 112
たかくつく(N1) 198
たかねのはな(N1) 293
たかみのけんぶつ(N1) 293
たからのもちぐされ(N1) 294
たかをくくる(N1) 294
たきにわたる(N1) 294
だきょうてんをみつける(N2) 178
たくさんある(N5) 18
タクシーをてはいする(N1) 198
タクシーをよぶ(N3) 57
たじたなん(N1) 357
たすけぶねをだす(N1) 294
ただいま(N4) 372
だだをこねる(N1) 294
たちうちできない(N1) 294
たつとりあとをにごさず(N1) 295
たていたにみず(N1) 295
たてものがふるい(N4) 123
たなからぼたもち(N1) 295
たなにあげる(N1) 295
たにんぎょうぎ(N1) 357
たのしみにする(N3) 93
たのんでおく(N4) 39
タバコをすう(N5) 18
たびはみちづれよはなさけ(N1) 295
タブーしする(N1) 199
たべてもあきない(N3) 93
たべものがくさる(N3) 57
たまみがかざればひかりなし(N1) 295
ためいきをつく(N2) 101
だめをおす(N1) 296
たよりにする(N2) 101
たよりのないのはよいたより(N1) 296
たらいまわしにする(N1) 296
たらたらとあせをながす(N2) 137
たりきほんがん(N1) 357
たんかをきる(N1) 296
たんきはそんき(N1) 296
ダンスをする(N5) 18
たんとうちょくにゅう(N1) 357
だんトツでたかい(N1) 152
ちいさくきる(N5) 19
ちえをしぼる(N2) 178
ちからがつよい(N4) 123
ちからがでる(N3) 129
ちからになる(N3) 168
ちからをいれる(N3) 129
ちからをかす(N1) 296
ちからをはっきする(N2) 178
ちからをひきだす(N3) 168
ちくばのとも(N1) 297
チケットをよやくする(N4) 39
ちどりあし(N1) 297
ちびちびとのむ(N1) 152
ちみつにぶんせきする(N1) 199
ちもなみだもない(N1) 227
ちゅういをかんきする(N1) 113
ちゅういをはらう(N2) 101
ちゅうしゃ(注射)をする(N4) 40
ちゅうしゃ(駐車)をする(N4) 40
ちゅうにうく(N1) 152
ちゅうもくがたかまる(N1) 152
ちゅうもくをあびる(N1) 297
ちゅうもんがさっとうする(N1) 199
ちゅうもんをとる(N3) 168
ちょうけしになる(N1) 199
ちょうさけっかをはんえいする(N3) 168
ちょうしがもどる(N3) 129
ちょうしがわるい(N4) 40
ちょうしょくをとる(N2) 76
ちょうてんにたっする(N1) 199
ちょうはつにのる(N1) 199
ちょこちょこあるく(N1) 152
ちょっとしたゆだん(N1) 152
ちょとつもうしん(N1) 357
チラシをくばる(N3) 168
ちらちらふる(N2) 137
チラリとみる(N1) 152
ちりもつもればやまとなる(N1) 297
ちんあげをおこなう(N1) 199
ちんぎんをひきあげる(N2) 178
ちんぷんかんぷんだ(N1) 153
ついていけない(N1) 86
ついている(N2) 137
つかいものにならない(N1) 153
つかれがとれる(N3) 129
つかれをとる(N3) 129
つきとすっぽん(N1) 297
つきものだ(N1) 86
つくえにむかう(N2) 76
つごうがつかない(N2) 137

つごうがわるい(N4) 123
つちをほる(N2) 76
つのをためてうしをころす(N1) 297
つばぜりあい(N1) 298
つぶしがきく(N1) 298
つみにがおちる(N1) 200
つめにひをともす(N1) 227
つゆがあける(N3) 129
つるつるすべる(N1) 153
つるのひとこえ(N1) 298
つれていく(N3) 57
つれてくる(N3) 57
てあたりしだいに(N1) 228
ていこうをかんじる(N1) 113
ていひょうがある(N1) 200
ていれをする(N2) 178
データにうらづけられる(N1) 200
データをとる(N2) 178
デートにさそう(N4) 40
テーブルをふく(N4) 40
テーマがきまる(N3) 58
ておちがある(N1) 153
てがあく(N2) 212
てがこむ(N1) 228
てがまわらない(N1) 228
てがみをだす(N5) 19
てきざいてきしょ(N1) 358
てきしゃせいぞん(N1) 358
できたてほやほや(N1) 153
てきにしおをおくる(N1) 298
てきぱきとかたづける(N1) 153
できるかぎりやってみる(N2) 77
てぎわがいい(N1) 153
てぐすねをひく(N1) 228
テコいれをする(N1) 298
てごたえがある(N1) 228
デザインをかえる(N3) 58
てしおにかける(N1) 228
テストをうける(N4) 40
テストをする(N5) 19
てだすけする(N1) 228
てだまにとる(N1) 229
てつはあついうちにうて(N1) 299
てとりあしとり(N1) 229
てにあせにぎる(N1) 229
てにあまる(N1) 229
てにいれる(N3) 210
てにおえない(N1) 229
テニスをする(N5) 19
てにとる(N2) 213
てにはいる(N3) 211
てのひらをかえす(N1) 229
デパートにいく(N5) 19
てばなせない(N1) 230
てぶくろをする(N5) 19
てまえみそをならべる(N1) 230
てまがかかる(N2) 213
てまひまかける(N1) 230
てまをとる(N1) 230
てもあしもでない(N1) 230
でるくいはうたれる(N1) 299
でるまくではない(N1) 299
テレビがこしょうする(N4) 40
テレビをけす(N5) 19
てをあらう(N4) 41
てをうつ(N1) 230
てをかす(N2) 213
てをかりる(N1) 230
てをきる(N3) 211
てをくわえる(N3) 211
てをだす(N2) 213
てをとめる(N1) 231
てをぬく(N1) 231
てをひく(N1) 231
てをひろげる(N2) 213
てをやく(N1) 231
てんいんをよぶ(N3) 58
てんきがいい(N5) 20
てんきがくずれる(N3) 129
てんきにびんかんだ(N1) 154
てんきよほうをみる(N3) 58
でんきをけす(N5) 20
でんきをつける(N5) 20
てんきをむかえる(N1) 200
でんこうせっか(N1) 358
てんこうにえいきょうされる(N2) 138
でんごんをたのむ(N3) 58
でんしゃがくる(N5) 20
でんしゃがこむ(N4) 123
でんしゃにのりおくれる(N2) 77
でんしゃにのる(N5) 20
てんしんらんまん(N1) 358
てんたかくうまこゆるあき(N1) 299
でんちがきれる(N3) 58
てんぷらがおいしい(N5) 20
テンポがはやい(N3) 58
でんわがつながる(N2) 77
でんわにでる(N4) 41
でんわをかける(N5) 20
でんわをする(N4) 41
てんをつける(N4) 41
ドアがあく(N5) 21

ドアがしまる(N5) 21
どういたしまして(N5) 369
とうかくをあらわす(N1) 299
どうがをつくる(N2) 77
とうきょうにすむ(N5) 21
とうげをこえる(N1) 299
とうだいもとくらし(N1) 300
どうにいる(N1) 300
どきどきする(N3) 93
ときはかねなり(N1) 300
どくだんせんこう(N1) 358
どくりつどっぽ(N1) 358
としをとる(N3) 59
ドジをふむ(N1) 300
どたんばでぎゃくてんする(N1) 154
とちゅうけいかをほうこくする(N1) 200
とっかえひっかえする(N1) 300
トップにおどりでる(N1) 200
とてもじゃないけど(N2) 138
とどのつまり(N1) 300
となりにある(N5) 21
とびがたかをうむ(N1) 301
とぶとりをおとすいきおい(N1) 301
とぶようにうれる(N1) 200
とほうにくれる(N1) 301
とめどがない(N1) 154
ともだちとあそぶ(N5) 21
ともだちとはなす(N5) 21
ともだちにあやまる(N4) 41
ともだちをまつ(N5) 21
とらぬたぬきのかわざんよう(N1) 301
とらのいをかるきつね(N1) 301
トラブルをおこす(N2) 179
とりくみをおこなう(N1) 201
とりこしぐろう(N1) 302
とりつくしまがない(N1) 302
とりはだがたつ(N1) 302
どりょくをおこたる(N1) 201
どろなわしき(N1) 302
どろぼうがはいる(N4) 41
どんぐりのせいくらべ(N1) 302
とんでひにいるなつのむし(N1) 302
どんどんすすむ(N4) 123
とんとんたたく(N2) 138
とんとんになる(N1) 154
ないものねだりをする(N2) 101
ないようをとりいれる(N2) 179
なおさらのことだ(N1) 154
ながいめでみる(N2) 213
なかがいい(N2) 101
なかがまるみえだ(N2) 138
なかなおりをする(N2) 101
なかにいれる(N5) 22
ながめがいい(N4) 41
ながれにぎゃっこうする(N1) 201
ながれにさおさす(N1) 303
ながれにのる(N2) 77
ながれをかえる(N2) 77
なきっつらにはち(N1) 303
なきねいり(N1) 303
なくことじとうにはかてぬ(N1) 303
なくてななくせ(N1) 303
なくてはならない(N4) 124
なごりおしい(N1) 113
なさけはひとのためならず(N1) 303
なさけをかける(N1) 113
なしのつぶて(N1) 304
なすすべがない(N1) 154
ななころびやおき(N1) 304
なにからなにまで(N1) 154
なにくわぬかお(N1) 231
なにはさておき(N1) 155
なによりだ(N1) 155
なのしれた(N1) 155
なふだをつける(N2) 77
なまえをかく(N5) 22
なまえをしっている(N4) 42
なまえをつける(N2) 78
なまえをよぶ(N4) 42
なまはんかなちしき(N1) 155
なみがあらい(N3) 130
なみだをのむ(N1) 304
なみなみならぬ(N1) 304
なやみのたね(N1) 113
なやみをうちあける(N1) 201
ならいせいとなる(N1) 304
ならうよりなれろ(N1) 304
なんてもんじゃない(N1) 155
ニーズにこたえる(N2) 179
においがする(N4) 124
においをけす(N3) 59
にかいからめぐすり(N1) 305
にがおもい(N1) 113
にがしたさかなはおおきい(N1) 305
にくまれっこよにはばかる(N1) 305
にげるがかち(N1) 305
にこにこわらう(N3) 93
にしゃたくいつ(N2) 339
にそくさんもん(N1) 359
にそくのわらじ(N1) 305
にたきをする(N1) 87
にたりよったりだ(N1) 155

にちじょうさはんじ(N1) 306
にちじをへんこうする(N3) 168
にっしんげっぽ(N1) 359
にっていをかくにんする(N2) 179
にっていをきめる(N3) 168
にっていをへんこうする(N3) 59
にどあることはさんどある(N1) 306
にとをおうものはいっとをもえず(N1) 306
ににんさんきゃく(N1) 359
にのあしをふむ(N1) 231
にのくがつげない(N1) 306
にのつぎ(N1) 306
にのまいをえんじる(N1) 306
にばんせんじ(N1) 307
にまいじたをつかう(N1) 231
にもつがとどく(N3) 130
にもつをうけとる(N3) 59
にもつをこんぽうする(N1) 201
にもつをのせる(N2) 179
にもつをもつ(N5) 22
にやにやする(N1) 113
にゅうかいをもうしこむ(N3) 59
にんきがある(N4) 42
にんきをあつめる(N4) 42
にんげんかんけいをじゅうしする(N1) 201
にんげんドックをうける(N1) 87
ぬかにくぎ(N1) 307
ぬけめがない(N1) 307
ぬるまゆにつかる(N1) 307
ぬれぎぬをきせられる(N1) 307
ぬれてにあわ(N1) 307
ねあげにふみきる(N1) 201
ねあげをする(N2) 179
ねがはる(N1) 202
ねがふかい(N1) 308
ねこなでごえ(N1) 308
ねこにかつおぶし(N1) 308
ねこにこばん(N1) 308
ねこのてもかりたい(N1) 308
ねこのひたい(N1) 308
ねこをかぶる(N1) 309
ねこんでしまう(N2) 138
ねじをまく(N2) 248
ネタがわれる(N1) 309
ねだんがじょうげする(N2) 179
ねだんがたかい(N4) 164
ねつがでる(N5) 22
ねつきがわるい(N3) 59
ねつをくわえる(N2) 78
ねてもさめても(N1) 309
ねばねばになる(N1) 155
ねぼうをする(N4) 42
ねほりはほりきく(N1) 309
ねみみにみず(N1) 232
ねもはもない(N1) 309
ねをあげる(N1) 309
ねんとうにおく(N1) 114
ねんにはねんをいれる(N1) 310
ねんのため(N2) 102
ねんりきいわをもとおす(N1) 310
ねんをおす(N1) 310
のうあるたかはつめをかくす(N1) 310
のうぎょうをいとなむ(N1) 202
ノートをコピーする(N5) 22
のどがいたい(N4) 124
のどがカラカラだ(N3) 130
のどがかわく(N2) 78
のどからてがでる(N1) 232
のどもとすぎればあつさをわすれる(N1) 232
のみこみがはやい(N1) 310
のりかかったふね(N1) 310
のりをつける(N4) 42
ノルマをたっせいする(N1) 202
のれんにうでおし(N1) 311
のろのろとはしる(N2) 138
のんびりする(N3) 130
ばあいではない(N1) 156
ばあたりてき(N1) 311
パーティーをひらく(N4) 42
パーマをかける(N3) 59
はいすいのじん(N1) 311
はいたつをたのむ(N3) 60
はいってはいけない(N3) 130
バイトをさがす(N4) 43
バカうけする(N1) 202
バカがいする(N1) 202
はがしげる(N1) 156
はがたたない(N1) 232
ばかにならない(N2) 138
ばかをいう(N2) 139
はきけがする(N2) 78
はぎしりをする(N1) 232
はきはきとはなす(N2) 139
はぎれがわるい(N1) 232
はくしにもどす(N1) 311
はくしゃをかける(N1) 311
はくしゅをおくる(N2) 78
ばくぜんとかんがえる(N1) 156
ばけのかわがはがれる(N1) 311
はごたえがある(N1) 233
はこにつめる(N3) 60
ばじとうふう(N1) 359

はじめまして(N5) 369
はじをかく(N2) 102
はじをさらす(N1) 312
はしをわたる(N5) 22
バスがでる(N5) 22
パスワードをせっていする(N2) 180
バスをおりる(N4) 43
パソコンにくわしい(N3) 130
パソコンをかいかえる(N3) 60
はだでかんじる(N1) 233
ばたばたする(N2) 139
ばたばたとおとをたてる(N2) 139
はたをふる(N1) 312
ばちがあたる(N1) 312
はっきりいう(N4) 124
はっそうをかえる(N2) 102
ばっちりきめる(N1) 156
ぱっとしない(N1) 156
はっとする(N2) 102
ぱっとみる(N1) 114
はっぽうびじん(N1) 359
はっぽうふさがり(N1) 312
はつみみ(N1) 233
はてしなくひろがる(N1) 156
はどめがかかる(N1) 233
はながたかい(N1) 233
はなしあいがつく(N1) 202
はなしがだっせんする(N1) 87
はなしがはずむ(N1) 114
はなしじょうずのききべた(N1) 312
はなしをすすめる(N2) 180
はなしをつめる(N2) 78
はなであしらう(N1) 233
はなにかける(N1) 233
はなにつく(N1) 234
はなびをうちあげる(N2) 78
はなみずがでる(N4) 124
はなみをする(N4) 43
はなもちならない(N1) 234
はなよりだんご(N1) 312
はなをあかす(N1) 234
はなをかざる(N3) 60
はなをもたせる(N1) 313
ばにそぐわない(N1) 202
はばをきかせる(N2) 139
はばをひろげる(N2) 180
バブルがほうかいする(N1) 203
はめになる(N1) 313
はめをはずす(N1) 313
はやおきはさんもんのとく(N1) 313
はやくおきる(N5) 23
はらがくろい(N1) 234
はらがすわる(N1) 234
はらがたつ(N2) 213
はらはらする(N3) 93
ばらばらになる(N3) 130
ぱらぱらよむ(N2) 139
はらをさぐる(N1) 234
はらをたてる(N1) 234
はらをわる(N1) 235
バランスがくずれる(N3) 131
はらんばんじょう(N1) 359
はりがうまれる(N1) 114
はりがみをはる(N2) 79
はれている(N5) 23
はれものにさわるように(N1) 313
はをみがく(N5) 23
ばんごうをよぶ(N4) 43
ハンコをおす(N3) 60
はんざいをおかす(N3) 60
ばんじきゅうす(N1) 313
はんしんはんぎ(N1) 360
はんにんをつかまえる(N2) 180
はんのうをみる(N2) 180
はんばいがふるわない(N1) 203
はんぱつをおぼえる(N1) 114
はんぱではない(N1) 156
はんぶんあげる(N5) 23
はんをおす(N2) 180
ひあたりがわるい(N2) 79
ピアノがじょうずだ(N5) 23
ピアノをえんそうする(N3) 60
ピアノをひく(N4) 43
ピークをむかえる(N1) 203
ひがあたる(N3) 131
ひがある(N1) 314
ひがえりてでかける(N3) 61
ひがきえたようだ(N1) 314
ひがくれる(N4) 124
ひがしずむ(N2) 139
ひがとおる(N2) 79
ひかりがもれる(N1) 157
ひきがね(N1) 314
ひげをそる(N3) 61
ひげをはやす(N2) 79
ひざがわらう(N1) 235
ひざしがつよい(N2) 140
ひざをうつ(N1) 235
ビジネスをたちあげる(N2) 180
ひじょうしきにもほどがある(N1) 157
ひたいにあせする(N1) 235
ひだねがくすぶる(N1) 314

ぴたりととまる(N2) 140
ひだりにまがる(N5) 23
ひっきりなしに(N1) 157
びっくりする(N4) 91
ひつようははつめいのはは(N1) 314
ひとあしさきにげんちにつく(N1) 203
ひといきいれる(N1) 314
ひといきつく(N1) 315
ひどいめにあう(N2) 248
ひとすじなわではいかない(N1) 315
ひとでがたりない(N2) 181
ひとのうわさもしちじゅうごにち(N1) 315
ひとのくちにとはたてられぬ(N1) 235
ひとのふりみてわがふりなおせ(N1) 315
ひとばんとまる(N4) 43
ひとまわりおおきい(N3) 131
ひとみしりをする(N1) 114
ひとめをひく(N1) 235
ひとりあるきする(N1) 315
ひとりじめする(N1) 315
ひとをくったような(N1) 316
ひにあぶらをそそぐ(N1) 316
ひにちがきまる(N2) 79
ひのうちどころがない(N1) 316
ひのくるま(N1) 316
ひのしまつをする(N1) 87
ひのないところにけむりはたたぬ(N1) 316
ひはんをうける(N2) 79
びびたるもの(N1) 316
ひぶたをきる(N1) 317
ひみつがもれる(N1) 157
ひめいをあげる(N1) 114
ひゃくぶんはいっけんにしかず(N1) 317
ひゃっぱつひゃくちゅう(N1) 360
ひやひやする(N1) 115
ひようがかかる(N2) 181
びょうきになる(N4) 124
びょうきをなおす(N3) 131
ひょうざんのいっかく(N1) 317
ひょうしがやぶれる(N3) 131
ひょうしぬけする(N1) 317
ひょうたんからこまがでる(N1) 317
ひょうばんがいい(N2) 181
ぴょんぴょんとはねる(N2) 140
ひらひらととぶ(N2) 140
ひるねをする(N3) 61
ピンからキリまで(N1) 318
ひんこうほうせい(N1) 360
ひんしつをいじする(N2) 181
ピンとこない(N1) 318
ひんぱんにとりあげられる(N1) 318
ふあんがます(N1) 115
ふあんをかんじる(N2) 102
ふあんをまねく(N1) 115
ふいをつく(N1) 318
ふうぜんのともしび(N1) 318
プールでおよぐ(N5) 23
ふえふけどもおどらず(N1) 318
ぷかぷかうく(N1) 157
ふきゅうがすすむ(N2) 181
ふくがぬれる(N3) 61
ふくがよごれる(N4) 125
ふくすいぼんにかえらず(N1) 319
ふくろのねずみ(N1) 319
ふくをきる(N5) 24
ふげんじっこう(N1) 360
ふこうちゅうのさいわい(N1) 319
ふしょうしゃがでる(N1) 157
ふたつにわかれる(N2) 79
ふたつへんじ(N1) 319
ぶたにしんじゅ(N1) 319
ふたをする(N2) 80
ふたんがかかる(N2) 102
ふたんをかける(N2) 181
ぶつぎをかもす(N1) 319
ぶつぶつという(N3) 131
ふでがたつ(N1) 319
ふところがあたたかい(N1) 320
ふとってくる(N4) 43
ふにおちない(N1) 320
ふびがある(N1) 203
ふひょうをかう(N1) 320
ぶひんがふそくする(N2) 140
ふへいふまん(N2) 339
ふまんをもつ(N1) 115
ふみんふきゅう(N1) 360
ぶらぶらさんぽする(N3) 131
ふらふらする(N3) 132
ふりがなをふる(N2) 80
ふりだしにもどる(N1) 203
ふりをする(N2) 80
ふるきをたずねてあたらしきをしる(N1) 320
ぶるぶるふるえる(N2) 140
プレゼントをかう(N5) 24
プレゼントをつつむ(N4) 44
プレゼントをもらう(N5) 24
プレッシャーをかける(N2) 80
ふろうふし(N1) 360
プロかおまけのじつりょく(N1) 157
プロなみ(N1) 158
ふわふわとうかぶ(N3) 132
ふわらいどう(N1) 361

ふんいきがいい(N3) 132
ふんいきがもりあがる(N2) 80
ふんこつさいしん(N1) 361
ぶんせきにとりかかる(N1) 203
ふんだりけったり(N1) 320
へいしんていとう(N1) 361
ページがぬける(N2) 140
ベストをつくす(N1) 320
へそでちゃをわかす(N1) 236
へそをまげる(N1) 236
へたなてっぽうもかずうちゃあたる(N1) 321
べたべたとはる(N1) 158
へたをする(N2) 80
へやがきれいだ(N5) 24
へやがせまい(N4) 125
へやがふさがっている(N1) 158
へやをかたづける(N4) 44
へやをよやくする(N3) 61
ペラペラになる(N4) 125
ベルがなる(N2) 80
ベルがリンリンとなる(N1) 158
べんかいのよちがない(N1) 321
べんきょうにしばりつける(N1) 158
べんきょうをする(N5) 24
ペンキをぬる(N2) 81
ペンをかす(N5) 24
ポイントをおく(N2) 181
ぼういんぼうしょく(N1) 361
ぼうじゃくぶじん(N1) 361
ぼうしをかぶる(N5) 24
ほうそうがながれる(N2) 81
ほうたいをまく(N3) 61
ほうっておく(N2) 81
ぼうにふる(N1) 321
ほうふくぜっとう(N1) 361
ほおがおちる(N1) 236
ほかにみちはない(N2) 141
ほかほかする(N1) 158
ほこりにおもう(N2) 182
ほじょきんがおりる(N1) 204
ポスターをはる(N3) 61
ボタンがとれる(N3) 62
ボタンをおす(N4) 44
ほったらかしにする(N1) 158
ほっとする(N2) 102
ボツになる(N1) 204
ホテルをさがす(N5) 25
ほとけのかおもさんどまで(N1) 321
ほどなくかんせいする(N2) 141
ほとぼりがさめる(N1) 321
ほどよい(N1) 159
ほねおりぞんのくたびれもうけ(N1) 236
ほねがおれる(N1) 236
ほらをふく(N1) 321
ボリュームがある(N2) 81
ぽろぽろとなみだをながす(N1) 159
ぼろぼろになる(N2) 141
ほんごしをいれる(N1) 322
ほんだいにはいる(N1) 204
ほんだなをくみたてる(N3) 62
ほんまつてんとう(N1) 362
ほんやによる(N4) 44
ほんをおく(N5) 25
ほんをかえす(N5) 25
ほんをわたす(N5) 25
まいきょにいとまがない(N1) 322
まえだおしになる(N1) 204
まえぶれ(N1) 322
まえむきにかんがえる(N1) 204
まえをとおる(N5) 25
まかぬたねははえぬ(N1) 322
まがわるい(N1) 322
まぎれもない(N1) 115
まくらをたかくしてねる(N1) 322
まけいぬのとおぼえ(N1) 323
まけおしみをいう(N1) 115
まけるがかち(N1) 323
まごまごする(N3) 132
まさるともおとらない(N1) 159
ますますしんぽする(N2) 141
またとないきかい(N1) 159
まちあわせをする(N3) 62
まっすぐいく(N5) 25
まっぷたつにわれる(N2) 141
まつりがおこなわれる(N3) 62
まてばかいろのひよりあり(N1) 323
まとがはずれる(N1) 323
まとめてかう(N2) 182
まどをあける(N5) 25
まとをしぼる(N1) 323
まどをしめる(N5) 26
まにうける(N2) 182
まねをする(N1) 87
まのあたりにする(N1) 236
マフラーをする(N5) 26
まめにれんらくをいれる(N1) 204
まゆをひそめる(N1) 237
まるくおさまる(N2) 182
まるごとたべる(N2) 141
まんなかにおく(N4) 44
マンネリかをふせぐ(N1) 204
まんまとだまされる(N1) 159

みうごきができない(N1) 237
みえをはる(N1) 323
みからでたさび(N1) 237
みぎかたあがり(N1) 205
みぎにでるものはいない(N1) 159
みこみがない(N1) 205
みずがこぼれる(N3) 62
みずがすむ(N1) 159
みずにながす(N1) 324
みずのあわになる(N1) 324
みずをあける(N1) 324
みずをうったようだ(N1) 324
みずをえたうお(N1) 324
みずをさす(N1) 324
ミスをする(N2) 182
みずをまく(N2) 81
みずをやる(N4) 44
みせができる(N4) 44
みせにはいる(N5) 26
みぞう(N1) 324
みだれがでる(N1) 205
みちがじゅうたいする(N2) 81
みちがすべる(N4) 45
みちくさをくう(N1) 325
みちにまよう(N3) 62
みちをあるく(N5) 26
みちをわたる(N5) 26
みっかてんか(N1) 362
みっかぼうず(N1) 362
みつごのたましいひゃくまで(N1) 325
みっせつにむすびつく(N1) 160
みつもりをだす(N2) 182
みにあまる(N1) 237
みにおぼえがない(N1) 237
みにしみる(N1) 237
みにつく(N1) 237
みにつける(N1) 238
みにつける(N3) 62
みのまわりのこと(N2) 214
みのるほどこうべをたれるいなほかな(N1) 325
みほんをおくる(N3) 169
みみがいたい(N1) 238
みみがはやい(N1) 238
みみにする(N2) 214
みみにたこができる(N1) 238
みみにはいる(N3) 211
みみをかたむける(N1) 238
みりょくをかんじる(N2) 103
みをおく(N1) 238
みをけずる(N1) 238
みをたてる(N1) 239
みをのりだす(N1) 239
みをむすぶ(N2) 182
むいている(N2) 81
むかえにいく(N4) 45
むがむちゅう(N1) 362
むきになる(N1) 115
むこうにつく(N2) 82
むしがいい(N1) 325
むしがしらせる(N1) 325
むしのいき(N1) 325
むしのいどころがわるい(N1) 326
むしゃくしゃする(N1) 116
むずむずする(N1) 160
むだをはぶく(N2) 183
むちゅうになる(N3) 132
むねがいたむ(N1) 239
むねがいっぱいになる(N1) 239
むねがつまる(N1) 239
むねがムカムカする(N1) 160
むねにきざむ(N1) 239
むねにせまる(N1) 239
むねにひめる(N1) 240
むねをあつくする(N1) 240
むねをなでおろす(N1) 240
むねをはる(N1) 240
むびょうそくさい(N1) 362
むみかんそう(N1) 362
むようのちょうぶつ(N1) 326
むりがとおればどうりひっこむ(N1) 326
めいわくをかける(N3) 94
メールをかく(N5) 26
メールをする(N4) 45
めがこえる(N1) 240
めがさえる(N1) 240
めがさめる(N1) 240
めがしらがあつくなる(N1) 241
めがでる(N2) 141
めがない(N1) 241
メガネをかける(N3) 63
メガネをはずす(N3) 63
めがまわる(N1) 241
めからはなにぬける(N1) 241
めきめきじょうたつする(N1) 160
めざましどけいがなる(N4) 125
めちゃくちゃになる(N2) 142
メッセージをこめる(N2) 82
めどがたつ(N1) 205
めとはなのさき(N1) 241
めにあまる(N1) 241
めにさわる(N1) 241
めにする(N1) 242